Java

で作って学ぶ

神永正博・山田聖・渡邊高志　共著

暗号技術

RSA, AES, SHAの基礎からSSLまで

📖 POD版

森北出版株式会社

まえがき

　本書の目的は，実際にプログラムを作って動かしてみることにより，アルゴリズムを体感しながら，暗号技術の基本を身につけてもらうことにあります．

　現代の情報セキュリティ技術を支える大きな柱は，暗号技術です．暗号技術は，大きく分けて，公開鍵暗号，共通鍵暗号，ハッシュ関数 (メッセージダイジェスト関数) という三つの部品からできています．これらの部品をうまく組み合わせることによって，様々な情報セキュリティシステムを作ることができるのです．これらの部品や，これらを組み合わせて作られたシステムの安全性を数学的に裏付けるのが暗号理論ですが，実際に計算機に実装する際には，暗号理論だけではなく，様々なアルゴリズムについての知識が必要です．

　アルゴリズムは，紙の上で勉強することはもちろん大事ですが，実際に作って動かしてみることでよりはっきりと理解することができます．体感するということが大事なのです．数学のように高度に抽象的なものでも，自分の手で計算したり，図形をあれこれ描いて調べてみたりすると不思議とよくわかるものです．アルゴリズムも同じことです．もちろん，抽象度の高い理論をきちんと理解することは非常に大事です．しかし，抽象的なことを理解するためには具体的なことをたくさん経験している必要があるのではないでしょうか．

　本書では，公開鍵暗号 RSA，共通鍵暗号 AES，ハッシュ関数 SHA-1，SHA-256 のアルゴリズムの解説，さらに，これらを組み合わせた mini SSL (教育用に独自に作成した SSL のミニチュア版) の「サンプルプログラム」を提供します．暗号アルゴリズムの解説とサンプルプログラムを見比べ，実際に動かして遊んでみてください．サンプルプログラムをいじって遊んでいるうちに，なかなかわからなかった暗号理論，暗号アルゴリズムが「実体」となって見えてくるに違いありません．

　サンプルプログラムは，Java で記述してあります．プログラミング言語としては，C 言語が広く普及していますが，C 言語は，もともとシステムを記述するために開発された言語ですので，危険なメモリ操作や型変換といった操作を記述する事が可能です．そのため，実際にプログラムを書く際には，これらの操作においてバグが発生しないように常に注意しなければなりません．また，多倍長の演算を行うライブラリなども標準で用意されてはいないため，自分でライブラリを作成するか，適当なライブ

ラリを探して導入しなければならなくなります．これは，暗号アルゴリズムの本質とは無関係な話なので，学習上の大きな障害になってしまいます．

その点，Java は，豊富なライブラリを標準で装備しており，メモリ管理などで細かい注意をする必要がありません．また，Java で開発されたプログラムは，特定の OS やプロセッサのアーキテクチャに依存せず，どのようなプラットフォームでも動作します．"Write once, Run anywhere"（記述は一回，どこでも動く）というキャッチフレーズの通り，あるプラットフォームで開発された Java プログラムは，他のプラットフォームでも動作するようにできているのです．このような Java の特性を利用することで，読者は，暗号アルゴリズムの学習に集中することができるようになります．これは大変な利点です．

ただし，**本書で提供するサンプルプログラムを使って実用的なソフトウエアを作成することは避けてください**．サンプルプログラムは学習用のものとして，アルゴリズムを理解しやすい形で示しました．そのため，暗号解析の専門家がプログラムの動作を観察すれば，秘密の情報が判明してしまうかもしれません．この点はくれぐれもご注意ください．

本書を通じて，情報セキュリティ技術に興味を持つ人が一人でも増えてくれれば幸いです．

本書の執筆には当初の予定よりも大幅に長い時間がかかり，田中節男氏，塚田真弓氏をはじめ，森北出版の皆様にはご心配をおかけしました．この場を借りて感謝申しあげる次第です．

2008 年 4 月 30 日

神永 正博，山田 聖，渡邊 高志

本書の利用法

まず，本書の構成を図に示します．

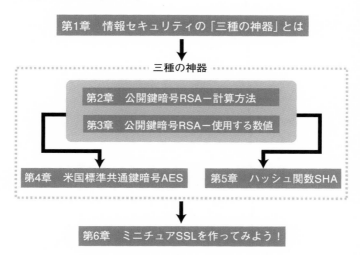

　第1章で，情報セキュリティ技術の最も基本的な三つの構成要素 (三種の神器)：公開鍵暗号，共通鍵暗号，ハッシュ関数の役割を概観します．すでに概要はよくわかっているという方は，第1章は飛ばしてもかまいません．

　第2章からは，アルゴリズムの説明とプログラムの説明で構成されています．アルゴリズムの説明は単独で読んでも理解できるように書かれていますが，プログラムを実際に活用していただく方がより理解が深まると思います．特に，第6章は，プログラムサイズが比較的大きいため，プログラムを動かしながら読んでいただけると効果的でしょう．

　第2章は，公開鍵暗号 RSA の計算のアルゴリズムについて書かれた章ですが，Javaプログラムに関する一般的な説明も含まれていますので，Java に十分慣れていない方は，ぜひ目を通してください．Java に慣れている人はアルゴリズムに集中できると思います．アルゴリズムという観点から見て一番バリエーションがあって面白いのは，この章だと思います．

　第3章は，第2章を補足するもので，RSA 暗号で利用される種々のパラメータを

どのように作るか，作る際の問題点は何かを学びます．第2章に続いて読むと有益でしょう．

　第4章，第5章は，独立に読むことができます．ただし，共通鍵暗号は，ハッシュ関数としても利用できる性質があるので，どちらかといえば第4章を先に読む方がいいでしょう．第4章については，暗号のアルゴリズムはもちろんですが，暗号利用モードについてもぜひ目を通しておいてください．暗号利用モードを誤解している人が少なくないようなので，特に丁寧に記述してあります．

　第2章から第5章までをマスターしたところで，第6章に進んでください．第6章では，SSL についての一般的な説明をした後，三種の神器を駆使して SSL のミニチュア版：mini SSL を作ります．これまでに学んだものがどのような形で利用されているかを見ることで，暗号が生き生きと体感できると思います．

　本書は，主に，理論には深入りせずに暗号技術を理解したいという人に向けて書かれていますが，暗号理論は理解したものの，プログラムとなるとよくわからないという人にも有益なものと思います．

　本書で説明するプログラムとプログラムの利用法については，森北出版のサイト(URL:http://www.morikita.co.jp/soft/84761/) からダウンロードできます．本書で説明しきれなかったプログラムの使い方などは，この中の README を参照してください．README だけ読んでもプログラムが動かせるようになっています．

本書で用いる記号

$a[j]$	a の (下位から数えて)j 番目のビット
$a[j]_m$	ビット長が m である a の (下位から数えて)j 番目ウインドウ
$a\|\|b$	a と b の連結 (concatenation)
$a \bmod n$	a を n で割った余り (剰余)
$a \equiv b(\bmod N)$	a と b は，法 N のもとで合同
$a \sim b$	a と b は，ほぼ等しい
$a \oplus b$	a と b のビット毎の排他的論理和
$\gcd(a, b)$	a, b の最大公約数
$\mathrm{lcm}(a, b)$	a, b の最小公倍数
$\mathrm{Len}(a)$	a のビット長
$0\mathrm{x}\cdots$	$\cdots$ が 16 進数表示であることを示す

本書で用いる略号

AES	Advanced Encryption Standard(DES の後継標準暗号)
CA	Certification Authority(公開鍵証明書認証局)
CBC	Cipher Block Chaining(暗号文ブロック連鎖モード)
CRT	Chinese Remainder Theorem(中国人剰余定理)
CTR	Counter(カウンター)
DES	Data Encryption Standard(米国標準暗号)
ECB	Electronic Code Book(電子暗号表)
FIPS	Federal Information Processing Standards(米国連邦情報処理標準)
HMAC	Keyed-Hash MAC
LSB	Least Significant Bit(最下位ビット)
MSB	Most Significant Bit(最上位ビット)
MAC	Message Authentication Code(メッセージ認証子)
NIST	National Institute of Standards and Technology (米国立標準・技術研究所)
OFB	Output FeedBack(出力フィードバック)
Rcon	Round Constant(ラウンド定数)
SHA	Secure Hash Algorithm
SSL	Secure Socket Layer
シングル DES	一段 DES
トリプル DES	三段 DES

目　　　次

情報セキュリティの「三種の神器」とは

この章では，情報セキュリティシステムをつくる三種の神器：公開鍵暗号，共通鍵暗号，ハッシュ関数とこれらを使ってできるセキュリティシステムについて説明します．

この章を読めば，

- なぜ暗号の標準化が必要なのか
- 公開鍵暗号とは何か
- なぜ共通鍵暗号と公開鍵暗号を使い分けなければいけないのか
- なぜハッシュ関数が必要なのか
- 三種の神器で何ができるか

がわかります．

1.1 素朴な暗号が危険なわけ

最初に，**暗号の素人が作った素朴な暗号は危険**だということを強調しておきたいと思います．なぜ素朴な暗号を使うと危険なのでしょうか．

その理由を説明するために，昔の暗号の話をすることにしましょう．

暗号の歴史は非常に長く，知られているだけでもシーザー暗号にまでさかのぼることができます．ローマ帝国皇帝ジュリアス・シーザー (Julius Caesar) は，前線への指示伝達のために独自の暗号「シーザー暗号 (Caesar Cipher)」を考え出しました．シーザー暗号というのは，文字をずらして使う暗号です．

たとえば，英語アルファベット 26 文字を逆方向にぐるりと巡回的に三つずらした表を作成します (**表 1.1**)．この表にしたがって，英語の文章を**暗号化** (encryption) してみましょう．シーザーは，英語は知らなかったでしょうが，わかりにくくなるので英語を使います．ただし，大文字と小文字は区別せず，スペースとピリオドは変換していません．

表 1.1　シーザー暗号の暗号化表

平文	a	b	c	d	e	f	g	h	i	j	k	l	m
暗号文	d	e	f	g	h	i	j	k	l	m	n	o	p

平文	n	o	p	q	r	s	t	u	v	w	x	y	z
暗号文	q	r	s	t	u	v	w	x	y	z	a	b	c

Rolling stone gathers no moss. → uroolqj vwrqh jdwkhuv qr prvv.

このように，暗号化される前の文 (データ):

Rolling stone gathers no moss.

を**平文** (ひらぶん，plaintext) といいます．暗号化された文 (データ):

uroolqj vwrqh jdwkhuv qr prvv.

を**暗号文** (あんごうぶん，ciphertext) といいます．

暗号文を平文に戻すには，英語アルファベットを順方向に巡回的に三つずらした表を作成し (表 1.1 を逆に見てください)，それにしたがって，暗号文を読み替えていけばいいわけです．これを**復号**または**復号化** (decryption) といいます．この場合，シーザー暗号の**暗号鍵**は「逆方向に三つ」ずらすという情報です．

uroolqj vwrqh jdwkhuv qr prvv. → Rolling stone gathers no moss.

確かに，「uroolqj vwrqh jdwkhuv qr prvv.」という文を見てすぐには元の文章を再現することはできません (頭のいい人ならやるかもしれないですが…)．しかし，この暗号，今では実用にならないでしょう．

最大の問題は，暗号鍵の種類が 25 種類しかないということです．ひとつずつずらしてみて，意味のある単語になっている場合を見つければ，あとは簡単．一気に解読できてしまいます．たとえば，「vwrqh」を逆方向に一文字ずつずらしてみると，

uvqpg → tupof → stone

となり，意味のある単語が出てきます．これでシーザー暗号の鍵「逆方向に三つ」がわかってしまいました．あとは，全部の単語を逆方向に三つずらせばいいわけです．実に簡単．長い文章だと手作業でやるのはちょっと面倒ですが，コンピュータを使えばあっという間です．これでは実用になりません．

では，文字の置き換えを完全にランダムにしてしまったらどうでしょう．たとえば，**表 1.2** のように暗号化してみてはどうでしょう．このような暗号方式を，**単換字暗号化方式** (Simple Substitution Cipher) といいますが，これはシーザー暗号よりもずっと手ごわい暗号です．なにしろ，暗号鍵 (ここでは変換表のこと) は，

$$26! - 1 = 26 \times 25 \times 24 \times 23 \times 22 \times 21 \times 20 \times 19 \times 18 \times 17 \times 16 \times 15 \times 14$$
$$\times 13 \times 12 \times 11 \times 10 \times 9 \times 8 \times 7 \times 6 \times 5 \times 4 \times 3 \times 2 \times 1 - 1$$
$$= 403291461126605635583999999$$

表 1.2　単換字暗号の暗号化表

平文	a	b	c	d	e	f	g	h	i	j	k	l	m
暗号文	x	f	q	n	p	i	y	l	m	a	d	o	s

平文	n	o	p	q	r	s	t	u	v	w	x	y	z
暗号文	r	w	z	e	c	t	b	g	u	j	k	v	h

通りもあるのです．これなら大丈夫な気がしますね．総当りで解読するのは非常に難しい．

しかし，この場合も解読の手がかりが残されています．

図 1.1 は，ある文章のアルファベット文字の出現頻度をグラフにしたものです．英語における頻出文字は，e であることが知られており，実際に図 1.1 から e が頻出している様子がわかります．

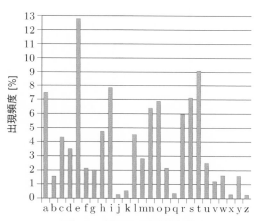

図 1.1 通常の文字出現頻度

短い文章を暗号化しただけではわからないかもしれませんが，長い文章を暗号化した場合には，置き換えたアルファベットの出現頻度は大体同じようになるでしょう．すると，p の頻度がすごく高くて，次いで b だから，p が e，b が t に対応しているだろうし，3 位 4 位は微妙だけど，m，x は，i，a のどちらかだろう…というようにして対応関係を推測していけばいいわけです．コンピュータを使えば，テキストの文字数を機械的に数えて頻度順に並べて対応関係を見つけるのはたいした作業ではありません．素朴な方法は脆いものなのです．

1.2 現代暗号の出現

現在広く使われている暗号技術が登場したのは，案外最近のことで，1970 年代後半になってからです．この時期，暗号の歴史を塗り替える画期的な二つの事件が起こります．

1.2.1　標準共通鍵暗号

👤 DES：はじめてアルゴリズムが公開された暗号

　第一の事件は，1977 年に米国標準暗号 DES (Data Encryption Standard: デスと発音するのが一般的です) が制定されたことにはじまります．DES は，**暗号化と復号化の鍵が同じ暗号**で，このような暗号は，**共通鍵暗号 (Symmetric-key Cipher)** と呼ばれています．DES は，歴史上初めて商用利用可能となった画期的な暗号方式です．**標準暗号が出現する以前は，暗号アルゴリズムを非公開にすることによって安全性が確保されると考えられていました．** 中身が知られなければ安全だと考えられていたのです．しかし，アルゴリズムを非公開にすると，皆で同じ暗号方式を利用できなくなってしまいます．

　また，アルゴリズムに欠陥 (セキュリティホール) があっても，放置されてしまう可能性があります．たとえば，先ほど説明した単換字暗号化方式は，一見すると解読できそうにありませんから，暗号解読の知識がない人が使い続けてしまう可能性があります．もちろん，暗号方式には様々なバリエーションがあるので，暗号化方式が単換字暗号であるかどうかはすぐにはわからないかもしれません．しかし，人が思いつく暗号方式には限りがあります．暗号は，せいぜい数十の規則から構成されているので，単換字暗号であることがわかってしまう可能性は非常に高く，単換字暗号であるとわかれば，文字の出現頻度を分析することで解読できてしまいます．**暗号方式を秘密にしておくことは，むしろ危険であると言っていいでしょう．**

　これらの問題点を克服するため，**暗号アルゴリズムを公開し，暗号学者によって安全性をテストする**という考え方が生まれました．DES は，この考えに沿って，公募で集まった暗号アルゴリズムを数年間かけて検討した結果選ばれたものであり，当時の水準で見て極めて安全性が高い暗号でした．思いがけないことかもしれませんが，**暗号が安全であるとは，みんなで解読を試みて解読できなかったということなのです．**

👤 AES：DES の後継暗号

　DES は，1977 年に発効してから，5 年ごとの再審査を受けながら，標準暗号としての地位を守り続けました．しかし，現在では，コンピュータの性能向上や，DES のアルゴリズムに関する研究が進み，DES(キーサイズは，正味 56 ビット) を解読するのに必要な時間は 24 時間を切っており，そのままでは使いものになりません．現在では，DES を三回つなげた「トリプル DES 」という形でようやく実用に耐える強度を維持しているのが現状です．

　今後は，より高い安全性を持つ標準暗号に置き換える必要が出てくるでしょう．そ

のため，NIST(National Institute of Standards and Technology，米国立標準・技術研究所) は，1997 年に DES の後継暗号の公募を開始し，その後 3 年弱を費やして新しい標準暗号 AES (Advanced Encryption Standard) として，ベルギーの暗号研究者ダーメン (Joan Daemen) とライメン (Vincent Rijmen) によって開発されたラインドール (Rijndael) が選ばれました．AES は，2001 年 5 月に発効され，すでに実際のシステムへの利用が始まっています．

　DES と AES は，共通鍵暗号としては，異なるタイプの方式であり，処理手順が大きく異なっています．AES は，入力が DES の倍の 128 ビットで固定されていますが，鍵長は，長期間の利用に耐えられるようにするために，128 ビット，192 ビット，256 ビットの三種類を選択できるようになっています．DES の場合は，DES の処理をつなげて複数回実行することにより鍵長を変更していましたが，AES では，鍵長の拡大まで考慮して設計されているのです．このような背景を考慮し，本書では，共通鍵暗号アルゴリズムの学習の素材として AES を選びました．

1.2.2 公開鍵暗号

♟ ディフィー・ヘルマン鍵交換 (Diffie-Hellman Key Exchange)

　第二の事件は，公開鍵暗号の出現です．DES が標準暗号として制定されようとしていたのとほとんど同じ頃 (1976 年) にスタンフォード大学のディフィー (Whitfield Diffie) とヘルマン (Martin Hellman) が画期的な鍵交換方式を提案しました．このディフィー・ヘルマン鍵交換方式では，驚くべきことに，鍵の一部が公開されるにもかかわらず秘密を保持することができます．

　DES をはじめとする**共通鍵暗号では，鍵が送信者と受信者の間で共有されている必要があります** (**図 1.2**)．そのため，鍵を共有していない人どうしは，何らかの方法で鍵をやりとりしなければなりません．多くの場合，インターネットを経由することになるわけですが，鍵を途中で盗み見られてしまったら (**盗聴**)，いくら強力な暗号を

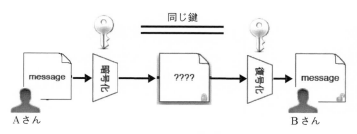

図 1.2 共通鍵暗号

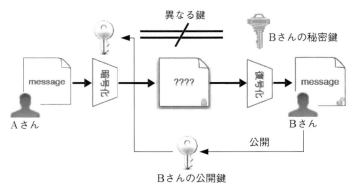

異なる鍵

Bさんの秘密鍵

message

暗号化

????

復号化

message

Aさん

Bさん

公開

Bさんの公開鍵

図 1.3　公開鍵暗号

使ってデータを暗号化しても，中身を容易に読み取られてしまいます．

　この鍵交換の問題は，ディフィー・ヘルマン鍵交換，さらにこれを発展させた**公開鍵暗号 (Public-key Cipher)** によって解決されました．公開鍵暗号は，非対称鍵暗号とも呼ばれるもので，**暗号化と復号化の鍵が異なる**暗号です．つまり，**閉める鍵 (公開鍵，public key) と開ける鍵 (秘密鍵，secret key)** が違うのです (**図 1.3**)．

　実は，公開鍵と秘密鍵の間には数学的な関係があるので，公開鍵から秘密鍵を計算することができないわけではありません．しかし，それに要する計算時間があまりに莫大であるため，実際に秘密鍵を求めることは極めて困難なのです．これが公開鍵暗号の基本的な考え方です．

🔑 RSA 暗号

　ディフィーとヘルマンのアイデアは，発表されると同時に多くの研究者の関心を集めました．リベスト (Ronald Rivest)，シャミア (Adi Shamir)，エーデルマン (Leonard Adleman) はディフィーとヘルマンとは異なるアイデアに基づいた公開鍵暗号方式を開発しました．この公開鍵暗号方式は，彼ら三人の頭文字をとって RSA 暗号と呼ばれています．RSA 暗号は，素数どうしの掛け算が容易であるのに，逆の操作 (素因数分解) が困難であるということを利用した非常にエレガントなもので，現在，最も広く利用されている公開鍵暗号方式です．

　素因数分解が難しいことを実感するには，RSA 社が主催している RSA 素因数分解チャレンジ (RSA factoring challenge) というコンテストの結果を見るのがよいと思われます．

　コンテストの問題を一つ紹介します．以下の数には，RSA-640 という名前がついています．640 は，二進数であらわしたときの桁数です．

```
RSA-640
3107418240 4900437213 5075003588 8567930037 3460228427
2754572016 1948823206 4405180815 0455634682 9671723286
7824379162 7283803341 5471073108 5019195485 2900733772
4822783525 7423864540 1469173660 2477652346 609
```

これを素因数分解しろと言われても素朴な方法では困難でしょう.

RSA-640 は，2005 年 11 月に解かれました [1]．結果は，以下の通りです.

```
1634733645 8092538484 4313388386 5090859841 7836700330
9231218111 0852389333 1001045081 5121211816 7511579
                        ×
1900871281 6648221131 2685157393 5413975471 8967899685
1549366663 8539088027 1038021044 9895719126 1465571
```

この結果を得るのには，一般数体ふるいと呼ばれる極めて高速なアルゴリズムを実装した 80 個の 2.2 GHz opteron プロセッサを持つコンピュータを用いて約 5 ヶ月を要した (RSA 社の公式な報告では，30 個の 2.2 GHz AMD Opteron (TM) プロセッサを持つコンピュータで 1 年かかるとされています) ということですから，素因数分解の難しさがわかるのではないでしょうか.

重要なことは，**掛け算は極めて容易 (すぐにできる) なのに，その逆の操作である素因数分解が難しい (多大な計算時間がかかる)** という性質です (図 1.4)．このような性質を持つ関数を**一方向関数 (one way function)** といいます.

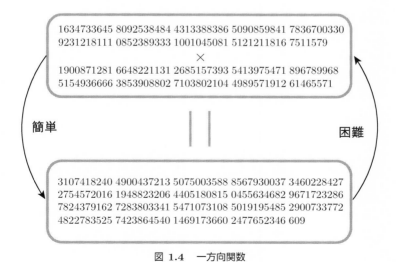

図 1.4　一方向関数

[1] http://mathworld.wolfram.com/news/2005-11-08/rsa-640/

　厳密に言うと，これは，一方向関数であると信じられているだけで，証明されたわけではありません．今のところ，一方向関数であると数学的に証明されたものは知られていません．

　上記のものの他にも，**一方向関数と信じられている** ものがいくつか知られており，暗号理論では，これらも一方向関数であると仮定して理論を展開しています．RSA 暗号以外の公開鍵暗号でも，何らかの一方向関数が基礎になっています．

1.2.3 ハッシュ関数

　ハッシュ関数 (Hash Function) は，任意の長さを持つ入力から一定の長さのデータを出力するものです．多くの場合は，長いメッセージを短くするので，ハッシュ (hash：細切れにする) という名前がついています．ハッシュド・ポテトのハッシュと同じ意味です．ハッシュ関数の出力をハッシュ値またはメッセージダイジェストといいます．

　ハッシュ関数の利用目的は，**二つのデータが同じであるかどうかの検証を高速化すること**にあります．後で詳しく述べますが，ドキュメントへのサイン (日本的な習慣でいえば印鑑) を電子化した「電子署名」では，署名者が本人であることを示すために，公開鍵暗号を使います．本書で扱う RSA 暗号を用いた電子署名では，署名者が，自分の秘密鍵を使ってドキュメントを暗号化します．これが電子署名付きのドキュメントです．検証者は，その暗号化されたドキュメントを署名者の公開鍵を使って復号して，本人の署名であるかどうかを検証しなければなりません．しかし，公開鍵暗号の処理は非常に遅いので，ドキュメントを全部暗号化したり，復号化したりしていたのでは処理に時間がかかって実用になりません．そこで，ドキュメントをハッシュ関数にかけて公開鍵暗号で処理するのに適当な大きさのメッセージダイジェストを作り，これを暗号化することでドキュメントの署名としているわけです．こうしておけば，署名も検証も高速に行うことができます．

　大きなデータが二つあり，これらが同じかどうかを検証することを考えてみましょう．一番確実な方法は，データをすべて比較することですが，十分信頼できるハッシュ関数を使えば，ほんの数十バイトのメッセージダイジェストを比較するだけで同一性を検証することが可能になります．

　データを一定の長さに変換するというだけでは暗号に使うハッシュ関数として適当とは言えません．長いメッセージを短くする場合，異なるメッセージに対して同一のメッセージダイジェストが得られる場合があります．この現象を**衝突**と呼びます．原理的に衝突を避けることはできません．たとえば，10 個の箱に 11 個の玉を入れるこ

とを考えてみてください．少なくとも一つの箱には二つ以上の玉が入ることになるで
しょう．これが衝突です．メッセージダイジェストのサイズよりも大きいデータに対
しては必ず衝突が発生するのです．

　このように衝突は原理的に避けられないことですが，簡単に同じメッセージダイ
ジェストを持つメッセージを作れることになると大問題です．検証の役に立たなくな
るからです．

　たとえば，メッセージの最初の 10 文字 (メッセージの文字数が 10 文字未満の場合
はスペースを追加して 10 文字にしたもの) をメッセージダイジェストとするような素
朴なハッシュ関数は大変に危険です．このハッシュ関数では，「A です．xx の件，う
まくいきました．」というメッセージの最初の 10 文字は，「A です．xx の件，う」です
ので，同じメッセージダイジェストを持つ，「A です．xx の件うまくいきませんでし
た．」という正反対の意味を持つメッセージを作ることができてしまいます (**図 1.5**).

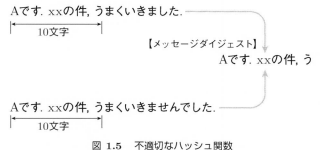

図 1.5　不適切なハッシュ関数

暗号に用いるハッシュ関数の条件として，

(1)　メッセージダイジェストから入力データを推測できない
(2)　メッセージダイジェストが衝突するような入力データを容易に作成できない
(3)　メッセージダイジェストの衝突が発生する可能性が非常に低い

ことが挙げられます．(1), (2) の性質は，共通鍵暗号が備えるべき性質と似ています．
性質 (3) は，メッセージダイジェストのサイズをある程度大きくとることに対応して
います．

　ハッシュ関数は，**図 1.6** のようにデータをばらばらにして，初期ベクタと一緒に混
ぜて縮めるというようなことをしています．ハッシュ関数は，ミキサーに似ています．
たとえば，5 種類の野菜をスパイス (初期ベクタに相当) と一緒にミキサーにかけて野
菜ジュースをつくり，その一滴を取り出すところをイメージしてみてください．その
一滴から元の野菜を復元することは不可能に近いのではないでしょうか．

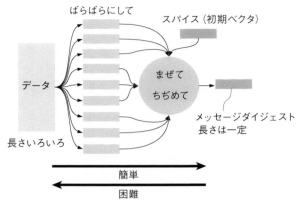

図 1.6　ハッシュ関数のイメージ

　この図は，大体のイメージを表したもので，実際のハッシュ関数を表しているわけ
ではありませんが，ダイジェストから元のデータの特徴をつかむことが難しいことは
わかっていただけるかと思います．

　代表的なハッシュ関数として以下のものが知られています．

- SHA-1，SHA-256，SHA-384，SHA-512 (Secure Hash Algorithm 1, 256, 384, 512): NSA (米国家安全保安局，National Security Agency) で考案されたハッシュ関数．SHA-1，SHA-256，SHA-384，SHA-512 は，それぞれ，160，256，384，512 ビットのメッセージダイジェストを生成します．
- MD2，MD4，MD5 (Message Digest 2, 4, 5): RSA 暗号の発明者の一人リベスト氏が考案したハッシュ関数．MD5 は MD4 の改良版で広く使われています．MD2 は簡素版で，128bit のメッセージダイジェストを生成します．

　MD5 は，最近になって特定の初期ベクタを使用した場合，メッセージが 1 ビット変
化しても同一のダイジェストが得られることがあると報告されました．また，SHA-1
についても，ハッシュ関数としての強度を危うくする新技術が発表されています (参
考文献 [26])．

　これから先，MD5 は積極的に使われることはなくなるでしょう．SHA-1 について
は，NIST は，この報告がなされる以前から，2010 年頃までに，段階的にフェードア
ウトさせるとアナウンスしていましたので，徐々に SHA-256 への移行が進むものと
思われます．

　本書では，SHA-1 と SHA-256 を解説します．SHA-256 なら当分は大丈夫だと思わ
れます．

1.3 三種の神器でセキュリティシステムをつくる

　標準化された共通鍵暗号と公開鍵暗号，そしてハッシュ関数が用意されると，これらを組み合わせたシステムをつくることができるようになります．どんなことができるか，ここでは代表的な二つのセキュリティシステムを見てみましょう．

1.3.1 安全な電子メールシステム

　ふだん何気なくやりとりしている電子メールですが，そこには様々な脅威が潜んでいます．電子メールに対する脅威の主なものとして，以下の三つを挙げることができます (図 1.7).

- 盗聴 (Interception)
- なりすまし (Spoofing)
- 改ざん (Falsification/Defacing)

　盗聴とは，送受信中の電子メールの内容を読んでしまうことをいいます．A さんとB さんの間でどのようなやりとりをしているかが第三者 (C さん) にすべてわかってしまいます (図 1.7 の上段).

　なりすましとは，二番目の図のように，A さん以外の人 (C さん) が A さんと偽ってB さんにメールを送ることを言います (図 1.7 の中段).

　改ざんというのは，「盗聴」と「なりすまし」を合わせたもので，A さんのメールを盗聴して，内容を書き換え (改ざん) て B さんに送ること (図 1.7 の下段) を言います．

　三種の神器を使えば，これら三つの問題を解決することができます．以下，解決するための技術を順に見ていきましょう．

🔑 鍵共有

　A さんと B さんの間でやりとりする**メールを盗聴されないようにするには，メールを暗号化すればよい**のですが，共通鍵暗号方式では鍵が共有されていないため，そのままでは利用することができません．また，公開鍵暗号方式は，処理が複雑なため，共通鍵暗号と比べて速度面で，かなり劣ります．

　そのため，**公開鍵暗号を利用して共通鍵暗号の鍵を共有し，その後のメール通信は共通鍵暗号で行う**というのが賢い方法ということになります．

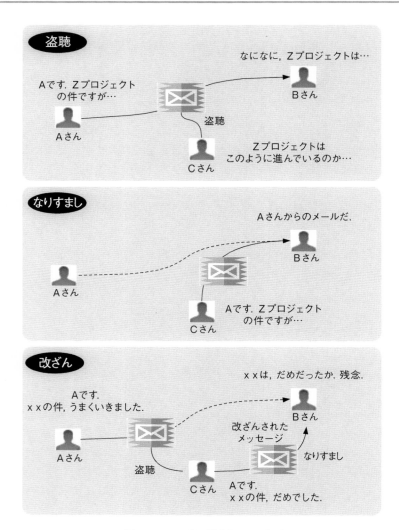

図 1.7　メールに対する三つの脅威

　細かい問題は後で説明することにして，**図1.8**で鍵共有の基本原理を説明しましょう．
　まず，A さんと B さんは，それぞれお互いの公開鍵を持っており，今，A さんと B さんで共通鍵暗号の鍵を共有することを考えます．A さんが共有する鍵 (共通鍵) を作成し，これを B さんに送る場合，A さんは，B さんの公開鍵を利用して鍵を暗号化します．暗号化された共通鍵を読み出すには，公開鍵暗号を解かなければなりませんから，盗聴の心配はありません．B さんは，B さんの公開鍵で暗号化された共通鍵を B

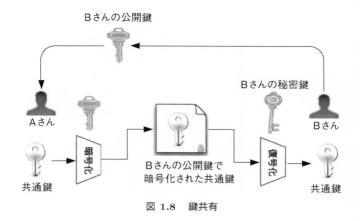

図 1.8　鍵共有

さんの秘密鍵を用いて復号し，共通鍵を取り出します．これで両者の間で鍵が共有されることになります．

　このようにして，共有した鍵を使ってメールのやりとりをすれば盗聴を防ぐことができますが，なりすましを防ぐことができません．

🔒 電子署名

　まず，盗聴を無視してなりすましを防ぐことだけを考えてみましょう．なりすましを防ぐためには，「電子署名 (Digital Signature)」という技術を使います．

　A さんが，B さんにメールを送る状況を考えてみましょう．B さんは，そのメールが A さんのものかどうかを確認したいと思っているとします．

　A さんは，自分のメッセージをハッシュしてメッセージダイジェストを作り，これを自分の秘密鍵で暗号化します[*2]．これが電子署名になります (**図 1.9 左**)．A さんは，B さんに電子署名とメールを一緒に送ります．

　一方，メールを受け取った B さんは，電子署名を A さんの公開鍵で復号して，A さんからのメッセージをハッシュしたメッセージダイジェストと比較します (図 1.9 右)．A さんの秘密鍵を保持しているのは A さんだけですので，A さん以外の人が送った電子署名は，A さんの公開鍵で復号できません．つまり，なりすましができないことになります．

　電子署名とメッセージの暗号化を組み合わせれば，盗聴，なりすまし，改ざんのいずれも防ぐことができます．

[*2] ここで，公開鍵と秘密鍵を逆に使って電子署名を作成していますが，暗号文作成用の公開鍵と秘密鍵をそのまま使えるとは限りません．本書で扱う RSA 暗号ではそのまま使えますが，他の公開鍵暗号ではこのような使い方はできないので注意して下さい．

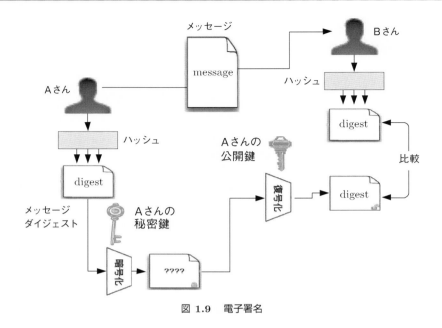

図 1.9　電子署名

🐜 S/MIME：三種の神器を利用したセキュアメール技術

　ここで説明した技術を利用したものの一つとして，S/MIME(Secure/ Multipurpose Internet Mail Extensions：エスマイム) があります．S/MIME では，

(1)　送信者側 (A さん) が，乱数 (共通鍵) を生成する．
(2)　公開鍵暗号を使って鍵を共有する．
(3)　メッセージをハッシュしてメッセージダイジェストを作成する．
(4)　メッセージダイジェストを A さんの秘密鍵を使って暗号化し，電子署名を作成する．
(5)　共有した共通鍵でメールを暗号化し，メッセージダイジェストと一緒に B さんに送信する．
(6)　A さんの持っている共通鍵を削除．
(7)　B さんは，メッセージを復号してメッセージダイジェストを作成し，A さんの電子署名を A さんの公開鍵で復号した結果と比較し，署名の正しさを確認する．
(8)　B さんは B さんの持つ共通鍵を削除する．

という手順で安全な電子メール環境を実現しています．
　ネットワーク技術やユーザーインターフェースについてはともかく，セキュリティのコア部分に関しては，共通鍵暗号，公開鍵暗号とハッシュ関数だけで S/MIME が

作れることがわかるでしょう.

♟ SSL：インターネットショッピングの強い味方

三種の神器のもう一つの代表的な応用例として，SSL を紹介しておきましょう. **本書では，最終章で，三種の神器を使ってミニチュアの SSL(mini SSL) を作成する**ので，ここでは，SSL がどんなものなのか，その概略をつかんでいただくことにしましょう.

SSL(Secure Socket Layer) は，インターネット上で安全にデータをやりとりするために開発された情報セキュリティ技術の一つです. SSL は，Netscape Communications 社が開発したプロトコルで，WWW や FTP などの通信データを暗号化し，また，通信相手の認証を行うことで，プライバシーに関わる情報やクレジットカード番号，企業秘密などを安全に送受信することができます. このような特性から，SSL はインターネットショッピングと相性がよく，現在広く利用されています[*3]. プロトコルというのは，通信の約束事のことで，通信手順とか通信規約と呼ばれることもあります. ウェブで使われている HTTP(Hyper Text Transfer Protocol) や，メールの送受信で使われている SMTP(Simple Mail Transfer Protocol)，POP(Post Office Protocol) などは，日常的に利用されているプロトコルです. SSL は，以下の三つの機能を提供します.

(1)　機密性の保持：共通鍵暗号によるデータの暗号化

(2)　完全性の検証：MAC (Message Authentication Code) によるデータ改ざんの検出

(3)　相手認証：X.509 証明書を用いたサーバ認証とクライアント認証 (なりすましの防止)

(1) は暗号化通信です. 通信路を盗聴から守ります. これはすぐにわかりますね. 先ほど紹介した共通鍵暗号を用いることで，実現することができます.

(2) や (3) の機能は，インターネットなどのように，通信の途中で誰かわからない人の手を経由する場合に重要になります. インターネットで考えなければならない脅威のうち，もっとも基本的なものとして，**フィッシング** (phishing) と**マン・イン・ザ・ミドル攻撃** (man-in-the-middle attack) を挙げることができます.

フィッシング詐欺というのは，ユーザにウェブサイトが本物であると思い込ませ，ユーザの個人情報を不正に入手したり，代金を振り込ませたりするものです (**図 1.10**).

[*3] SSL をベースに IETF (Internet Engineering Task Force) が標準化した規格として TLS (Transport Layer Security) があり，SSL の代わりに広く使われるようになりつつあります.

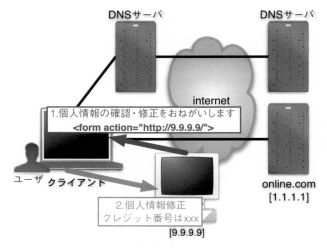

図 1.10　フィッシング (自分が期待した相手のつもりで第三者と通信する)

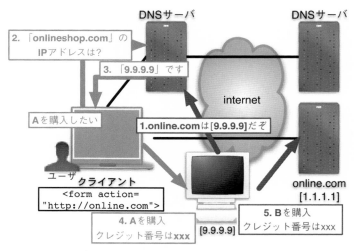

図 1.11　マン・イン・ザ・ミドル攻撃 (住所，氏名，クレジットカード番号，購入希望商品等
　　　　が書き換られる)

　マン・イン・ザ・ミドル攻撃とは，クライアントとサーバの間に入って，データの
改ざんを行うものです．インターネットショッピングの場合であれば，住所，氏名，
クレジットカード番号，購入希望商品などが改ざん対象になります (図 1.11)．
　SSL では，クライアントとサーバの間でうまく暗号鍵を共有します．マン・イン・
ザ・ミドル攻撃は，通信のプロトコルに乱数を含ませることで，フィッシング詐欺は，

サーバ公開鍵の証明書を用いることで防止します.

　もう少し詳しく見てみましょう. SSLでは,サーバの認証と共通鍵生成を行うプロセスを**ハンドシェイク** (握手) と呼びます. クライアントとサーバは,それぞれ,ハンドシェイク中にやりとりした乱数から共通鍵 K を作成します. 共通鍵ができたところで,クライアントは,全送受信メッセージのダイジェストを共通鍵で暗号化してサーバに送ります. サーバ側は,独自に記録していたそれまでのメッセージ記録のダイジェストを計算して,クライアントから受信したものと一致するかどうかを確認することで,改ざんを防止しています (整合性検査). また,メッセージは暗号化されているので,整合性検査と同時に,双方で同じ共通鍵が生成できているかどうかを確認することができます. 同様に,サーバからも,全送受信メッセージのダイジェストをクライアントに送信します. クライアント側も受信したメッセージと独自に計算したダイジェストが一致するかどうかを確認します. 送受信するメッセージには乱数が含まれていますから,過去のハンドシェイクを再利用 (悪用) することもできません.

　3番目に挙げた相手認証の機能を実現するために,SSLでは,クライアント側がサーバの身元を確認します. 確認のために,サーバは,サーバの公開鍵 K_S の証明書 (自身の身元を保証する証明書) を,公開鍵 K_S と一緒にクライアントに送信します. 証明書はITU-T X.509.v3 と呼ばれる形式で,サーバ自身の証明書からルート CA(Certification Authority=公開鍵証明書認証局) までの一連の証明書をセットで送ります (**図 1.12**). サーバから証明書と公開鍵を受け取ったクライアントは,この証明書の正当性を確認

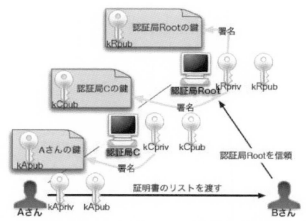

図 1.12　**CA (Certificate Authority)** 認証局公開鍵が本人の物である事を認証するための機関. 証明書:公開鍵と所有者の ID (名前, URL等) の組に秘密鍵を用いて電子署名

します．ここでは，電子署名の技術がうまく利用されています．

　CA というのは，世界中の誰もが信用する権威者の役割を担いますから，相応の信頼性と評価を得ている団体が担当する必要があります．CA に求められる用件としては，

- 技術レベルの維持 (専門知識を有すること)
- 財政基盤の維持 (継続的に運用できること)
- 個人情報の管理 (個人情報を保護すること)
- 定期的監査の実施 (外部の監査機関による監査結果を公表すること)

などが挙げられます．CA サービスを行う代表的な企業として，VeriSign 社や日本認証サービス社があります．

　共通鍵の生成とサーバの認証が完了して初めて，共通鍵 K による暗号化通信がスタートすることになります．サーバは CA によって認証されていますし，やりとりするメッセージは完全性が保たれ，暗号化もされていますから，フィッシング詐欺やマン・イン・ザ・ミドル攻撃から通信を守ることができます．これが，SSL を使って安全なショッピングができる仕組みです．

1.3.2　乱数について：乱数には二種類ある!

　情報セキュリティシステムは基本的に三種の神器で構築することができますが，中で使われている「乱数」に関しては，少々注意が必要です．

　情報セキュリティの世界で使われる乱数には，以下の二つの種類があります．

(1)　真性乱数 (truly-random numbers)
(2)　擬似乱数 (pseudo-random numbers)

真性乱数とよばれているのは，自然界のゆらぎを利用して作られた乱数です．たとえば，抵抗の両端の電位差ゆらぎをオペアンプで増幅して適当な電圧と比較してビット列をつくることにより，真性乱数が得られます．このような真性乱数をつくる装置のことを真性乱数生成装置とよんでいます．真性乱数生成装置で得られる乱数は，予測できないゆらぎに基づいているという意味で「本物の」乱数です．真性乱数生成装置は，単体で製品としても販売されています．

　一方，**擬似乱数**というのは，何らかのシード (seed, 種) と呼ばれる初期値から順々に作られるもので，初期値が決まれば出力を完全に予測することができます．ある規則にしたがって作られる列ですから，「本物の」乱数ではありません．計算機システムでは，システム時間をシードにして擬似乱数を生成させたりすることが多いようです．

通常，擬似乱数とよばれているものは，長い周期を持つ周期列です．擬似乱数の生成方法には，多くの種類がありますが，あまり考えないで使うと，得られるビット列が簡単な規則性を持ってしまうことがあるので要注意です．周期が短いと暗号用の乱数としては役に立ちません．たとえば，周期が 100 しかない擬似乱数を使って認証システムをつくったとしましょう．100 通りの値を表にしておけば，このシステムで使われた擬似乱数の値が一つでもわかれば，その後の出力はすべてわかってしまいます[4]．そうなれば，認証システムは役に立ちません．

有名な擬似乱数生成方法として，線形合同法 (linear congruential method) を挙げることができます．たとえば，適当な初期値に，69069 を次々と掛けて，二進数であらわしたものの下位 32 ビットを取るというアルゴリズムは，線形合同法の一種です．この方法で，擬似乱数をつくってみましょう．わかりやすいように，初期値として 1 をとります．すると，続く数列は，

69069，475559465，2801775573，1790562961，3104832285，4238970681，
2135332261，381957665，1744831853，1303896393

となります．確かに乱数のように見えますね．これらを二進数に変換してみましょう．

```
      69069 = 00000000 00000001 00001101 11001101
  475559465 = 00011100 01011000 01110110 00101001
 2801775573 = 10100110 11111111 10110011 11010101
 1790562961 = 01101010 10111001 11010010 10010001
 3104832285 = 10111001 00001111 11111011 00011101
 4238970681 = 11111100 10101001 10001111 00111001
 2135332261 = 01111111 01000110 10010001 10100101
  381957665 = 00010110 11000100 00110110 00100001
 1744831853 = 01101000 00000000 00000101 01101101
 1303896393 = 01001101 10110111 11100001 01001001
```

おや，下 2 桁はいつも同じですね．下 3 桁は，001 と 101 が交互に出てきます．下 4 桁は，1101，1001，0101，0001 を繰り返しています（この他にも規則性があります．興味のある方は探してみてください）．全体としては乱数に見えますが，下位ビットの周期が短いため，規則性が簡単にわかってしまいます．**線形合同法に代表される単純な擬似乱数生成法が暗号用乱数に不向きな決定的理由は，出力ビットから，続くビット列を簡単に予測できてしまうということにあります．**

一般に，線形合同法では，$X_n = (AX_{n-1} + B) \bmod C$ [5] の形の漸化式を用いてビット列を作り出します．この場合，未知のパラメータは，A, B, C の三つしかありませ

---

[4] ただし，表に同じ値が含まれていると次の出力がわからないことがあります．
[5] mod の意味は，p.24 を参照．

ん．ですから，連続する出力を代入して連立方程式を解けば，A, B, C を求めること
ができます．そうすれば，その後の出力を計算することができます．ですから，**出力
ビットから続くビット列を計算するには，多大な計算時間がかかるようなものでない
と，暗号用乱数としては役に立たない**のです．セキュリティ用途では，規則性が容易
にわからないような信頼性の高い擬似乱数生成方式を使うべきだということを肝に銘
じておかなくてはなりません．

　本書では乱数生成用のクラスとして，暗号学的に強力な擬似乱数生成クラス
java.security.SecureRandom を利用し，その詳細には立ち入らないことにします．

📖 **1 章のまとめ**

1. **暗号の安全性と利便性**
   - 素人が考えた暗号は危険である．
   - 暗号アルゴリズムは，皆で共有するべきである．
   - 暗号アルゴリズムは，公開して皆でテストするべきである．

2. **情報セキュリティの三種の神器**
   - 情報セキュリティの三種の神器とは，公開鍵暗号，共通鍵暗号，ハッシュ関数のことである．
   - 共通鍵暗号は，閉める鍵と開ける鍵が同じ暗号である．
   - 公開鍵暗号は，閉める鍵と開ける鍵が異なる暗号である．
   - 公開鍵暗号は，一方向関数に基づいている．
   - ハッシュ関数とは，勝手な長さのデータを一定の長さのデータにするものである．
   - 同じメッセージダイジェストが簡単に作れると危険である．
   - 三種の神器の安全性は，時代とともに移り変わっていくものである．
   - 三種の神器を使うことによって，さまざまな情報セキュリティシステムをつくることができる．
   - 擬似乱数生成方式は信頼性の高いものを選ぶべきである．

公開鍵暗号RSA
ー計算方法

この章を読めば,

- **RSA** 暗号のしくみ
- 公開指数と秘密指数の作り方
- べき乗剰余計算のアルゴリズム

が理解でき,自由自在に**RSA** 暗号の実装ができるようになります.

2.1 RSA 暗号のしくみ

まず,RSA 暗号のしくみを簡単に説明します.RSA 暗号は,素数どうしの掛け算が容易であるのに,逆の操作 (素因数分解) が困難であるということを利用した,現在,最も広く利用されている公開鍵暗号方式です.

A さんが,B さんにメッセージを送る状況を考えてみましょう.B さんは,二つの大きな素数[*1] $p, q \, (p \neq q)$ を用意し,$N = pq$ を計算します[*2].また,

$$L = \mathrm{lcm}(p-1, q-1) \tag{2.1}$$

という数を準備しておきます.ここで,$\mathrm{lcm}(a, b)$ は,a と b の最小公倍数 (least commmon multiple) を表す記号です[*3].

さらに,

$$ed \equiv 1 (\mathrm{mod}\, L) \tag{2.2}$$

となるような e, d を選んでおきます.ここで,$ed \equiv 1 (\mathrm{mod}\, L)$ とは,$ed - 1$ が,L の倍数であることを意味します.mod についての詳細は,24 ページの「モジュラー算術」で説明しています.

e, d のうちいずれか一方と N の組,たとえば,(e, N) を B さんの公開鍵 として公開します.N を B さんの公開モジュラス,e を公開指数といいます.

[*1] 2008 年現在では,512〜1024 ビット程度でほぼ同じ長さにとることが多いようです.
[*2] 素数というのは,2, 3, 5, 7, 11 のように,1 とその数以外で割り切れない数のことです.逆に,$6 = 2 \times 3$ のように,素数でない整数を合成数といいます.
[*3] a と b の最小公倍数とは,a の倍数であり,かつ b の倍数でもあるような整数のうち最小のものをいいます.たとえば,24 と 10 の最小公倍数は,120 になります.L の代わりに,$\varphi(N) = (p-1)(q-1)$(オイラー関数値) を使うこともあります.

一方，Bさんはdを秘密に保持します．このdを秘密指数といい，(d,N)をBさんの秘密鍵といいます．

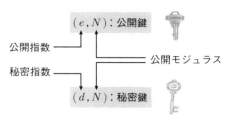

図2.1　RSA暗号のパラメータの名称

Bさんは，公開鍵を公開鍵簿に登録します．

Aさんは，$1 \leq M < N$を満たす整数で表されたメッセージMを用意します．Aさんは，MをBさんの公開鍵(e,N)で暗号化した暗号文CをBさんに送り，Bさんは，Bさんが持っている秘密鍵(d,N)で復号します．

実際の処理は以下のようになります．

$$（\text{A さん}）: C = M^e \bmod N$$
$$（\text{B さん}）: M = C^d \bmod N$$

CもMも，べき乗してから余り(剰余)を取ることによって計算できることに注意してください．このような計算を**べき乗剰余計算**といいます．ただし，Bさんの復号処理がうまくいくためには，メッセージMは，$\gcd(M,N)=1$を満たしている必要があります[*4]．

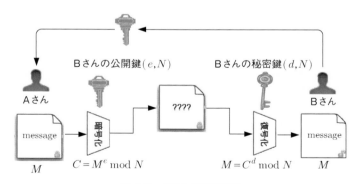

図2.2　RSA暗号の流れ

[*4] $\gcd(M,N)$は，M，Nの最大公約数 (greatest common divisor) を意味する記号ですaとbの最大公約数とは，aとb両方を割り切る最大の整数のことをいいます．たとえば，24と10の最大公約数は，2になります．

数値例を見てみましょう.

$p = 7$, $q = 11$ としましょう. このとき, $N = 7 \times 11 = 77$, $L = \mathrm{lcm}(7-1, 11-1) = \mathrm{lcm}(6, 10) = 30$ になります. 公開指数と秘密指数として, $e = 7$, $d = 13$ を選んでみます. $7 \times 13 - 1 = 91 - 1 = 90 = 3 \times 30$ ですから, 条件式 (2.2) が満たされていることがわかります. この場合の B さんの公開鍵と秘密鍵は, それぞれ, $(e, N) = (7, 77)$, $(d, N) = (13, 77)$ となります.

メッセージ M は, $\gcd(M, 77) = 1$ を満たしてさえいれば何でもよいのですが, ここでは $M = 17$ を選んでみましょう.

$$
\begin{aligned}
C &= M^e \bmod N \\
&= 17^7 \bmod 77 \\
&= 410338673 \bmod 77 \\
&= 52
\end{aligned}
$$

となります. これが暗号文です.

$$
\begin{aligned}
C^d &\bmod N \\
&= 52^{13} \bmod 77 \\
&= 20325604337285010030592 \bmod 77 \\
&= 17
\end{aligned}
$$

となり, 暗号化の鍵と復号化の鍵が違っているのにちゃんとメッセージ $M = 17$ が復号されていますね.

公開鍵 (e, N) がわかっても, d を求めるには, $L = \mathrm{lcm}(p-1, q-1)$ を知る必要があることに注意してください. L を計算するためには, p, q が必要です. ところが, 序章で説明したように, p, q が 512 ビットとか 1024 ビットのように大きな素数の場合, $N = p \times q$ を素因数分解して, p, q を知るにはものすごく時間がかかります. これが RSA 暗号の安全性の基礎になっているのです.

♟ 条件式はいつでも成り立つ？

先ほど注意したように, $\gcd(M, N) = 1$ でなかったら, 暗号化されたメッセージを復号できるとは限りません. たとえば, M が, 長いメッセージから作られたの場合などは, $\gcd(M, N) = 1$ は成り立たない可能性があります. ですから, 厳密には, メッセージを作るたびに, この条件をチェックし, うまくあてはまるようにデータを変形したりする必要があります.

しかし, これは, 実際には, ほとんど問題になりません. というのは, N は 512 ビットから 1024 ビット程度の巨大な素数の積なので $\gcd(M, N) = 1$ とならない確率は,

非常に小さいからです. たとえば, N が, 1024 ビットのときは, この確率は, $1/2^{510}$ 程度です. $\gcd(M, N) \neq 1$ となってしまうことは, M が N の倍数でなければ N の素因数の倍数になっている, つまり N の素因数分解できてしまったということです. $\gcd(M, N) \neq 1$ であることが心配なら, N が素因数分解できてしまうことも心配しなければなりませんね.

🔑 モジュラー算術

mod を使った計算が出てきたので, 軽くまとめておきましょう. 「mod を使った計算」のことをモジュラー算術といいます. モジュラー算術における基本的な約束事は, 以下の二つです.

(1) $a \equiv b \pmod{m}$ とは, $a - b$ が m の倍数であること.

(2) $a \bmod m$ とは, a を m で割った余り (剰余) のこと.

　数値例を挙げておきましょう. $18 - 3 = 15 = 3 \times 5$ ですので, $18 \equiv 3 \pmod{5}$ ということになります. また, $18 - (-7) = 25 = 5 \times 5$ ですから, $18 \equiv -7 \bmod 5$ になります.

　(2) の記号を使う場合, 本書では, 余りとして, 0 以上 m 未満の数を表すと約束しておきます. たとえば, $10 \bmod 3 = 1$ になります.

　この mod という記号は大変重要で, RSA 暗号の処理には, こればかり出てきますから, よく理解しておいてください.

　mod を使った計算のうち, **足し算, 引き算, 掛け算は自由にできます**. つまり, $a \equiv c \pmod{m}$, $b \equiv d \pmod{m}$ のとき, 次の三つの計算規則が成り立ちます.

$$
\begin{aligned}
(M1) \quad & a + b \equiv c + d \quad &\pmod{m} \\
(M2) \quad & a - b \equiv c - d \quad &\pmod{m} \\
(M3) \quad & ab \equiv cd \quad &\pmod{m}
\end{aligned}
$$

　一方, 割り算は注意を要します. **いつでも割り算ができるわけではない**からです. $ax \equiv 1 \pmod{m}$ となるような x がもしあれば, これを **a の法 m における逆数**といい, $a^{-1} \pmod{m}$ と書きます. 以下の条件を覚えておいてください.

　　a が, 法 m のもとで逆数を持つための必要十分条件は, $\gcd(a, m) = 1$.

　たとえば, $\gcd(3, 14) = 1$ ですから, 3 は, 法 14 において逆数を持つはずです. 確認してみましょう. 14 で割った余りだけ考えればいいので, 0 から 13 までの整数 x について, $3x \bmod 14$ を計算して, 1 になるものがあるかどうかを探せばよいことに

なります．実際にやってみると，**表 2.1** のようになり，法 14 における 3 の逆数が，5 であることがわかります．

表 2.1　法 14 における 3 の逆数

x	0	1	2	3	4	**5**	6	7	8	9	10	11	12	13
$3x \bmod 14$	0	3	6	9	12	**1**	4	7	10	13	2	5	8	11

一方，$\gcd(6, 14) = 2 \neq 1$ ですから，法 14 における 6 の逆数はありません．実際，表 2.2 をみると，結果が 1 になることがないことがわかりますね．

表 2.2　6 は法 14 のもとで逆数を持たない

x	0	1	2	3	4	5	6	7	8	9	10	11	12	13
$6x \bmod 14$	0	6	12	4	10	2	8	0	6	12	4	10	2	8

公開指数と秘密指数は

$$ed \equiv 1 \pmod{L}$$

という関係式を満たしています．これは，e と d が，法 L のもとで互いに逆数の関係あることを意味しています．したがって，e としては，$\gcd(e, L) = 1$ であるものを選ばなければなりません[*5]．

2.2　RSA 暗号を実現するために必要なこと

RSA 暗号システムを実現するために必要なことは，次の通りです．

- 512 ビット，1024 ビットといった大きな数の計算
- 乱数の生成
- 素数 p, q の生成
- 最大公約数の計算
- 最小公倍数の計算
- 公開指数，秘密指数の計算
- べき乗剰余計算

実は，Java には，これらすべてがすでに用意されています．java.math.BigInteger クラスには，それぞれの課題に対し，**表 2.3** のようなメソッドが用意されています．

[*5] もちろん，$\gcd(d, L) = 1$ でもあります．

表 2.3 BigInteger クラスのメソッド (四則演算)

和	public BigInteger **add**(BigInteger val)
差	public BigInteger **subtract**(BigInteger val)
積	public BigInteger **multiply**(BigInteger val)
商	public BigInteger **divide**(BigInteger val)
剰余	public BigInteger **remainder**(BigInteger val)
剰余	public BigInteger **mod**(BigInteger m)
商と剰余	public BigInteger[ ] **divideAndRemainder**(BigInteger val)

たとえば，add というメソッドは，二つの BigInteger を足した値 (this + val) を BigInteger として返します．

BigInteger クラスには，さらに表 2.4 のようなメソッドも用意されています．表 2.4 のメソッドがあれば，すぐにでも RSA 暗号を実装することが可能ですが，これらをそのまま利用してしまうと，アルゴリズムについては何も理解できないことになります．もちろん，これらメソッドの改良もできません．

表 2.4 BigInteger クラスのメソッド (より高度なもの)

素数生成	public static BigInteger **probablePrime**(int bitLength, Random rnd)
最大公約数	public BigInteger **gcd**(BigInteger val)
逆数	public BigInteger **modInverse**(BigInteger m)
べき乗剰余計算	public BigInteger **modPow**(BigInteger exponent, BigInteger m)

本書の主眼は，あくまで，暗号実装のアルゴリズムについて学ぶことにあるので，第5章までは，**表 2.3 にある四則演算までを仮定し，表 2.4 のメソッドは利用しない**ことにします．ただし，第6章では SSL のしくみを学ぶことが目的なので，表 2.4 のメソッドを用いることがあります．

もう一つの問題は，乱数生成です．1.3.2 節でも述べたように，擬似乱数をつくる方式は慎重に選ぶ必要がありますが，乱数の質に関する議論は，大変に微妙で，決して易しいものではありません[*6]．

そこで，**本書では，疑似乱数生成アルゴリズムには深入りせず，Java にすでに用意されている java.security.SecureRandom クラスを利用する**ことにします．

java.security.SecureRandom は，BigInteger を生成しませんので，このクラスの

void nextBytes(byte[] bytes)

メソッドを利用しバイト列を得て，その値をもとに，BigInteger クラスの

[*6] 暗号用の擬似乱数に関して詳しく知りたい読者は，たとえば，参考文献 [16] の第5章を参照するとよいと思います．暗号用途でない一般の擬似乱数の解説としては，参考文献 [7] や [15] などがわかりやすいと思います．

$$\text{BigInteger(byte[] val)}$$

コンストラクタを用いて，BigIntegerの値を生成することになります．

このように，BigIntegerクラスにおける四則演算とSecureRandomクラスを利用することによって，読者は，暗号アルゴリズムの学習に集中することができます．

以下，それぞれの実装アルゴリズムについて説明していくことにします．

2.3 最大公約数と最小公倍数を求める アルゴリズム

ここでは，最大公約数を求めるアルゴリズムを説明します．RSA暗号において，最大公約数を求める処理が必要なのは，以下の三つです．

(1) $L = \operatorname{lcm}(p-1, q-1)$ の計算
(2) 公開指数 e (秘密指数 d) の計算
(3) 素数判定処理の高速化に用いる「ふるい」の計算

(1) の「$L = \operatorname{lcm}(p-1, q-1)$ の計算」では，最小公倍数が必要です．実は，最小公倍数を計算するには最大公約数があればよいのです．というのは，a, b の最大公約数 $\gcd(a, b)$ と最小公倍数 $\operatorname{lcm}(a, b)$ の間には，次のような関係があるからです．

$$\operatorname{lcm}(a, b) = ab / \gcd(a, b) \tag{2.3}$$

たとえば，$\operatorname{lcm}(36, 48) = 144$，$\gcd(36, 48) = 12$ ですので，確かに，

$$\operatorname{lcm}(36, 48) = 144 = 36 \times 48 / 12 = 36 \times 48 / \gcd(36, 48)$$

となっています．

式 (2.3) を用いれば，$\gcd(a, b)$ から $\operatorname{lcm}(a, b)$ を計算することができることになります．そこで，以下では，最大公約数を求めるアルゴリズムについて説明することにします．

2.3.1 試行割り算法

最大公約数を計算するための最も素朴な方法は，試行割り算法でしょう．これは，小学校，中学校でおなじみの方法です．

例として，780 と 660 の最大公約数を試行割り算法で計算することを考えてみましょう．**図 2.3** のように，780 と 660 の公約数と思われる数で割っていけば，最後に

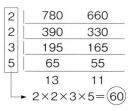

図 2.3　試行割り算法

は，13 と 11 が残り，左に並んだ数字を全部掛けて，$2 \times 2 \times 3 \times 5 = 60$ が最大公約数だとわかります.

　この計算法をアルゴリズムの形にしておきましょう. a, b はともに正とします.

【試行割り算法のアルゴリズム】

　　Input: a, b，**Output:** $\gcd(a, b)$

　　[STEP 1] $g = 1$ とする. $a < b$ であれば，a, b を入れ替え，$a \geq b$ となるようにする.

　　[STEP 2] $n = 2$ とし，$n \leq b$ が満たされる間，n を 1 ずつ増加させつつ以下を繰り返し:

　　　　[STEP 2-1] a, b ともに n で割り切れる間，以下を繰り返し:

　　　　　　[STEP 2-1-1] $g = ng$, $\quad a = a/n$, $\quad b = b/n$

　　[STEP 3] g を出力して終了.

　私たちが計算するときには，この数は，5 で割れそうだとか，13 と 11 の最大公約数は 1 であるなどの判断をしますが，コンピュータはそのようなことはしてくれないことに注意してください.

　では次に，このアルゴリズムを Java のプログラムとして実装し，動作を確認してみましょう. 以下では，

- アルゴリズムの実装の説明
- プログラムの動作確認
- 実行のためのプログラムの説明
- 試行割り算法の問題点

の順に，説明を進めて行きます.

■■■アルゴリズムの実装の説明

リスト 2.1 をご覧下さい.

リスト **2.1**　試行割り算法のアルゴリズムの Java による実装

```java
import java.math.BigInteger;

public class GCDTrialDivision {
    public BigInteger gcd(BigInteger a, BigInteger b) {
        if (a.signum() != 1 || b.signum() != 1)
            throw new IllegalArgumentException();

        // [STEP 1]
        BigInteger g = BigInteger.ONE;
        if (a.compareTo(b) < 0) {
            BigInteger t = a; a = b; b = t;
        }
        // [STEP 2]
        for (BigInteger n = BigInteger.valueOf(2);
             n.compareTo(b) <= 0;
             n = n.add(BigInteger.ONE)) {
            // [STEP 2-1]
            while (a.remainder(n).equals(BigInteger.ZERO)
                && b.remainder(n).equals(BigInteger.ZERO)) {
                // [STEP 2-1-1]
                g = n.multiply(g);
                a = a.divide(n); b = b.divide(n);
            }
        }
        // [STEP 3]
        return g;
    }
}
```

このプログラムリストは, 前に紹介した試行割り算法のアルゴリズムを Java で実装したものです. 以下では, このプログラムリストの構造について説明した後, アルゴリズムの実装の中心となるメソッド BigInteger gcd(BigInteger, BigInteger) の詳細を説明します.

《プログラムリストの構造》

まず, このプログラムリストの構造を見てみましょう.

```java
import java.math.BigInteger;

public class GCDTrialDivision {
    ...
}
```

1 行目でクラス java.math.BigInteger のインポートを宣言し, 残りの部分で GCD-TrialDivision という名前のクラスを定義しています. このクラスには gcd という名前のメソッドが一つ定義されており, 引数は BigInteger 型の値が二つ, 返値は BigInteger 型の値が一つとなっています. このメソッドは, 引数として渡された二

つの値の最大公約数を計算し，結果を返します．

　ここで，import 宣言とクラス java.math.BigInteger が初めて登場しましたので，これらの解説をしておきましょう．

■ import 宣言

Java のクラスやインターフェースは，それぞれ完全限定名 (Fully-Qualified Name, FQN) と呼ばれる名前を持っています．これはドットでつながれた形の名前です[7]．import 宣言を利用すると，指定されたクラスを単純名 (Simple Name) と呼ばれる短縮形で参照できるようになります．ここでは，java.math.BigInteger という完全限定名を持つクラスを，プログラム中では BigInteger という単純名で指すことができるように指定しています．以降では，あるクラスを名前で指す場合，混乱のない限り単純名で表すことにします．

■ クラス BigInteger

クラス BigInteger は多倍長整数に関する処理を実現します．Java の組み込み型である int 型や long 型では扱うことができない大きな値や小さな値[8]を扱えるようにし，それらに対する操作を提供します．このクラスが提供する操作は，四則演算やビット操作といった基本的なものから，最大公約数の計算や素数判定，素数生成のような高度なものまで多岐にわたります．ここではクラス BigInteger に定義されるメソッドや定数のうち，表 2.5 に示されたものを利用しています．BigInteger クラスの詳細については，このクラスのドキュメントを参照して下さい[9]．

《メソッド gcd(BigInteger, BigInteger) の詳細》

　では次に，クラス GCDTrialDivision に定義されたメソッド gcd(BigInteger, BigInteger) を見て行きましょう．このメソッドは，引数を検査する部分と試行割り算法による最大公約数計算の本体部分の二つの部分から構成されています．以下では，

---

[7] 正確には，完全限定名は 0 個以上のパッケージ名と一つの単純名をドットで結合した形の名前です．パッケージは，クラスをグループ化する仕組みです．java.awt.List と java.util.List のように，異なるパッケージに属するクラスやインターフェイスが同じ単純名を持つことがあります．もちろん，これらはそれぞれ別のクラスです．

[8] Java の int 型で扱える整数値の範囲は $[-2^{31}, 2^{31}-1]$，long 型で扱える整数値の範囲は $[-2^{63}, 2^{63}-1]$ となります．int 型で扱える整数値の最小値と最大値は，それぞれ Integer.MIN_VALUE, Integer.MAX_VALUE として，また long 型で扱える整数値の最小値と最大値は，それぞれ Long.MIN_VALUE, Long.MAX_VALUE として定義されています．

[9] Java で標準的に利用できるクラスの詳細は，Java の API 仕様として公開されています．たとえば，ウェブブラウザで http://java.sun.com/javase/ja/6/docs/ja/api/ を参照することで，Java Platform, Standard Edition 6 の API 仕様を調べることができます (2008 年現在)．http://java.sun.com/docs/index.html ページから，ご利用の Java のバージョンに合ったドキュメントを参照したり，ダウンロードしたりすることができます．

表 2.5　試行割り算法のアルゴリズムの Java による実装中で使われる BigInteger クラスの
メソッド・定数

和	BigInteger **add**(BigInteger val) this + val
積	BigInteger **multiply**(BigInteger val) this × val
商	BigInteger **divide**(BigInteger val) this / val
剰余	BigInteger **remainder**(BigInteger val) this % val
符号判定	int **signum**() $\begin{cases} \text{this} < 0 &: & -1 \\ \text{this} = 0 &: & 0 \\ \text{this} > 0 &: & 1 \end{cases}$
比較	int **compareTo**(BigInteger val) $\begin{cases} \text{this} < \text{val} &: & -1 \\ \text{this} = \text{val} &: & 0 \\ \text{this} > \text{val} &: & 1 \end{cases}$
等価性	boolean **equals**(Object x) this = x
新インスタンス	static BigInteger **valueOf**(long val)
0	**ZERO**
1	**ONE**

それぞれについて順番に説明していきます.

まずは, 引数を検査する部分の説明です.

```
if (a.signum() != 1 || b.signum() != 1)
    throw new IllegalArgumentException();
```

この部分では, 変数 a, b の値の符号を, メソッド signum() を用いて検査しています. 変数 a, b それぞれの値に対してメソッド signum() を呼び出した結果のうち, 少なくとも一方が 1 でない場合, つまり, 変数 a, b の少なくとも一方の値が正でない場合は, 例外 IllegalArgumentException を送出することで, メソッドの実行を終了します.

このような引数の検査は, 最大公約数の計算の本質には関係がありませんが, プログラムを記述する場合には重要です. 前に示した試行割り算法のアルゴリズムでは, a, b はともに正とするとあり, Java による実装も変数 a, b の値がともに正であることを仮定しています. もし, 引数の検査を行わなかったとしたらどうなるでしょうか. たとえば, リスト 2.1 に示したクラス GCDTrialDivision のメソッド gcd(BigInteger, BigInteger) の引数を検査する部分を取り除き, -660 と -780 を引数として呼び出した場合, 1 という結果が返されます. ここで, 結果が 1 になることは, クラス GCDTrialDivision の実装がたまたまそのようになっているためであり, この動作は,

最大公約数の計算とはこうあるべきだと決められたものではないことに注意して下さい.

　ここで, あるプログラマがこの性質を利用したプログラムを作成したとしましょう. このプログラムは, その時点では問題がないかもしれませんが, その後メソッドgcd(BigInteger, BigInteger)が修正され, 条件を満たさない呼び出し時の結果が1でなくなった場合にうまく動かなくなってしまいます.

　さて, この例では何が問題だったのでしょうか. 想定していない引数でメソッドgcd(BigInteger, BigInteger)を利用してしまったことですね. このような呼び出しを防ぐためにも, 引数の検査は重要なのです[*10].

　次に, 最大公約数計算の本体部分の説明を行います. 以下では, 前に示した試行割り算法のアルゴリズムとの対応に基づき, STEP 1からSTEP 3へ順を追って説明を進めて行きます.

　まず, STEP 1を見てみましょう.

```
// [STEP 1]
BigInteger g = BigInteger.ONE;
if (a.compareTo(b) < 0) {
    BigInteger t = a; a = b; b = t;
}
```

ここでは, アルゴリズムの説明にある通り, まずBigInteger型の値「1」で, 変数gを初期化しています. 次に, メソッドcompareTo(BigInteger)を利用し, 変数aとbの値を比較し, aの値の方が小さい場合は, 変数a, bの値を交換しています.

　続いて, STEP 2に対応する部分の説明を行います.

```
// [STEP 2]
for (BigInteger n = BigInteger.valueOf(2);
     n.compareTo(b) <= 0;
     n = n.add(BigInteger.ONE)) {
         ...
}
```

これは, for文によるループに対応します. for文は, 初期化文・条件式・更新文と, 繰り返し実行されるループの本体から構成されます. ここでは, for文の初期化文の箇所で, BigInteger型の値「2」で変数nを初期化しています. また, 条件式の部分で, 変数nとbの値をメソッドcompareTo(BigInteger)を利用して比較し, 変

[*10]引数の検査は常に必要であるというわけでもありません. メソッドの呼び出し時の条件をドキュメントとして明示してチェックを省略しても良いかもしれませんし, メソッドの呼び出しが必ず条件をみたすことが分かっている場合は検査は不要です.

数 n の値が変数 b の値以下である間，ループの本体 ([STEP 2-1]，[STEP 2-1-1]) を繰り返し実行します．さらに，このループが繰り返される度に，for 文の更新文の部分で，メソッド add(BigInteger) によって，変数 n の値がそれまでの変数 n の値に 1 加えられた値で更新されます．条件式が満たされなくなると，ループから脱出し，直後にある STEP 3 へ制御が移ります．

次に，STEP 2 の for 文によるループの中身である，STEP 2-1 を見てみます．

```
// [STEP 2-1]
while (a.remainder(n).equals(BigInteger.ZERO)
    && b.remainder(n).equals(BigInteger.ZERO)) {
    ...
}
```

ここでは，メソッド remainder(BigInteger) を利用して変数 a, b の値をそれぞれ変数 n の値で割ったときの剰余を計算し，どちらも 0 である間，while 文によるループの本体を繰り返し実行します．条件が満たされなくなった場合，このループから脱出し，外側のループである STEP 2 へ制御が移ります．

続いて，STEP 2-1 の while 文によるループの中身である，STEP 2-1-1 について説明します．

```
// [STEP 2-1-1]
g = n.multiply(g);
a = a.divide(n); b = b.divide(n);
```

ここでは，メソッド multiply(BigInteger) を利用し，変数 g の値を，変数 n, g の値の積で更新します．さらに，メソッド divide(BigInteger) を利用し，変数 a, b の値を，それぞれ，変数 n の値で割った場合の商としています．

最後に STEP 3 について説明します．

```
// [STEP 3]
return g;
```

ここでは，return 文により，変数 g の値をメソッド呼び出しの返値とし，メソッドの実行を終了しています．

以上が試行割り算法による最大公約数を計算する Java のプログラムの解説です．

■■■プログラムの動作確認

ここで紹介した，試行割り算法に基づき最大公約数を計算するアルゴリズムの Java による実装を，実際に実行して動作を確認してみましょう．手順は，まずソースファ

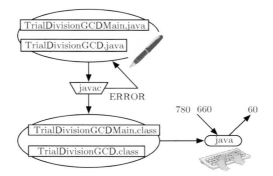

図 2.4　java ファイルのコンパイルと実行

イルを作成し，次にそれらをコンパイルして，最後に実行させて動作を確認します (図 2.4 参照)．以下，この順番で説明を進めて行きます．

《ソースファイルの作成》

　試行割り算法のアルゴリズムを Java で実装したプログラムリスト (リスト 2.1) を GCDTrialDivision.java という名前で保存しましょう．Java では，public と宣言されたクラスやインターフェイスは，そのクラスの名前と同じ名前のファイルに保存するというルールがありますので，ファイル名に注意が必要です．

　次に，同じ要領で，リスト 2.2 にあるプログラムリストをファイルに保存しましょう．

リスト 2.2　試行割り算法のアルゴリズムの Java による実装を実行するためのプログラム

```
import java.math.BigInteger;

public class GCDTrialDivisionMain {
    public static void main(String[] argv) {
        // ---- select algorithm ----
        GCDTrialDivision gcdFunc = new GCDTrialDivision();
        // ---- check args ----
        if (argv.length != 2) return;
        BigInteger a = new BigInteger(argv[0]);
        BigInteger b = new BigInteger(argv[1]);
        if (a.signum() != 1 || b.signum() != 1) return;
        // ---- calc. gcd ----
        BigInteger gcd = gcdFunc.gcd(a, b);
        System.out.println(gcd);
    }
}
```

　このプログラムリストは，コマンドライン引数として与えられた二つの自然数から，クラス GCDTrialDivision に定義されたメソッド gcd(BigInteger, BigInteger) を利用して最大公約数を計算し，表示するものです．詳しい説明は後回しにして，まずは実行してみましょう．

《コンパイル》

```
$ ls
GCDTrialDivision.java            GCDTrialDivisionMain.java
$ javac GCDTrialDivisionMain.java GCDTrialDivision.java
$ ls
GCDTrialDivision.class           GCDTrialDivisionMain.class
GCDTrialDivision.java            GCDTrialDivisionMain.java
$ java GCDTrialDivisionMain 780 660
60
$ java GCDTrialDivisionMain 97938662432878016548363439142121 \
93340063095092773437500000000000000000000000000000000 440 \
72398094795107446763547613954870030283927917480468750000000000 \
0000000000000000000000000000
48969331216439008274181719571060966700315475463867187500000000 \
00000000000000000000000000000
$ java GCDTrialDivisionMain 97938662432878016548363439142121 \
93340063095092773437500000000000000000000000000000000 814 \
82272542421758492469176201012933513326405217569677990471706 \
18265988887679839254977606417777101237705401
^C$
```

図 2.5　試行割り算法のアルゴリズムの Java による実装の実行例 (Unix)

次はコンパイル操作です[*11]．

図 2.5 を参照して下さい[*12]．まず，保存したファイルが格納されたディレクトリ
で，ターミナルから，

```
javac GCDTrialDivisionMain.java GCDTrialDivision.java
```

と入力し，コンパイルを行います．プログラムリストに誤りが無ければ，同じディレ
クトリに，GCDTrialDivision.class, GCDTrialDivisionMain.class という名前の
ファイルが作成されます．エラーメッセージが表示されコンパイルが停止する場合は，
メッセージが指摘する問題点を把握し，プログラムリストを修正しましょう．

《実行》

さて，いよいよ実行です．最大公約数を計算させるためには，ターミナルから，

```
java GCDTrialDivisionMain 〈数 1〉〈数 2〉
```

と入力します．図 2.5 では，三つの自然数の組に対し最大公約数を計算させています．
一つずつ見ていきましょう．

まず，780 と 660 の最大公約数を計算させています．

[*11] Java の開発環境をあらかじめインストールしておく必要があります．

[*12] OS や利用しているソフトウェアの違いにより，表示が多少異なることがあります．

```
$ java GCDTrialDivisionMain 780 660
60
$
```

結果は 60 となります.

続いて，$2^{35} \times 3^{51} \times 5^{76}$ と $2^{32} \times 3^{53} \times 5^{74}$ の最大公約数を計算させています.

```
$ java GCDTrialDivisionMain 9793866243287801654836343 9142121 \
9334006309509277343750000000000000000000000000000000000 440 \
7239809479510744676354761395487003028392791748046875000 00000 \
00000000000000000000000000
4896933121643900827418171957106096670031547546386718750 00000 \
00000000000000000000000000
$
```

結果として，値 4896933121643900827418171957106096670031547546386718750000000-
000000000000000000000000，つまり $2^{32} \times 3^{51} \times 5^{74}$ を得ています.

さらに，$2^{35} \times 3^{51} \times 5^{76}$, $7^{25} \times 11^{29} \times 13^{49}$ の最大公約数を求めようとしています.

```
$ java GCDTrialDivisionMain 9793866243287801654836343 9142121 \
9334006309509277343750000000000000000000000000000000000 814 \
8227254242175849246917620101293351332640452175696779904 71706 \
18265988887679839254977606417771012377054 01
^C$
```

しかし，計算に時間がかるため，計算終了を待たずに CTRL＋c キーを押して，プログラムの実行を中止させています(そのため，"^C"という文字が現れています). 後で説明しますが，この計算には天文学的な時間がかかります. 辛抱強く待っても結果が表示されることはありませんので，諦めてプログラムの実行を停止させましょう.

ここで示した値だけでなく，いろいろな値を入力して，最大公約数が正しく計算されている事を確認して下さい.

■■ 実行のためのプログラムの説明

最後に，リスト 2.2 に示したプログラムの説明をしましょう. 以下では，プログラムの構造と，このプログラムの詳細を説明します.

《プログラムの構造》

まずは，プログラムの構造を見てみましょう.

```
import java.math.BigInteger;

public class gcdTrialDivisionMain {
    public static void main(String[] argv) {
...
    }
}
```

　このプログラムは，まず，1 行目でクラス java.math.BigInteger をインポートし，残りの部分でクラス GCDTrialDivisionMain を定義しています．このクラスは，スタティックメソッド main(String[]) を持ちます．このメソッドは，コマンドラインからプログラムが起動されると最初に呼び出されます[*13]．この際，コマンドラインに渡された引数のリストが String 型のオブジェクトの配列として渡されます．たとえば，前に示した実行例では，

```
$ java GCDTrialDivisionMain 780 660
```

のように，このプログラムを実行していましたが，この場合メソッド main(String[]) には，第 0 要素が"780"，第 1 要素が"660"という値を持つ配列が渡されます．

《プログラムの詳細》

　では次に，このメソッドの詳細を見て行きましょう．メソッド main(String[]) は，初期化・引数の検査，最大公約数の計算と表示の二つの部分から構成されています．以下では，それぞれの説明を行います．

　まずは，初期化・引数の検査部分を説明します．

```
// ---- select algorithm ----
GCDTrialDivision gcdFunc = new GCDTrialDivision();
// ---- check args ----
if (argv.length != 2) return;
BigInteger a = new BigInteger(argv[0]);
BigInteger b = new BigInteger(argv[1]);
if (a.signum() != 1 || b.signum() != 1) return;
```

　ここではまず，クラス GCDTrialDivision のインスタンスを new 演算子を使って作成し，変数 gcdFunc を初期化しています．このインスタンスは，後に最大公約数を計算するために利用されます．

　次に，変数 argv に受け渡されたコマンドライン引数の検査をしています．まず引数の数を調べ，2 でない場合は return 文で，このメソッドの実行を終了しています．

　続いて，クラス BigInteger のコンストラクタにより，二つのコマンドライン引数を BigInteger 型のオブジェクトへと変換し，それぞれを変数 a，b へ代入しています．正しく変換できない場合，たとえば引数にアルファベット文字が含まれるような場合は，例外 NumberFormatException が送出されます．ここでは例外に対する処理を指定していませんので，送出された例外はこのメソッドを抜け出し，メソッドの実行が終了します．

[*13] 正確には，クラスが初期化メソッドを持つ場合，それらがまず実行されます．メソッド main(String[]) は，クラスの初期化が終了した後に実行されます．

　コマンドライン引数が正しく変換できた場合は，それぞれの値が正であるかどうか
を，メソッド signum() を利用して検査します．少なくとも一方が正ではない場合は，
return 文でメソッドの実行を終了します．

　引数の検査が終わると，最大公約数の計算を行い，結果を表示する部分に進みます．

```
// ---- calc. gcd ----
BigInteger gcd = gcdFunc.gcd(a, b);
System.out.println(gcd);
```

　ここでは，前に作成し変数 gcdFunc に代入しておいたクラス GCDTrialDivision の
インスタンスを通し，メソッド gcd(BigInteger, BigInteger) を呼び出します．引
数として，変数 a, b の値を渡すことで，これらの値の最大公約数を計算し，結果を変
数 gcd へ代入しています．

　さらに，クラス System のスタティック変数 out を通して，クラス PrintStream の
メソッド println(Object) を呼び出し，計算結果である最大公約数を表示します．

■■■試行割り算法の問題点

　試行割り算法には，大きな問題があります．実際にいろいろな値を入力して処理時
間を計ってみるとわかりますが，入力によって処理時間が大きく変わります．

　最初に示した数値例 780, 660 では，たまたま小さな公約数 2, 3, 5 が含まれていたた
め，計算が簡単でした．そもそも 780 と 660 は小さな数ですから，高速に計算できる
のは当然ではありますが，たとえば，p.36 で試しに入力した

$$a = 2^{35} \times 3^{51} \times 5^{76}$$
$$b = 2^{32} \times 3^{53} \times 5^{74}$$

のような場合も高速です．a, b は，巨大な数ですが，

$$a = \gcd(a,b) \times a'$$
$$b = \gcd(a,b) \times b'$$

としたときに，$\gcd(a,b)$ が，「小さな素因数のべき」の積:

$$\gcd(a,b) = 2^{32} \times 3^{51} \times 5^{74}$$

になっており，かつ，a', b' が小さい数 ($a' = 2^3 \times 5^2 = 200$, $b' = 3^2 = 9$) であるた
め，効率的に最大公約数が求まるのです．

　試しにループの回数を数えてみると，

32 回 (2 のべきのうち小さい方)+1 回 (さらに 2 で割り切れるか調べるため)

+51 回 (3 のべきのうち小さい方)+1 回 (さらに 3 で割り切れるか調べるため)

+1 回 (4 で割り切れるか調べるため)+74 回 (5 のべきのうち小さいほう)

+1 回 (さらに 5 で割り切れるか調べるため)+9 回 (2, 3, 5 のべきを払った後は,
$a = 2^3 \times 5^2 = 200$, $b = 3^2 = 9$ となるので, このうちの小さい方は 9)=170 回

となります. なかなか効率的です.

しかし, そうでない場合, たとえば, p.36 で計算が終わらなかった

$$a = 2^{35} \times 3^{51} \times 5^{76}$$
$$b = 7^{25} \times 11^{29} \times 13^{49}$$

のときは, どうでしょうか. a の方が小さいので, ループの回数は,

$$2^{35} \times 3^{51} \times 5^{76} + 3 \sim 2.65 \times 10^{52} (\text{回})$$

にもなります. たとえば, 1 ループに 1 マイクロ秒かかる (この数字にあまり意味はありません) としても,

$$2.65 \times 10^{52} / (10^6 \times 60 \times 60 \times 24 \times 365) \sim 8.40 \times 10^{38} (\text{年})$$

かかることになります. 先ほどとは大違いですね.

ですから, RSA 暗号で使われる 512 ビットや 1024 ビットといった巨大な数の最大公約数を計算するときに試行割り算法を用いることは, 多くの場合, 現実的ではありません.

もちろん, ここで示した試行割り算法に改良の余地がないわけではありません. たとえば, 2 を例外とし, 3 以上の奇数で割るようにしたり, あらかじめ小さな素数のテーブルを作成しておき, 小さな素因数を効率よく割り出すなどして高速化することができますが, これでも, 小さな約数がほとんどなければ RSA 暗号で用いられるような巨大な整数に対してはお手上げであることには変わりありません.

つまり, RSA 暗号を実現するためには, まったく別のアルゴリズムが必要だということです. 次の項で説明するユークリッド互除法は, 試行割り算法の欠点を克服する巧妙な方法です.

2.3.2 　ユークリッド互除法

最初にアルゴリズムを書いてしまいましょう. 以下, 出てくる整数は, すべて正の数であるとします.

> **【ユークリッド互除法のアルゴリズム】**
>
> 　　**Input:** a, b，**Output:** $\gcd(a, b)$
>
> 　　**[STEP 1]** a を b で割った余りを r とし，$r \neq 0$ である間，以下を繰り返し:
>
> 　　　　**[STEP 1-1]** $a = r$ とする.
>
> 　　　　**[STEP 1-2]** a と b を入れ替える.
>
> 　　**[STEP 2]** b を出力して終了する.

論より証拠. 実際に計算してみましょう.

135632 と 44461 の最大公約数 $\gcd(135632, 44461)$ をユークリッド互除法で計算してみると，以下のようになります.

最大公約数	割り算	余り (r)
$\gcd(135632, 44461)$		
$= \gcd(\mathbf{2249}, 44461)$	$135632 \div 44461$	**2249**
$= \gcd(2249, \mathbf{1730})$	$44461 \div 2249$	**1730**
$= \gcd(\mathbf{519}, 1730)$	$2249 \div 1730$	**519**
$= \gcd(519, \mathbf{173})$	$1730 \div 519$	**173**
$= \mathbf{173}$	$519 \div 173$	0

$135632 = 173 \times 784$，$44461 = 173 \times 257$ で，784 と 257 は，1 以外で割り切れないので，確かに，求める最大公約数が，173 であることがわかりました.

ステップごとに除数 (割る数) と被除数 (割られる数) が入れ替わることがわかりますね. これが，「互」除法という名前の由来です. 試行割り算法のように，二つの数を，両者の「公約数で割る」という操作を行っていないことに注意してください. 公約数に関する情報を一切使う必要がないところが，ユークリッド互除法の優れた点です.

では次に，このアルゴリズムを Java で実装してみましょう. 以下では，

- アルゴリズムの実装の説明
- プログラムの動作確認

の順に説明を進めて行きます.

■■■アルゴリズムの実装の説明

リスト 2.3 にプログラムリストを示します.

リスト 2.3　ユークリッド互除法のアルゴリズムの Java による実装

```java
import java.math.BigInteger;

public class GCDEuclid {
    public BigInteger gcd(BigInteger a, BigInteger b) {
        if (a.signum() != 1 || b.signum() != 1)
            throw new IllegalArgumentException();

        // [STEP 1]
```

```
    for (BigInteger r = a.remainder(b); !r.equals(BigInteger.ZERO);
            r = a.remainder(b)) {
            a = b; b = r;
    }
    // [STEP 2]
    return b;
    }
}
```

このプログラムの構造は，試行割り算法のアルゴリズムの Java による実装 (リスト 2.1) とほぼ同じです．違いは，クラス名が GCDEuclid となっている点のみです．

次に，メソッド gcd(BigInteger, BigInteger) の実装を見て行きましょう．まず，このメソッド定義に使われるクラス BigInteger のメソッドと定数をまとめておきます．**表 2.6** をご覧下さい．

表 2.6 ユークリッド互除法のアルゴリズムの Java による実装中で使われる BigInteger クラスのメソッド・定数

剰余	BigInteger remainder(BigInteger val) this % val
符号判定	int signum() $\begin{cases} \text{this} < 0 &:& -1 \\ \text{this} = 0 &:& 0 \\ \text{this} > 0 &:& 1 \end{cases}$
等価性	boolean equals(Object x) this = x
0	ZERO

クラス BigInteger に定義されるメソッドや定数のうち，この表に示されているものが，クラス GCDEuclid のメソッド gcd(BigInteger, BigInteger) の中で利用されています．

次に，このメソッドの詳細の解説に進みます．このメソッドは，引数を検査する部分と，最大公約数を計算する部分から構成されています．引数を検査する部分は，試行割り算法のアルゴリズムの実装 (リスト 2.1) で示したメソッド gcd(BigInteger, BigIntegetr) のものと同じですので，解説は省略します．最大公約数計算部分は，前に示したユークリッド互除法のアルゴリズムの解説における STEP 1 から STEP 3 との対応に基づき説明を行います．

まず，アルゴリズムにおける STEP 1 に対応する部分の説明を行います．

```
public class GCDEuclid {
        // [STEP 1]
        for (BigInteger r = a.remainder(b);
            !r.equals(BigInteger.ZERO);) {
            ...
        }
}
```

　STEP 1 は，for 文によるループに対応します．for 文の初期化文では，メソッド remainder(BigInteger) を用いて，変数 a の値を変数 b の値で割った余りで，変数 r を初期化しています．さらに，この for 文の条件式として，変数 r の値の検査が行われています．変数 r の値が 0 でない間，ループの本体 ([STEP 1-1], [STEP 1-2]) が繰り返し実行されます．

　変数 r の値が 0 となると，プログラムの実行はループから脱出し，直後の STEP 2 へと移ります．

　次に，STEP 1-1 と STEP 1-2 に対応する部分をまとめて説明します．

```
// [STEP 1-1], [STEP 1-2]
a = b; b = r;
```

　前に示したアルゴリズムの説明では，STEP 2-1 で変数 a に変数 r の値を代入した後，STEP 2-2 で変数 a, b の値を入れ替えていました．これらの操作を一つにまとめると，プログラムリストにあるように，a = b; b = r; となります．

　最後に，STEP 2 に対応する部分の説明を行います．

```
// [STEP 2]
return b;
```

ここでは return 文により，変数 b の値を返値としてメソッドの実行を終了しています．

■■■**プログラムの動作確認**

　では次に，このプログラムを実行してみましょう．この手順は，試行割り算法のアルゴリズムの Java による実装を実行する手順と同じですので，詳しい説明は省略します．

　ここでは，クラス GCDEuclid を GCDEuclid.java という名前のファイルへ保存し，クラス TrialDivisionGCDMain に代わるクラス GCDEuclidMain を作成して GCDEuclidMain.java ファイルへ保存します．このクラス GCDEuclidMain は，Trial-DivisionGCDMain を元に，クラス GCDEuclid に属するメソッド gcd(BigInteger, BigInteger) を利用して最大公約数を計算するように修正しましょう．具体的には，クラス TrialDivisionGCDMain の，

```
// ---- select algorithm ----
GCDTrialDivision gcdFunc = new GCDTrialDivision();
```

という部分を，

```
// ---- select algorithm ----
GCDEuclid gcdFunc = new GCDEuclid();
```

と修正します.

あとは,コンパイルし,実行するだけです.これらの作業も,ファイル名の違いを除き,すべてが試行割り算法のアルゴリズムの Java による実装を実行する手順と同じですので,詳細は省略します.

いろいろな値を入力して正しく最大公約数が計算できるかを試してみましょう.試行割り算法では計算に非常に時間がかかるような数の組み合わせに対しても,ユークリッド互除法を用いると即座に結果が得られることを確認して下さい.

2.3.3 バイナリー・ユークリッド互除法

やってみるとわかりますが,ユークリッド互除法は,なかなか高速な算法です.ですが,コンピュータにとっては,割り算は手間のかかる処理の一つです.もし,割り算をやらなくてよいのであれば,計算をもっと高速にできるのではないでしょうか.

ここでは,ユークリッド互除法を割り算を使わない(正確に言うと割り算を実行しているのと同じなのですが,陽に「割り算命令」を使わないということ)ように変形した,バイナリー・ユークリッド互除法のアルゴリズムについて説明しましょう.

コンピュータは,バイナリー表現で情報を記録しているため,データが偶数であるか奇数であるかの判定は非常に容易にできます.つまり,**バイナリー表現の最下位ビットが 0 であれば偶数,1 であれば奇数**ということになります.また,**偶数の 2 による除算は最下位ビットを無視することにより計算できる**ことに注意しましょう.たとえば,14 のバイナリー表現は,1110 ですが,これを 2 で割るときは,最下位ビットを無視して,$111(=7)$ とすればいいわけです.逆に,2 倍するときは,最後に 0 を付け足せばよいことになります.これは,十進数の場合に,2 ではなくて 10 で割ったり,10 倍したりするときに,下 1 桁を無視したり,0 を付け足してみたりすることに対応しています.簡単に計算できるバイナリー・ユークリッド互除法では,この性質を利用します.以下の事実に注意しましょう.

(1) a, b がともに 偶数 なら,$\gcd(a, b) = 2\gcd(a/2, b/2)$

(2) a だけが 偶数 で,b が 奇数 のときは,$\gcd(a, b) = \gcd(a/2, b)$

(3) a, b がともに 奇数 のときは,$a - b$ は偶数になる.

ここで,下線を引いたところで,偶数か奇数かの判定を行っています.
バイナリー・ユークリッド互除法のアルゴリズムは,以下のようになります.

【バイナリー・ユークリッド互除法】

Input: a, b，**Output:** $\gcd(a, b)$

[STEP 1] $g = 1$ とおく．

[STEP 2] $a > 0$ が満たされる間，以下を繰り返し：

[STEP 2-1] a が偶数であり，かつ b も偶数であるとき，$a = a/2$，$b = b/2$，$g = 2g$ として，STEP 2 に戻る．

[STEP 2-2] a が偶数，かつ b が奇数であるとき，$a = a/2$ とし，STEP 2 に戻る．

[STEP 2-3] a が奇数，かつ b が偶数であるとき，$b = b/2$ とし，STEP 2 に戻る．

[STEP 2-4] a が奇数であり，かつ b も奇数であるとき，$t = |a - b|/2$ に対し，もし，$a \geq b$ であれば，$a = t$ とし，$a < b$ であれば，$b = t$ として，STEP 2 に戻る．

[STEP 3] $g = gb$ を出力する．

適用例を挙げてみましょう．$\gcd(646, 408)$ をバイナリー・ユークリッド互除法で計算してみます．646 のバイナリー表現は，1010000110，408 のバイナリー表現は，110011000 となることに注意しましょう．以下，a, b は，バイナリー表現で表記します．

(a, b)	a, b の条件	行った操作	g
$(1010000110, 110011000)$	(偶数, 偶数)		1
$(101000011, 11001100)$	(奇数, 偶数)	$a = a/2$, $b = b/2$, $g = 2g$	2
$(101000011, 1100110)$	(奇数, 偶数)	$b = b/2$	2
$(101000011, 110011)$	(奇数, 奇数)	$b = b/2$	2
$(10001000, 110011)$	(偶数, 奇数)	$a = |a - b|/2$	2
$(1000100, 110011)$	(偶数, 奇数)	$a = a/2$	2
$(100010, 110011)$	(偶数, 奇数)	$a = a/2$	2
$(10001, 110011)$	(奇数, 奇数)	$a = a/2$	2
$(10001, 10001)$	(奇数, 奇数)	$b = |a - b|/2$	2
$(0, 10001)$	$a \leq 0$	$g = gb$	34

したがって，求める最大公約数は，34 であることがわかりました．最後のステップで，バイナリー表現の 10001 が，17 であることを使いました．先ほどの例よりも小さな数の最大公約数の計算をしているのに，ステップ数が増えてしまいましたが，割り算を直接使っていないことに注意してください．注意深い読者は，a, b の大小を比較するためには引き算をしなければならないのではないか，などということに気づくかもしれません．なかなか鋭い指摘です．実際にどのように実装されるか，本当に速く

なるのかは，次の実装結果を見てください．速度に関しては，実際に実装して速度評価をしてみないとなかなか本当のところはわからないものなのです．

では次に，バイナリー・ユークリッド互除法のアルゴリズムを Java で実装してみましょう．

■■■アルゴリズムの実装の説明

プログラムリストをリスト 2.4 に示します．

リスト 2.4　バイナリー・ユークリッド互除法のアルゴリズムの Java による実装

```java
import java.math.BigInteger;

public class GCDBinaryEuclid {
    public BigInteger gcd(BigInteger a, BigInteger b) {
        if (a.signum() != 1 || b.signum() != 1)
            throw new IllegalArgumentException();
        }
        // [STEP 1]
        int g = 0;
        // [STEP 2]
        while (a.signum() > 0) {
            boolean aIsOdd = a.testBit(0);
            boolean bIsOdd = b.testBit(0);
            // [STEP 2-1]
            if (!aIsOdd && !bIsOdd) {
                a = a.shiftRight(1);
                b = b.shiftRight(1);
                g++;
            // [STEP 2-2]
            } else if (!aIsOdd && bIsOdd) {
                a = a.shiftRight(1);
            // [STEP 2-3]
            } else if (aIsOdd && !bIsOdd) {
                b = b.shiftRight(1);
            // [STEP 2-4]
            } else { // aIsOdd && bIsOdd
                if (a.compareTo(b) < 0)
                    b = b.subtract(a).shiftRight(1);
                else
                    a = a.subtract(b).shiftRight(1);
            }
        }
        // [STEP 3]
        return b.shiftLeft(g);
    }
}
```

このプログラムの構造も，これまでに紹介してきたものと同様に，1 行目で java.math. BigInteger クラスのインポートを宣言し，残りの部分で BinaryEuclidGCD クラスを定義しています．このクラスにも gcd という名前のメソッドが一つ定義されています．引数は BigInteger 型の値が二つ，返値は BigInteger 型の値となっています．このプログラムコードの中では，表 2.7 に示すクラス BigInteger に定義されたメソッド・定数を利用しています．

表 2.7　バイナリー・ユークリッド互除法のアルゴリズムの Java による実装中で使われる BigInteger クラスのメソッド・定数

差	BigInteger **subtract**(BigInteger val) this − val
左シフト	BigInteger **shiftLeft**(int n) this << n
右シフト	BigInteger **shiftRight**(int n) this >> n
ビット検査	boolean **testBit**(int n) (this & (1 << n)) $\neq$ 0
符号判定	int **signum**() $\begin{cases} \text{this} < 0 & : & -1 \\ \text{this} = 0 & : & 0 \\ \text{this} > 0 & : & 1 \end{cases}$
比較	int **compareTo**(BigInteger val) $\begin{cases} \text{this} < \text{val} & : & -1 \\ \text{this} = \text{val} & : & 0 \\ \text{this} > \text{val} & : & 1 \end{cases}$

　次にメソッド gcd（BigInteger，BigItneger）の実装の詳細の説明に移ります.
このメソッドも，これまで説明してきた試行割り算法のアルゴリズムの Java による実装 (リスト 2.1) やユークリッド互除法のアルゴリズムの Java による実装 (リスト 2.3) と同じく，引数を検査する部分と，最大公約数を計算する部分の二つの部分から構成されています. 引数を検査する部分のコードはこれまでに説明したものと共通ですので，この部分の説明は省略して最大公約数計算本体部分の説明に進みましょう. バイナリー・ユークリッド互除法のアルゴリズムと Java による実装のプログラムコードとの対応に注目して下さい.
　まず，STEP 1 に対応する部分です.

```
// [STEP 1]
int g = 0;
```

　おやっと思われましたね. アルゴリズムの説明には $g = 1$ とおくとありましたが，プログラムコードでは，int 型の変数 g を 0 で初期化しています. この後も変数 g の使われ方に違いがありますが，この理由は後ほど説明しますので，まずはそういうものなのだと思って解説を読み進めて下さい.
　次に，STEP 2 の説明です.

```
// [STEP 2]
while (a.signum() > 0) {
    ...
}
```

これは，Javaによる実装ではwhile文によるループに対応します．while文の条件式として，式a.signum() > 0を指定することで，変数aの値が正である間，ループの本体である[STEP 2-1]，[STEP 2-1-1]を繰り返し実行します．条件式が満たされなくなると，ループから脱出し，直後のSTEP 3を実行します．

次に，ループの中身である[STEP 2-1]，[STEP 2-1-1]の説明に移りますが，その前に，プログラムリストでは変数a, bそれぞれの値が奇数であるかどうかについて，boolean型の変数aIsOdd, bIsOddにそれぞれ代入しています．

```
boolean aIsOdd = a.testBit(0);
boolean bIsOdd = b.testBit(0);
```

[STEP 2-1]，[STEP 2-1-1]で，変数a, bの値が偶数か奇数かを判定するif文が続くため，あらかじめ偶数か奇数かの判定を行って結果を変数に代入しておき，後のif文で参照するようにしています．この判定は，変数a, bそれぞれの値のバイナリー表現の最下位ビット(第0ビット)の状態を，メソッドtestBit(int)を利用して取り出すことで実現しています．整数値をバイナリー表現で表した場合の最下位ビットは$2^0 = 1$の桁を表現しますので，このビットが0 (testBit(0)==false)の場合はもともとの整数値は偶数，1の場合は奇数となります．

さて，次にSTEP 2-1に対応する部分です．

```
// [STEP 2-1]
if (!aIsOdd && !bIsOdd) {
    a = a.shiftRight(1);
    b = b.shiftRight(1);
    g++;
// [STEP 2-2]
} else ..
```

ここでは，if文で，変数a, bの値がともに偶数であることを調べ，この条件が成立した場合，変数a, bの値をメソッドshiftRight(int)を利用して右へ(最下位ビット方向へ)1ビットシフトすることで2で割り，さらに，変数gの値に1を加えています．ここでも，変数gに対する操作が，アルゴリズムとプログラムの間で異なっています．

アルゴリズムの説明では，STEP 2-1の最後にSTEP 2に戻るとありましたが，Javaによる実装のプログラムリストには，対応する文を指定する必要がありません．これは，STEP 2-1に対応するif文の実行が終了すると，else以降，つまりSTEP 2-2からSTEP 2-4に対応する部分の実行が行われず，その直後に制御が移るのですが，ここでは直後に文がありませんので，外側のwhile文のループ，つまりSTEP 2に制御が移るためです．この制御の流れは，STEP 2-2, STEP 2-3, STEP 2-4にも当てはま

ります.

続いて STEP 2-2, STEP 2-3 に対応する部分です.

```
// [STEP 2-2]
} else if (!aIsOdd && bIsOdd) {
    a = a.shiftRight(1);
// [STEP 2-3]
} else if (aIsOdd && !bIsOdd) {
    b = b.shiftRight(1);
// [STEP 2-4]
} else ...
```

STEP 2-2 に対応する部分では, if 文で変数 a の値が偶数かつ変数 b の値が奇数である場合の処理を行っています. ここでは, 変数 a の値をメソッド shiftRight(BigInteger) を用いて 2 で割った値で更新しています.

STEP 2-3 に対応する部分は, STEP 2-2 の, 変数 a, b が逆の場合に対する処理となっています.

さらに STEP 2-4 に対応する部分です.

```
// [STEP 2-4]
} else { // aIsOdd && bIsOdd
    if (a.compareTo(b) < 0)
        b = b.subtract(a).shiftRight(1);
    else
        a = a.subtract(b).shiftRight(1);
}
```

ここでは, まず変数 a, b の値をメソッド compareTo(BigInteger) を利用して比較し, 大きい値を持つ変数を特定します. 次に, メソッド subtract(BigInteger) を利用し, 変数 a, b の値の差を計算し, さらにメソッド shiftRight(int) を利用して 2 で割った値を求め, その値で先ほど特定した変数の値を更新しています. アルゴリズムの説明では, a, b の比較を行う前に $t = |a - b|/2$ を計算していますが, プログラムリストでは, 先に変数 a, b の値の比較を行っています. このため, アルゴリズムの説明にある絶対値の計算と, 一時変数 t が不要となります.

最後に [STEP 3] に対応する部分です.

```
// [STEP 3]
return b.shiftLeft(g);
```

ここでは, メソッド shiftLeft(int) を利用して, 変数 b の値を左へ (最上位ビット方向へ), 変数 g の値分ビットシフトを行っています. ここでも変数 g への操作がアルゴリズムの説明とプログラムリストで異なっています.

　以上がバイナリー・ユークリッド互除法のアルゴリズムの Java による実装についての解説です.

　では, まだ説明していない, 変数 g に対する操作の違いについて述べましょう. アルゴリズムの説明をご覧下さい.

　アルゴリズムの説明では, g は SETP 1 で 1 で初期化され, その後 STEP 2-1 で度々 2 倍され, 最後に STEP 3 で b と掛け合わせれています. この一連の操作の中で, g は, 常に 2^n (n は STEP 2-1 の実行回数) という値となります. つまり, g をバイナリー表現にすると, ビットが 1 である位は常に一つだけなのです. そこでプログラムリストでは, g そのものではなく, g のどのビットが 1 であるかを保持するために変数 g を使うことにしました. したがって, STEP 1 の $g = 1$ は g=0, STEP 2-1 の $g = 2g$ は g++, STEP 3 の gb は BigInteger.ONE.shiftLeft(g).multiply(b) つまり b.shiftLeft(g) となります. int 型の変数に対する加算は, BigInteger 型の値に対するシフト演算よりもコストがかからず, 高速に計算することができるため, このような実装を行ったわけです.

■■■プログラムの動作確認

　では次に, このプログラムの動作を確認してみましょう. この手順も, 試行割り算法, ユークリッド互除法のアルゴリズムの Java による実装を実行する手順と同じですので, 説明は省略します.

　どのような値を与えても, 正しく最大公約数が計算できるでしょうか. 試行割り算法の場合のように, 計算に時間がかかり結果が得られるまで待てないようなケースはありますか.

👤 最大公約数の計算時間の比較

　これまでに, 最大公約数を計算するためのアルゴリズムを紹介してきました. 試行割り算法 (2.3.1 項), ユークリッド互除法 (2.3.2 項), バイナリー・ユークリッド互除法 (2.3.3 項) の三つです. この節では, これらのアルゴリズムによる計算時間の比較を行います. 以下では,

- 計算時間の計測
- プログラムの解説
- 計算時間の比較

の順に説明を進めていきます.

■■■ 計算時間の計測

　まず，最大公約数を計算するアルゴリズムの Java による実装が，計算に費やす時間を計測するために，リスト 2.5 に示されるプログラムを利用します．

リスト 2.5　最大公約数の計算時間の計測プログラム

```
import java.math.BigInteger;
import java.security.SecureRandom;

public class RunGCD {
    public static void main(String[] argv) {
        // ---- select algorithm ----
        BinaryEuclidGCD gcdFunc = new BinaryEuclidGCD();
        // ---- check args ----
        if (argv.length != 2) return;
        int bitcount = Integer.valueOf(argv[0]);
        int datacount = Integer.valueOf(argv[1]);
        if (bitcount <= 0 || datacount <= 0) return;
        // ---- generate random numbers ----
        BigInteger[] randoms = new BigInteger[datacount + 1];
        SecureRandom r = new SecureRandom();
        for (int i = 0; i < randoms.length;) {
            BigInteger v = new BigInteger(bitcount, r);
            if (v.signum() == 1) randoms[i++] = v;
        }
        // ---- measure execution time -----
        long t = Long.MAX_VALUE;
        for (int j = 0; j < 10; j++) {
            long t1 = System.currentTimeMillis();
            for (int i = 0; i < datacount; i++)
                gcdFunc.gcd(randoms[i], randoms[i + 1]);
            long t2 = System.currentTimeMillis();
            long d = t2 - t1; if (d < t) t = d;
            System.out.print(" " + d);
        }
        System.out.println(" : " + t);
    }
}
```

　このプログラムは，クラス BinaryEuclidGCD に定義されたメソッド gcd(BigInteger, BigInteger) を呼び出すことでバイナリー・ユークリッド互除法のアルゴリズムによる最大公約数の計算を行い，計算に要した時間を計測し，表示するものです．

　このプログラムの詳しい解説の前に，まずは動作を確認してみましょう．**図 2.6** に，プログラムのコンパイル・実行の手順と，その結果を示します．

　ここでは，まず，

```
javac BinaryEuclidGCD.java RunGCD.java
```

のように，コマンド javac を利用してソースファイル BinaryEuclidGCD.java, RunGCD.java をコンパイルしています．続いて，

```
$ ls
BinaryEuclidGCD.java     RunGCD.java
$ javac BinaryEuclidGCD.java RunGCD.java
$ ls
BinaryEuclidGCD.class    RunGCD.class
BinaryEuclidGCD.java     RunGCD.java
$ java RunGCD 1024 15000
11225 10981 10978 10987 10984 10970 10985 10973 10983 10978 \
: 10970
$
```

図 2.6　最大公約数の計算時間計測プログラムのコンパイル・実行例

```
java RunGCD 1024 15000
```

のように，コマンド java を使い，クラス RunGCD を実行しています．

クラス RunGCD の実行には，二つのコマンドライン引数を指定します．一つ目は，最大公約数の計算対象である自然数のビット数，二つ目は，自然数の組の数を表します．つまり，この実行例では，1024 ビットの自然数 15000 組に対し，最大公約数を計算するように指定しています．

クラス RunGCD を実行すると，計算に要した時間が表示されます．クラス RunGCD は，上記の条件で生成されたランダムな自然数の組すべてに対し，最大公約数を計算するという操作を 10 回繰り返し，それぞれの回の計算時間と，全 10 回の中で最短の計算時間を表示します (単位はミリ秒)．つまり，図 2.6 の実行例では，最大公約数の計算に要する時間が，**表 2.8** に示される通りとなり，最短計算時間が 10.970 秒 (6 回目) であったことがわかります．

表 2.8　最大公約数の計算時間

試行	計算時間 (秒)	試行	計算時間 (秒)
1	11.225	6	10.970
2	10.981	7	10.985
3	10.978	8	10.973
4	10.987	9	10.983
5	10.984	10	10.978

読者の皆さんが利用しているコンピュータ環境 (ハードウェア，オペレーティングシステム，Java 環境のバージョン等) の違いのため，実行時間がこの例から大幅に異なるものになるかもしれません．そのような場合は，クラス RunGCD の実行時に与えるコマンドライン引数の値を適宜調節し，実行してみて下さい．

計算時間の計測結果を見て，計算時間が一定でないことが不思議だと思われるかもしれません．この原因は，様々な要因が絡み合っており，大変複雑です．たとえば，

GCD の計算中であっても，ハードウェアとのやりとりを行うドライバや，その他の
ソフトウェアが同時に動作しているため，それらの処理のために，プロセッサの計算
能力が割かれることになります．その他にも様々な要因が考えられますが，この本の
扱う範囲を超えてしまいますので，詳しくは述べずに次へ進むことにします．この理
由を詳しく知りたいという方は，参考文献 [28] を参照するとよいでしょう．

■■■プログラムの解説

では次に，クラス RunGCD の詳細を見ていきます．リスト 2.5 に示したソースコー
ドを参照して下さい．

クラス RunGCD には，スタティックメソッド main(String[]) が一つ定義されてい
ます．実行例にあるように java コマンドを実行することで，まずこのメソッドが呼
び出されます．このメソッドには引数として，コマンドライン引数に指定された文字
列を要素とする配列が受け渡されます．

では，このメソッドの詳細を見ていきましょう．メソッド main(String[]) は，以
下の三つの部分から構成されています．

- 初期化・引数の検査
- 乱数の生成
- 実行時間の計測

一つずつ説明していきます．

まずは，初期化・引数の検査部分です．ここでは，初期化部分と引数の検査部分と
を別々に順を追って説明していきます．

```
// ---- select algorithm ----
BinaryEuclidGCD gcdFunc = new BinaryEuclidGCD();
```

初期化部分では，変数 gcdFunc をクラス BinaryEuclidGCD のインスタンスで初期
化しています．

このインスタンスは，後に説明する実行時間の計測の部分で利用されます．クラス
BinaryEuclidGCD の代わりに，クラス TrialDivisionGCD, EuclidGCD, BigIntegerGCD
(後述) を使うことで，バイナリー・ユークリッド互除法のアルゴリズムの Java によ
る実装だけでなく，試行割り算法やユークリッド互除法のアルゴリズムの Java によ
る実装，クラス BigInteger のメソッド gcd(BigInteger) の実行時間を計測するこ
とができます．

次に，変数 argv に受け渡されたコマンドライン引数の検査を行う部分です．

```
// ---- check args ----
if (argv.length != 2) return;
int bitcount = Integer.valueOf(argv[0]);
int datacount = Integer.valueOf(argv[1]);
if (bitcount <= 0 || datacount <= 0) return;
```

　ここでは，まず引数の数を検査しています．引数の数が 2 でない場合は return 文で，このメソッドの実行を終了しています．

　続いて，二つのコマンドライン引数をクラス Integer のスタティックメソッド valueOf(String) により int 型の値へと変換し，それぞれを変数 bitcount, datacount へ代入しています．正しく変換できない場合は，例外 NumberFormatException が送出されます．送出された例外はスタティックメソッド main(String[]) を抜け出し，このメソッドの実行を終了させ，プログラムの実行が終了します．

　コマンドライン引数が正しく変換できた場合は，それぞれの値が正であるかどうかを検査します．少なくとも一方が正ではない場合は，return 文でメソッドの実行を終了します．

　次に，乱数の生成部分の説明を行います．

```
// ---- generate random numbers ----
BigInteger[] randoms = new BigInteger[datacount + 1];
SecureRandom r = new SecureRandom();
for (int i = 0; i < randoms.length;) {
    BigInteger v = new BigInteger(bitcount, r);
    if (v.signum() == 1) randoms[i++] = v;
}
```

　ここでは，まず，要素の型が BigInteger，要素数が datacount + 1 である配列を作成し，変数 randoms を初期化しています．この配列は，後に説明する実行時間の計測時に，最大公約数の計算対象として使われるランダムな自然数を格納するために利用されます．この配列の隣り合う要素，つまり $i, i + 1$ 番目の要素を，最大公約数の計算に使う二つの自然数の組と考えることで，datacount 個の自然数の組を datacount + 1 個の自然数の配列で表現しています．この配列の要素は，続く for 文によるループで，BigInteger 型のランダムな正の値で初期化されます．

　次に，乱数生成のためのクラス SecureRandom のインスタンスで，変数 r を初期化しています．

　続く for 文によるループでは，配列 randoms の要素それぞれをランダムな BigInteger 型の値で初期化します．ループの中では，クラス BigInteger のコンストラクタにビット数 bitcount と，乱数生成のためのオブジェクト r を渡すことで，乱数 v を生

成しています. 乱数 v の値は, 0 以上, $2^{\text{bitcount}} - 1$ 以下の自然数となります.

　最大公約数の計算には, 正の整数のみを必要とするため, 乱数 v の値の符号をメソッド signum() を使い判定し, 乱数 v の値が正である場合に限り配列 randoms に追加し, そうでない場合はその値を利用せずに, ループを繰り返します. このループは, 配列 randoms の要素がすべて乱数で満たされると終了します.

　次に, 実行時間の計測部分についての説明を行います. 説明の見通しを良くするために, いくつかの部分に分けて, 説明を進めていきます.

　まず, 最も内側の for 文を見てみましょう.

```
for (int i = 0; i < datacount; i++)
    gcdFunc.gcd(randoms[i], randoms[i + 1]);
```

　ここでは, 変数 gcdFunc に保存しておいた, クラス BinaryEuclidGCD のインスタンスを通してメソッド gcd(BigInteger, BigInteger) を呼び出し, 最大公約数を計算しています (計算結果は利用していません). 最大公約数の計算対象の自然数の組は, 配列 randoms の i, i+1 番目の要素を選択しています. 変数 i は, for 文によるループにより, 配列 randoms から自然数の組を一つずつ選択するように変化します.

　続いて, 実行時間の計測に関する部分です.

```
long t1 = System.currentTimeMillis();
...
long t2 = System.currentTimeMillis();
long d = t2 - t1; ...
System.out.print(" " + d);
```

　ここでは, まず, クラス System のスタティックメソッド currentTimeMills() を呼び出し, 最大公約数の計算の前後での時刻 (単位はミリ秒) を取得し, それぞれ変数 t1, t2 へ代入しています. その後, t1 と t2 の差, つまり最大公約数の計算に要した時間を求め, 変数 d へ代入しています. さらに, クラス System のスタティック変数 out に保存されたオブジェクトを通してメソッド print(String) を呼び出し, 計算時間を表示しています.

　最後に, 最短の計算時間を扱う部分です.

```
long t = Long.MAX_VALUE;
for (int j = 0; j < 10; j++) {
...
        ... if (d < t) t = d;
...
}
System.out.println(" : " + t);
```

変数 t は，まず long 型で扱える最大値である Long.MAX_VALUE で初期化されています．また，for 文のループの中で，変数 d と t の値を比較し，変数 d の値の方が小さい場合は，変数 t の値を変数 d の値で更新しています．これらの処理は，for 文により，10 回繰り返されます．結果として，変数 t は，最大公約数計算の最短計算時間を保持することになります．ループから抜け出した後，この最短計算時間を表示しています．

■■■計算時間の比較

次に，それぞれのアルゴリズムの Java による実装の実行時間を比較してみましょう．比較対象は，

- ユークリッド互除法の実装 (クラス EuclidGCD)
- バイナリー・ユークリッド互除法の実装 (クラス BinaryEuclidGCD)
- クラス BigInteger のメソッド gcd(BigInteger)

としました．試行割り算法の Java による実装をを比較の対象から外したのは，その他のアルゴリズムの Java による実装と比較して，計算時間がかかりすぎるためです．また，参考として，クラス BigInteger のメソッド gcd(BigInteger) も比較対象にしました．前に示した RunGCD クラスを利用して，クラス BigInteger のメソッド gcd(BigInteger) の実行時間を計測するために，リスト 2.6 に示すクラス BigIntegerGCD を利用しました．

リスト **2.6** クラス BigIntegerGCD の実装

```
import java.math.BigInteger;

public class BigIntegerGCD {
    public BigInteger gcd(BigInteger a, BigInteger b) {
        return a.gcd(b);
    }
}
```

このクラスは，メソッド gcd(BigInteger, BigInteger) を持ちます．このメソッドは，クラス BigInteger のメソッド gcd(BigInteger) を呼び出して，最大公約数を求め，結果を返します．

では，それぞれのアルゴリズムの実装による最大公約数の計算時間の比較結果を見てみましょう．

図 2.7 を参照して下さい．横軸は最大公約数の計算対象となる自然数のビット長，縦軸は計算時間を表しています．計算時間は，15000 組の乱数に対し，それぞれの値の組の最大公約数を計算するのに要する時間です．

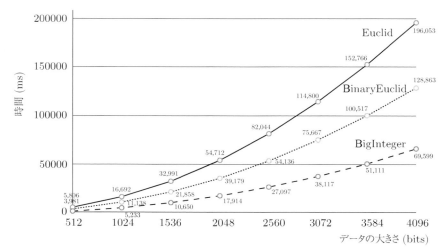

図 **2.7**　最大公約数を計算するアルゴリズムの実行時間の比較

　予想通り，データのビット数によらず，ユークリッド互除法よりもバイナリー・ユークリッド互除法の実行時間が短くなっています．これは，手間のかかる処理である割り算を，高速な処理が可能なシフト操作で置き換えた結果です．しかし，それぞれのアルゴリズムの計算時間のグラフの曲線の曲がり具合が同じであることに注意して下さい．バイナリー・ユークリッド互除法のアルゴリズムは，ユークリッド互除法のアルゴリズムより高速ではありますが，計算時間を根本的に改善するものではありません．

　参考として，クラス BigInteger のメソッド gcd(BigInteger) の実行速度を示していますが，これが最も高速であるという結果が出ています．これは，このメソッドが，私達が利用することのできない隠蔽されたメソッドやクラスを利用して，メモリ管理等を効率的に行いつつ計算を行っていることが主な原因です．

2.4　公開指数と秘密指数をつくる (拡張ユークリッド互除法)

　最大公約数，最小公倍数の計算方法がわかったので，公開指数と秘密指数の計算にとりかかりましょう．

　公開指数 e と秘密指数 d の間には，

$$ed \equiv 1 \pmod{L} \tag{2.4}$$

という関係がありました.

この関係式を満たす e, d は, たくさんあります. たとえば, $p = 11, q = 7$ の場合を考えます. すると, $L = \mathrm{lcm}(11-1, 7-1) = \mathrm{lcm}(10, 6) = 30$ となるので, 式 (2.4) は,

$$ed \equiv 1 \pmod{30} \tag{2.5}$$

となります.

$$7 \times 13 \equiv 1, \quad 11 \times 11 \equiv 1, \quad 13 \times 7 \equiv 1, \quad 17 \times 23 \equiv 1, \quad 19 \times 19 \equiv 1 \pmod{30}$$

となるので, 式 (2.5) を満たす e, d として,

$$(e, d) = (7, 13), \quad (11, 11), \quad (13, 7), \quad (17, 23), \quad (19, 19)$$

がとれることになります. e を変えると, 対応する d も変わるというわけです.

そこで, 先に e を決め, 式 (2.4) を満たすように d を決める (数学的には, 逆に d を決めて e を求めてもいいのですが) ことにしましょう. **セキュリティの観点からは, e が, $\gcd(e, L) = 1$ という条件を満たしているだけでは十分安全であるとはいえないの**ですが, それについては, 後に説明することにします.

さて, 式 (2.4) を満たす e, d を求めるためには,

$$ed = 1 + Lk \tag{2.6}$$

という関係を満たす整数 d を求める必要があります. もちろん, k は整数です. このような方程式を**不定方程式**といいます. 未知数が二つあるのに, 式が一つしかないので, 答が一つに定まらない (答がないこともある) ため, この名前があります. このような不定方程式を解くのが拡張ユークリッド互除法です.

拡張ユークリッド互除法とは, ゼロでない二つの整数 a, b に対し, 不定方程式:

$$ax + by = \gcd(a, b) \tag{2.7}$$

を満たす整数 x, y と a, b の最大公約数 $\gcd(a, b)$ を同時に求めるアルゴリズムです. 実は, x, y の組は, 無限にたくさんあるのですが, このアルゴリズムでは, そのうちの 1 組が求まります. 以下, a, b は, ともに正であるとしておきます. 負になったときには, x, y の符号を変えればよいので, これは本質的な制約ではありません. たとえば,

$$100x - 26y = \gcd(100, 26) \tag{2.8}$$

を解く場合は, $z = -y$ とおいて,

$$100x + 26z = \gcd(100, 26) \tag{2.9}$$

を解き, $y = -z$ とおけばよいことになります.

拡張ユークリッド互除法のアルゴリズムを見てみましょう.

【拡張ユークリッド互除法】

Input: a, b,　**Output:** x, y, $\gcd(a, b)$

[STEP 1] $x_0 = 1$, $x_1 = 0$, $y_0 = 0$, $y_1 = 1$, $r_0 = a$, $r_1 = b$, $j = 0$

[STEP 2] $r_{j+1} = 0$ でない間, j を 1 ずつ増加させつつ, 以下を繰り返し:

　　[STEP 2-1] r_j を r_{j+1} で割ったときの商を q_{j+2}, 余りを r_{j+2} とする.

　　[STEP 2-2] 以下を計算する.

$$x_{j+2} = x_j - q_{j+2}x_{j+1},$$
$$y_{j+2} = y_j - q_{j+2}y_{j+1}$$

[STEP 3] $\gcd(a, b) = r_j$, $x = x_j$, $y = y_j$ を出力して終了.

早速使ってみましょう.

$$2793x + 828y = \gcd(2793, 828)$$

$a = 2793$, $b = 828$ ですので, 初期値は,

$$\begin{cases} x_0 = 1 \\ y_0 = 0 \\ r_0 = a = 2793 \end{cases} \quad , \quad \begin{cases} x_1 = 0 \\ y_1 = 1 \\ r_1 = b = 828 \end{cases}$$

となります. 拡張ユークリッド互除法の計算過程は, 以下のようになります.

		$r_1 = 828 \neq 0$
$r_0 \div r_1 = 2793 \div 828 = 3...309$	$q_2 = 3$	$r_2 = 309 \neq 0$
$x_2 = x_0 - q_2 x_1 = 1 - 3 \times 0 = 1$		
$y_2 = y_0 - q_2 y_1 = 0 - 3 \times 1 = -3$		
$r_1 \div r_2 = 828 \div 309 = 2...210$	$q_3 = 2$	$r_3 = 210 \neq 0$
$x_3 = x_1 - q_3 x_2 = 0 - 2 \times 1 = -2$		
$y_3 = y_1 - q_3 y_2 = 1 - 2 \times (-3) = 7$		
$r_2 \div r_3 = 309 \div 210 = 1...99$	$q_4 = 1$	$r_4 = 99 \neq 0$
$x_4 = x_2 - q_4 x_3 = 1 - 1 \times (-2) = 3$		
$y_4 = y_2 - q_4 y_3 = -3 - 1 \times 7 = -10$		
$r_3 \div r_4 = 210 \div 99 = 2...12$	$q_5 = 2$	$r_5 = 12 \neq 0$

$x_5 = x_3 - q_5 x_4 = -2 - 2 \times 3 = -8$		
$y_5 = y_3 - q_5 y_4 = 7 - 2 \times (-10) = 27$		
$r_4 \div r_5 = 99 \div 12 = 8...3$	$q_6 = 8$	$\mathbf{r_6 = 3 \neq 0}$
$x_6 = x_4 - q_6 x_5 = 3 - 8 \times (-8) = \mathbf{67}$		
$y_6 = y_4 - q_6 y_5 = -10 - 8 \times 27 = \mathbf{-226}$		
$r_5 \div r_6 = 12 \div 3 = 4...0$	$q_7 = 4$	$\underline{r_7 = 0}$

$r_7 = 0$ となりましたので，ここで停止して，$x = x_6 = 67$，$y = y_6 = -226$，$r_6 = \gcd(2793, 828) = 3$ が求める答ということになります．

ためしに検算してみると，$\gcd(2793, 828) = 3$ であり，

$$2793 \times 67 + 828 \times (-226) = 3$$

となることが確認できます．

これを利用して，公開指数 e から秘密指数 d を求める計算をやってみることにしましょう．

まず，素数を二つ用意しなければなりません．ここでは，$p = 23$，$q = 17$ とします．このとき，

$$L = \mathrm{lcm}(23-1, 17-1) = \mathrm{lcm}(22, 16) = 22 \times 16 / \gcd(22, 16) = 22 \times 16 / 2 = 176$$

となります．e としては，$\gcd(e, L) = \gcd(e, 176)$ を満たしているものを取らなければなりません．ここでは，$e = 79$ を取りましょう．実際，$\gcd(79, 176) = 1$ であることは容易にわかります．ですから，解かなければならない不定方程式は，

$$79x + 176y = \gcd(79, 176) = 1$$

となります．この式の x が，求める秘密指数 d にあたります．練習のつもりで，もう一回，拡張ユークリッド互除法の計算をやってみましょう．

		$r_1 = 176 \neq 0$
$r_0 \div r_1 = 79 \div 176 = 0...79$	$q_2 = 0$	$r_2 = 79 \neq 0$
$x_2 = x_0 - q_2 x_1 = 1 - 0 \times 0 = 1$		
$y_2 = y_0 - q_2 y_1 = 0 - 0 \times 1 = 0$		
$r_1 \div r_2 = 176 \div 79 = 2...18$	$q_3 = 2$	$r_3 = 18 \neq 0$
$x_3 = x_1 - q_3 x_2 = 0 - 2 \times 1 = -2$		
$y_3 = y_1 - q_3 y_2 = 1 - 2 \times 0 = 1$		

$r_2 \div r_3 = 79 \div 18 = 4...7$	$q_4 = 4$	$r_4 = 7 \neq 0$
$x_4 = x_2 - q_4 x_3 = 1 - 4 \times (-2) = 9$		
$y_4 = y_2 - q_4 y_3 = 0 - 4 \times 1 = -4$		
$r_3 \div r_4 = 18 \div 7 = 2...4$	$q_5 = 2$	$r_5 = 4 \neq 0$
$x_5 = x_3 - q_5 x_4 = -2 - 2 \times 9 = -20$		
$y_5 = y_3 - q_5 y_4 = 1 - 2 \times (-4) = 9$		
$r_4 \div r_5 = 7 \div 4 = 1...3$	$q_6 = 1$	$r_6 = 3 \neq 0$
$x_6 = x_4 - q_6 x_5 = 9 - 1 \times (-20) = 29$		
$y_6 = y_4 - q_6 y_5 = -4 - 1 \times 9 = -13$		
$r_5 \div r_6 = 4 \div 3 = 1...1$	$q_7 = 1$	$\mathbf{r_7 = 1 \neq 0}$
$x_7 = x_5 - q_7 x_6 = -20 - 1 \times 29 = \boldsymbol{-49}$		
$y_7 = y_5 - q_7 y_6 = 9 - 1 \times (-13) = \boldsymbol{22}$		
$r_6 \div r_7 = 3 \div 1 = 3...0$	$q_8 = 3$	$\underline{r_8 = 0}$

　$r_8 = 0$ となりましたので，ここで停止して，$x = x_7 = -49$, $y = y_7 = 22$,
$r_7 = \gcd(79, 176) = 1$ が求める答ということになります．$\gcd(79, 176) = 1$ は，はじ
めからわかっていたので，実際に計算する必要はありません．また，ここでは，便宜
的に y の計算も行っていますが，これも必要ないことに注意してください．

　これで，答が求まったかに見えますが，ちょっと困ったことが起こっています．x
は正の数になっていて欲しかったのですが，負の数になっています．このようなとき
は，L の倍数を足して正の値にすればよいのです．つまり，この場合は，

$$d = -49 + L = -49 + 176 = 127$$

が求める秘密指数ということになります．実際，

$$ed = 79 \times 127 = 10033 = 176 \times 57 + 1$$

となっていますから，確かに，$ed = 79 \times 127 \equiv 1 \pmod{176}$ になります．

　ここで見たように，秘密指数 d を求める計算では，y を計算する必要はありません．
これを考慮して公開指数 e から秘密指数 d を計算するアルゴリズムをまとめておきま
しょう．

【指数計算 (逆数計算) のアルゴリズム】

　　Input: e, L $(L = \mathrm{lcm}(p-1, q-1))(\gcd(e, L) = 1)$, **Output:** $d = e^{-1} \bmod L$

　　[STEP 1] $d_0 = 1,\ d_1 = 0,\ r_0 = e,\ r_1 = L,\ j = 0$

　　[STEP 2] $r_{j+1} = 0$ でない間, j を 1 ずつ増加させつつ, 以下を繰り返し:

　　　　[STEP 2-1] r_j を r_{j+1} で割ったときの商を q_{j+2}, 余りを r_{j+2} とする.

　　　　[STEP 2-2] $d_{j+2} = d_j - q_{j+2}d_{j+1}$ を計算する.

　　[STEP 3] $d = d_{j+1}$ を出力して停止. ただし, d が負であれば L の倍数を加えて正の値としたものを出力.

システムによっては, 公開指数 e として, 3 や 65537 のように, 所定の小さな数を使うことがあります. しかし, システムをうまく設計しないと, 暗号文が解読されてしまう危険性があります (参考文献 [14]). そこで, より大きな乱数を使うのが一般的です. その際, e は, $\gcd(e, L) = 1$ となるように選ばなければならないわけですが, $L = \mathrm{lcm}(p-1, q-1)$ は, 偶数[14] になるので, e としては, 奇数を選べばよい点に注意してください.

では次に, 拡張ユークリッド互除法のアルゴリズムを Java で実装してみましょう.

■■■アルゴリズムの実装の説明

リスト 2.7 に拡張ユークリッド互除法の Java による実装を示します. 以下では, まず, このプログラムリストの構造を説明し, 続いてメソッド gcd(BigInteger, BigInteger) の説明を行います.

リスト **2.7**　拡張ユークリッド互除法のアルゴリズムの Java による実装

```java
import java.math.BigInteger;

public class ExtendedEuclidGCD {
    public void gcd(BigInteger a, BigInteger b) {
        if (a.signum() != 1 || b.signum() != 1) {
            throw new IllegalArgumentException();
        }
        // [STEP 1]
        BigInteger xPrev = BigInteger.ONE, x = BigInteger.ZERO;
        BigInteger yPrev = BigInteger.ZERO, y = BigInteger.ONE;
        BigInteger rPrev = a, r = b;
        // [STEP 2]
        while (!r.equals(BigInteger.ZERO)) {
            // [STEP 2-1]
            BigInteger qNext = rPrev.divide(r);
            BigInteger rNext = rPrev.remainder(r);
            // [STEP 2-2]
            BigInteger xNext = xPrev.subtract(qNext.multiply(x));
```

---

[14] p, q は, 通常, 2 よりも大きな素数を使うので, $p-1, q-1$ はともに偶数になり, $L = \mathrm{lcm}(p-1, q-1)$ も偶数になります.

```
                BigInteger yNext = yPrev.subtract(qNext.multiply(y));
                // [SETP 2]
                xPrev = x; x = xNext;
                yPrev = y; y = yNext;
                rPrev = r; r = rNext;
        }
        // [STEP 3]
        this.gcd_ = rPrev; this.x_ = xPrev; this.y_ = yPrev;
    }

    public BigInteger getX()   { return this.x_;   }
    public BigInteger getY()   { return this.y_;   }
    public BigInteger getGCD() { return this.gcd_; }

    private BigInteger x_, y_, gcd_;
}
```

《プログラムの構造》

まず，このプログラムの構造を説明します.

```
import java.math.BigInteger;

public class ExtendedEuclidGCD {
    public void gcd(BigInteger a, BigInteger b) {
 ...
    }

    public BigInteger getX()   { return this.x_;   }
    public BigInteger getY()   { return this.y_;   }
    public BigInteger getGCD() { return this.gcd_; }

    private BigInteger x_, y_, gcd_;
}
```

このプログラムは，1 行目で java.math.BigInteger のインポートを宣言し，残り
の部分でクラス ExtendedEuclidGCD を定義しています. このクラスは四つのメソッ
ドを持ちます. メソッド gcd(BigInteger, BigInteger) は，引数として渡された二
つの自然数 a, b に対し，最大公約数 $\gcd(a, b)$ および，不定方程式

$$ax + by = \gcd(a, b)$$

を満たす x, y を計算します. また，メソッド getX(), getY(), getGCD() は，計算結
果を取得するために利用されます. さらに，このクラスは三つのインスタンス変数 x_,
y_, gcd_を持ちます. 隠蔽されているこれらの変数は，計算結果を保持するために利
用されます.

《メソッド gcd(BigInteger, BigInteger) の説明》

次に，メソッド gcd(BigInteger, BigInteger) の実装を見ていきましょう. この
メソッドは，引数の検査部分と，計算本体部分の二つの部分から構成されています.

引数の検査部分は，ユークリッド互除法のアルゴリズムの実装で紹介したいくつかの
プログラムのものと同じですので，説明を省略します．

　計算本体部分は，拡張ユークリッド互除法のアルゴリズムの説明の各ステップとの
対応に基づき説明を進めていきます．まずは，STEP 1 を見てみましょう．

```
// STEP 1
BigInteger xPrev = BigInteger.ONE, x = BigInteger.ZERO;
BigInteger yPrev = BigInteger.ZERO, y = BigInteger.ONE;
BigInteger rPrev = a, r = b;
```

　ここでは変数の初期化をしています．

　変数名がアルゴリズムの説明で示したものと異なっていますね．アルゴリズムの説
明では，変数名として x_j, y_j, q_j, r_j (j は非負の整数) を使っていました．

　ここで，STEP 2 で検査される条件式 $r_{j+1} = 0$ を満たす j の値を，あらかじめ知る
ことができないことに注意して下さい．そのため，このアルゴリズムが計算を終える
までに利用する変数の数を，あらかじめ知ることができません．したがって，すべて
の $x_j, y_j, q_i\ r_j$ に対応する変数を Java の変数として直接宣言することができないの
です．

　また，配列を利用して計算を進め，配列の要素が足りなくなった場合には，その都
度配列のサイズを変更するという方法や，リスト構造を利用する方法も考えられます
が，プログラムが複雑になってしまいます．さらに，STEP 2 から STEP 5 の繰り返
しの中では，添字が $j+2$ の値を計算するために，添字が j と $j+1$ の値だけしか利用
しておらず，それ以外の値は利用していないため，すべての値を保持しておく実装は
メモリーの無駄遣いとなります．

　そこで，ここでは，添字が j から $j+2$ の値のみを保持しつつ計算を進めることに
して，変数は，

$$
\begin{cases}
v_j & \mapsto & w\text{Prev}, \\
v_{j+1} & \mapsto & w, \qquad \text{for } (v, w) \in \{(x, \mathtt{x}), (y, \mathtt{y}), (q, \mathtt{q}), (r, \mathtt{r})\} \\
v_{j+2} & \mapsto & w\text{Next},
\end{cases}
$$

と対応付けてプログラムを構成しています．

　続いて STEP 2 に進みます．

```
// STEP 2
while(!r.equals(BigInteger.ZERO)) {
...
}
this.gcd_ = rPrev; this.x_ = xPrev; this.y_ = yPrev;
}
```

　ここでは，`while` 文によるループの条件式として，変数 r(r_{j+1} に対応) の値を検査しています．変数 r の値が 0 でない間，ループの中身 (STEP 3 から STEP 5) が繰り返し実行されます．変数 r の値が 0 になるとループから脱出し，rPrev，xPrev，yPrev の値をそれぞれインスタンス変数 gcd_，x_，y_ へ保存し，メソッドの実行を終了します．

　続いて SETP 3，SETP 4 に進みましょう．

```
// STEP 3
BigInteger qNext = rPrev.divide(r);
BigInteger rNext = rPrev.remainder(r);
// STEP 4
BigInteger xNext = xPrev.subtract(qNext.multiply(x));
BigInteger yNext = yPrev.subtract(qNext.multiply(y));
```

　ここでは，変数 rPrev, r, xPrev, x, yPrev, y の値を利用し，変数 qNext, rNext, xNext, yNext を初期化しています．

　最後に STEP 5 の説明を行います．

```
// SETP 5
xPrev = x; x = xNext;
yPrev = y; y = yNext;
rPrev = r; r = rNext;
```

　アルゴリズムの説明では $j = j+1$ のようにインデックスを更新していましたが，ここでは，各変数に保存された値を移し替えることで，同様の効果を実現しています．つまり，$k = j$ に対し，これまで

$$\begin{cases} v_k & \mapsto & w\text{Prev} \\ v_{k+1} & \mapsto & w \\ v_{k+2} & \mapsto & w\text{Next} \end{cases} \quad \text{for } (v,w) \in \{(x,\mathtt{x}),(y,\mathtt{y}),(r,\mathtt{r})\}$$

と対応していたものが，この置き換えで，

$$\begin{cases} v_{k+1} & \mapsto & w\text{Prev} \\ v_{k+2} & \mapsto & w \\ v_{k+3} & \mapsto & w\text{Next} \end{cases} \quad \text{for } (v,w) \in \{(x,\mathtt{x}),(y,\mathtt{y}),(r,\mathtt{r})\}$$

と対応するようになります．

　以上が，拡張ユークリッド互除法のアルゴリズムの Java による実装の説明です．

《拡張ユークリッド互除法の計算を行うプログラム》

　クラス `ExtendedEuclidGCD` を利用して，二つの実数 a, b に対する最大公約数 $\gcd(a,b)$ と，不定方程式

$$ax + by = \gcd(a,b)$$

を満たす変数 x, y の値を計算するプログラムをリスト 2.8 に示します.

リスト **2.8**　拡張ユークリッド互除法のアルゴリズムの Java による実装を実行する
　　　　　ためのプログラム

```java
import java.math.BigInteger;

public class ExtendedEuclidGCDMain {
    public static void main(final String[] argv) {
        // ---- select algorithm ----
        ExtendedEuclidGCD gcdFunc = new ExtendedEuclidGCD();
        // ---- check args ----
        if (argv.length != 2) return;
        BigInteger a = new BigInteger(argv[0]);
        BigInteger b = new BigInteger(argv[1]);
        if (a.signum() != 1 || b.signum() != 1) return;
        // ---- calc. gcd ----
        gcdFunc.gcd(a, b);
        System.out.println("gcd = " + gcdFunc.getGCD());
        System.out.println("x = " + gcdFunc.getX());
        System.out.println("y = " + gcdFunc.getY());
    }
}
```

このプログラムはコマンドライン引数に指定された二つの実数からこれらの値を計算
し, 表示します. プログラムコードの中に, 前に示したクラス EuclidGCDMain と共
通する部分がありますので, ここでは異なる部分についてのみ説明を行います.

アルゴリズムを選択部分は次のようになっています.

```java
// ---- select algorithm ----
ExtendedEuclidGCD gcdFunc = new ExtendedEuclidGCD();
```

当然のことですが, クラス ExtendedEuclidGCD のインスタンスを作成し, 変数
gcdFunc を初期化しています.

次に, 最大公約数の計算を行い, 結果を表示する部分です.

```java
// ---- calc. gcd ----
gcdFunc.gcd(a, b);
System.out.println("gcd = " + gcdFunc.getGCD());
System.out.println("x = " + gcdFunc.getX());
System.out.println("y = " + gcdFunc.getY());
```

ここでは, まず, 変数 gcdFunc を通して, メソッド gcd(BigInteger, BigInteger)
を呼び出しています. この呼び出しの後, メソッド getGCD(), getX(), getY() を通
して最大公約数と変数 x, y の値を取得し, 表示しています.

《プログラムの実行》

では次に, このプログラムを実行してみましょう. **図 2.8** を参照して下さい. この
図の中に現れるファイル ExtendedEuclidGCD.java は, リスト 2.7 に示した拡張ユー

クリッド互除法のアルゴリズムを Java で実装したプログラムを保存したものであり，ファイル ExtendedEuclidGCDMain.java は，実際にプログラムを実行し結果を表示するためのプログラムです．ここでは，javac コマンドによりこれらのファイルをコンパイルし，java コマンドを利用し，プログラムを実行しています．

プログラムの実行については，コマンドライン引数に 273 と 838 を与えることで，最大公約数が 3, x, y がそれぞれ 67, −226 という結果を得ています．さらに，79 と 176 を与え，最大公約数が 1, x, y がそれぞれ −49, 22 を得ています．

様々な値の組に対し，正しい計算結果が表示されることを確認してみましょう．

```
$ ls
ExtendedEuclidGCD.java          ExtendedEuclidGCDMain.java
$ javac ExtendedEuclidGCD.java ExtendedEuclidGCDMain.java
$ ls
ExtendedEuclidGCD.java          ExtendedEuclidGCDain.java
ExtendedEuclidGCD.class         ExtendedEuclidGCDain.class
$ java ExtendedEuclidGCD3Main 2793 828
gcd = 3
x = 67
y = -226
$ java ExtendedEuclidGCDMain 79 176
gcd = 1
x = -49
y = 22
$
```

図 2.8　拡張ユークリッド互除法の実装の実行

《指数計算 (逆数計算) の実装》

次に，指数計算 (逆数計算) のアルゴリズムの Java による実装を示します (リスト 2.9)．このアルゴリズムの実装は，リスト 2.7 で紹介した拡張ユークリッド互除法のアルゴリズムの Java による実装を修正したものとなっていますので，詳しい解説は省略します．変更点は以下の通りです．

クラス名の変更 ExtendedEuclidGCD → ModInverse
メソッド名の変更 getX() → getD()
メソッドの削除 getY()
変数名の変更 a → e, b → l, x → d, xPrev → dPrev, xNext→dNext, this.x_ → this.d_
変数の削除 y, yPrev, yNext, this.y_
処理の追加 while (dPrev.signum() < 0) dPrev = dPrev.add(l);

リスト 2.9　指数計算 (逆数計) アルゴリズムの Java による実装

```java
import java.math.BigInteger;

public class ModInverse {
    public BigInteger modInverse(BigInteger e, BigInteger l) {
        if (e.signum() != 1 || l.signum() != 1) {
```

```
            throw new IllegalArgumentException();
        }
        // STEP 1
        BigInteger dPrev = BigInteger.ONE, d = BigInteger.ZERO;
        BigInteger rPrev = e, r = l;
        // STEP 2
        while (!r.equals(BigInteger.ZERO)) {
            // STEP 3
            BigInteger dNext = rPrev.divide(r);
            BigInteger rNext = rPrev.remainder(r);
            // STEP 4
            BigInteger xNext = dPrev.subtract(dNext.multiply(d));
            // SETP 5
            dPrev = d; d = xNext;
            rPrev = r; r = rNext;
        }
        return dPrev.mod(l);
    }
}
```

《指数計算 (逆数計算) の実装の実行》

リスト 2.9 に示したプログラムを実行し，指数計算を行わせるためのプログラムをリスト 2.10 に示します．

リスト **2.10** 指数計算 (逆数計算) アルゴリズムの Java による実装を実行するプログラム

```
import java.math.BigInteger;

public class ModInverseMain {
    public static void main(String[] argv) {
        // ---- select algorithm ----
        ModInverse gcdFunc = new ModInverse();
        // ---- check args ----
        if (argv.length != 2) return;
        BigInteger e = new BigInteger(argv[0]);
        BigInteger l = new BigInteger(argv[1]);
        if (e.signum() != 1 || l.signum() != 1) return;
        // ---- calc. gcd ----
        BigInteger d = gcdFunc.modInverse(e, l);
        System.out.println(d);
    }
}
```

このプログラムは，リスト 2.8 に示した，拡張ユークリッド互除法のアルゴリズムを実行するためのプログラムを修正したものになっています．変更点は，以下の通りです．

```
クラス名の変更 ExtendedEuclidGCDMain→ModInverseMain
変数名の変更 a→e, b→l
処理の変更   ● ExtendedEuclidGCD gcdFunc = new ExtendedEuclidGCD();
               →ModInverse gcdFunc = new ModInverse();
             ● System.out.println("x = " + gcdFunc.getX());
               →System.out.println("d = " + gcdFunc.getD());
処理の削除 System.out.println("y = " + gcdFunc.getY());
```

2.5 べき乗剰余計算のアルゴリズム

RSA 暗号における暗号化と復号化の処理では，いずれも**べき乗剰余計算**：

$$S = a^m \bmod N$$

を行う必要があります．

暗号化，復号化，(署名) 時のパラメータは，**表 2.9** のようになります．RSA 暗号では，暗号化も復号化も，指数が非常に大きいため[*15]，単純に掛け算を繰り返す方法では，時間がかかりすぎ，実用になりません．実用的なべき乗剰余計算アルゴリズムが必要になります．

表 2.9　べき乗剰余計算のパラメータ

S	a	m	N	利用時
暗号文 (C)	平文 (M)	公開指数 (e)	公開モジュラス (N)	暗号化
平文 (M)	暗号文 (C)	秘密指数 (d)	公開モジュラス (N)	復号化 (署名)

2.5.1　ウィンドウ法 (バイナリー法)

まず最初に，最も基本的なバイナリー法のアルゴリズムを説明します．ここでは，指数 m は，n ビットであるとし，そのバイナリー表現を，$m[n-1]m[n-2]\cdots m[0]$ としておきます．たとえば，$m = 26$ のバイナリー表現は，11010 となりますから，$n = 5$ であり，$m[4] = 1$，$m[3] = 1$，$m[2] = 0$，$m[1] = 1$，$m[0] = 0$ となります．

【バイナリー (binary) 法】

　　Input: a, N, m，**Output:** $S = a^m \bmod N$

　　[STEP 1] $S = 1$ とおく．

　　[STEP 2] $j = n-1$ とし，$j \geq 0$ である間，j を 1 ずつ減らしつつ以下を繰り返し：

　　　　[STEP 2-1] $S = S^2 \bmod N$ を計算する．

　　　　[STEP 2-2] $m[j] = 1$ であるとき，$S = Sa \bmod N$ を計算する．

　　[STEP 3] S を出力して終了．

[*15] 高速化のために小さく取ることもありますが，システムをうまく設計しないと，セキュリティ上の問題が発生する可能性があります．

　実際に正しく計算できるのかどうか，簡単な例で確認してみましょう．$m = 45$ としましょう．$m = 45$ は，バイナリー表現では，101101 になります．6 ビットですから，$n = 6$ となります．指数の動きを観察してみると，以下のようになります．

$S = 1$	
$S = S^2 \bmod N = 1$	
$m[5] = 1$	$S = 1 \times a \bmod N = a \bmod N$
$S = S^2 \bmod N = a^2 \bmod N$	
$m[4] = 0$	
$S = S^2 \bmod N = a^4 \bmod N$	
$m[3] = 1$	$S = Sa \bmod N = a^5 \bmod N$
$S = S^2 \bmod N = a^{10} \bmod N$	
$m[2] = 1$	$S = Sa \bmod N = a^{11} \bmod N$
$S = S^2 \bmod N = a^{22} \bmod N$	
$m[1] = 0$	
$S = S^2 \bmod N = a^{44} \bmod N$	
$m[0] = 1$	$S = Sa \bmod N = a^{45} \bmod N$

　確かに 45 乗されていますね[16]．毎回 2 乗 (剰余) 計算が使われていること，$m[j] = 0$ のときは，空欄になっているので，計算されていないことが一目瞭然です[17]．

　$S = Sa \bmod N$ という計算の回数が，m のバイナリー表現の 1 の個数に比例することもわかりますね．

　では，このアルゴリズムを Java で実装したものを見てみましょう．

■■■アルゴリズムの実装の説明

　べき乗剰余計算をバイナリー法のアルゴリズムに従い計算する Java のプログラムを，リスト 2.11 に示します．

リスト 2.11　バイナリー法の Java による実装

```
import java.math.BigInteger;

public class ModPowBinary {
    public BigInteger modPow(BigInteger a, BigInteger m,
                             BigInteger n) {
        if (m.signum() < 0 || n.signum() != 1)
            throw new IllegalArgumentException();
```

---

[16] この方法は，元々は，ただのべき乗計算のアルゴリズムで，$\bmod N$ の計算は本質的ではありませんが，ここでは，RSA 暗号計算に合わせて書いておきました．

[17] 最初の二乗剰余計算は，実際には不要です．

```
        // [STEP 1]
        BigInteger s = BigInteger.ONE;
        // [STEP 2]
        for (int j = m.bitLength() - 1; j >= 0; j--) {
            // [STEP 2-1]
            s = s.multiply(s).mod(n);
            // [STEP 2-2]
            if (m.testBit(j)) s = s.multiply(a).mod(n);
        }
        // [STEP 3]
        return s;
    }
}
```

　以下では，実装の詳細についての説明を行います．プログラムリストの構造は，これまでに紹介してきたユークリッド互除法などのプログラムとほぼ同じですので，説明は省略します．

《メソッド modPow(BigInteger, BigInteger, BigInteger) の詳細》

　ここでは，バイナリー法のアルゴリズムの Java による実装の中心となる，メソッド modPow(BigInteger, BigInteger, BigInteger) についての説明を行います．このメソッドは三つの BigInteger 型の引数をとり，BigInteger 型の値を返します．プログラムリスト (リスト 2.11) にあるように，引数を先頭から順に a, m, n とすると，メソッド呼び出しの結果の値は $a^m \bmod n$ となります．このメソッドの実装の中では，BigInteger クラスが持つメソッドのうち表 2.10 に示されるものが利用されています．

表 2.10　バイナリー法のアルゴリズムの Java による実装中で使われる BigInteger クラスのメソッド・定数

積	BigInteger multiply(BigInteger val) this × val
mod	BigInteger mod(BigInteger val) this mod val
符号判定	int signum() $\begin{cases} \text{this} < 0 & : \quad -1 \\ \text{this} = 0 & : \quad 0 \\ \text{this} > 0 & : \quad 1 \end{cases}$
ビット長	int bitLength()
ビット検査	boolean testBit(int n)
1	ONE

　このメソッドの実装も，これまでに紹介してきたプログラムと同じく，引数を検査する部分と，実際に計算を行う部分の二つの部分から構成されています．
　引数の検査部分では，変数 m の値が非負であり，かつ，変数 n の値が正であることを検査し，そうでない場合は，例外 IllegalArgumentException を送出することで，

このメソッドの実行を停止させています.

　次に,実際に計算を行う部分を,アルゴリズムの説明の各ステップとの対応に基づき説明します.

　まず STEP 1 を見てみましょう.

```
// [STEP 1]
BigInteger s = BigInteger.ONE;
```

　アルゴリズムの説明では,S を 1 で初期化していますが,Java の実装の対応する部分では,変数 s を BigInteger 型の値 1 で初期化しています.ここで,変数 s が大文字でないのは,Java 言語でプログラムを記述する場合,局所変数には小文字のアルファベットから始まる名前を付けるというルールがあるためです.

　次に,STEP 2 に移ります.

```
for (int j = m.bitLength() - 1; j >= 0; j--) {
...
}
```

　アルゴリズムの説明では,j の値を,$n-1$ から 0 まで 1 ずつ減らしながら,ループの本体にあたる [STEP 2-1], [STEP 2-1-1] を繰り返し実行するとしていますが,これは,Java による実装では for 文によるループに対応します.for 文の初期化文で,変数 j を 変数 m の値のビット長から 1 を引いた値 で初期化し,条件式で変数 j の値が正である間,ループの本体を実行しつつ,更新文で変数 j の値を 1 を減らしています.条件式が満たされなくなると,制御は直後の STEP 3 へ進みます.

　次に STEP 2-1, STEP 2-2 を見てみましょう.

```
// [STEP 2-1]
s = s.multiply(s).mod(n);
// [STEP 2-2]
if (m.testBit(j)) s = s.multiply(a).mod(n);
```

　ここでは,アルゴリズムの説明で示された操作をそのまま Java で記述してます.解説は不要でしょう.

　最後に STEP 3 の説明です.

```
// [STEP 3]
return s;
```

ここでは,return 文により,変数 s の値を返値とし,メソッドの実行を終了しています.

以上が，バイナリー法のアルゴリズムの Java による実装の説明です．

■■■実行のためのプログラムの説明

次に，バイナリー法のアルゴリズムの Java による実装を実行するためのプログラムの説明を行います．プログラムをリスト 2.12 に示します．

リスト 2.12　バイナリー法の Java による実装を実行させるためのプログラム

```java
import java.math.BigInteger;

public class ModPowBinaryMain {
    public static void main(String[] argv) {
        // ---- select algorithm ----
        ModPowBinary modPowFunc = new ModPowBinary();
        // ---- check args ----
        if (argv.length != 3) return;
        BigInteger a = new BigInteger(argv[0]);
        BigInteger m = new BigInteger(argv[1]);
        BigInteger n = new BigInteger(argv[2]);
        if (m.signum() < 0 || n.signum() != 1) return;
        // ---- calc. ----
        BigInteger pow = modPowFunc.modPow(a, m, n);
        System.out.println(pow);
    }
}
```

このプログラムリストは，コマンドライン引数として与えられた三つの整数から，クラス ModPowBinary に定義されたメソッド modPow(BigInteger, BigInteger, BigInteger) を利用して，べき乗剰余を計算し，表示します．このプログラムリストは，リスト 2.2 に示した試行割り算法のアルゴリズムの Java による実装を実行するプログラムとほぼ同じ形となっていますので，解説は省略します．

2.5.2 　ウィンドウ法 (2^w-ary 法)

さて，バイナリー法を高速化することを考えてみましょう．2乗の計算を減らすことはできませんから，$S = Sa \bmod N$ に相当する部分の計算回数を減らすことを考えることになります．ソフトウェアを工夫して**計算速度を向上させるには，(多くの場合) 何かを犠牲にしなければなりません**．ここでは，メモリーを犠牲にして高速化します．

バイナリー法では，指数1ビットごとに計算していました．これを w ビット分まとめて計算すれば，乗算剰余計算の回数を，およそ $1/w$ にできるはずです．

そこで，べき乗剰余計算をやる前に，以下のようなデータテーブルを作成しておきます．これらのデータはメモリー上に置かれることになります．

$$a(k) = a^k \bmod N, \quad k = 1, 2, \cdots, 2^w - 1.$$

たとえば，$w = 3$ であれば，データテーブルは，

$$a(1) = a \bmod N, \quad a(2) = a^2 \bmod N, \quad a(3) = a^3 \bmod N,$$
$$a(4) = a^4 \bmod N, \quad a(5) = a^5 \bmod N, \quad a(6) = a^6 \bmod N,$$
$$a(7) = a^7 \bmod N$$

という $7(= 2^3 - 1)$ 個のデータから構成されることになります.

　ここでは, w は, n を割り切るものと仮定しておきます. 割り切れない場合は, 上位に 0 を付加して w の倍数として考えればよいので, これは本質的な仮定ではありません. m を w ビットごとに区切って $m = m[(n/w)-1]_w m[(n/w)-2]_w \cdots m[0]_w$ のように表現することにします. ここで, $m[j]_w$ は, w ビットの整数ですので, これを, **ウィンドウ**と呼び, w を**ウィンドウサイズ**と呼ぶことにしましょう.

　たとえば, $m = 1501$ のとき, そのバイナリー表現は, 010111011101 になりますので, これをウィンドウサイズ 3 のウィンドウに分解すると, **図 2.9** のようになり,

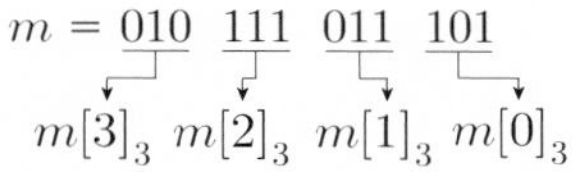

$$m = \underline{010}\ \underline{111}\ \underline{011}\ \underline{101}$$
$$m[3]_3\ m[2]_3\ m[1]_3\ m[0]_3$$

図 2.9　ウィンドウの例

$m[3]_3 = 010(= 2)$, $m[2]_3 = 111(= 7)$, $m[1]_3 = 011(= 3)$, $m[0]_3 = 101(= 5)$ となります.

　2^w-ary 法のアルゴリズムの説明に入りましょう. 妙な名前ですが, バイナリー法は, 2-ary 法 (2="bi" (バイリンガルの「バイ」)) に相当するといえば, 納得してもらえるでしょうか. バイナリー法をモノビット (monobit) 方式, 2^2-ary 法をダイビット (di-bit) 方式, 2^3-ary 法をトライビット (tri-bit) 方式などのように, ラテン語の接頭辞 (mono, di, tri, tetra, penta, hexa...) をつけて表すこともあります.

【2^w-ary 法】
　Input: a, N, m, w , **Output:** $S = a^m \bmod N$
　[STEP 1] $a(k) = a^k \bmod N (k = 1, 2, \cdots, 2^w - 1)$ を計算し, メモリに格納 (データテーブルの作成).
　$S = 1$, $j = (n/w) - 1$ とおく.
　[STEP 2] $j < 0$ であれば, S を出力して終了する.
　[STEP 3] $S = S^2 \bmod N$ を w 回実行する.
　[STEP 4] $m[j] \neq 0$ であれば, $S = Sa(m[j]_w) \bmod N$ を計算する.
　[STEP 5] $j = j - 1$ として, STEP 2 に戻る.

STEP 1 の部分で，データテーブルを作成していますが，作成に際しては，たとえば，次のアルゴリズムで計算するとよいでしょう．

【データテーブルの作成】

Input: a, N, w ，**Output:** $a(j) = a^j \bmod N (j = 0, 2, \cdots, 2^w - 1)$

[STEP 1] $a(0) = 1$，$k = 1$ とする．

[STEP 2] $k \geq 2^w$ であれば，$a(j)(j = 1, 2, \cdots, 2^w - 1)$ を出力して終了する．

[STEP 3] $a(k) = a(k-1) \times a \bmod N$

[STEP 4] $k = k + 1$ として，STEP 2 に戻る．

テーブルデータは，べき乗剰余計算を伴いますが，指数が小さい (w ビット) ため，高速な計算が可能となります．しかし，**w を大きく取ると，テーブルデータの一つ一つの計算時間が増大する上，データの個数が，$2^w - 1$ 個に増大するため，計算時間を無視できなくなる**ことに注意してください．この点については，Java による実装結果を見ていただければ，様子がわかると思います．

テーブルを格納するために，使用されるメモリー領域は，$(2^w - 1) \times n[\text{bit}]$ となります[*18]．STEP 3 の部分では，2 乗の操作を繰り返し w 回実行するので，$S = S^{2^w} \bmod N$ が計算されることになります．STEP 3，STEP 4 においては，$AB \bmod N$ の形の演算が行われることに注意しておきましょう．これは，コンピュータにとっては，多くの時間を必要とする処理ですので，この回数が，計算時間の大部分を占めると考えられます．ループ回数は，n/w 回ですが，$S = S^2 \bmod N$ の計算は，w 回実行しなければならないので，結局 $w \times n/w = n$ 回必要となります (回数は変わりません) が，テーブルデータとの乗算剰余計算は，最悪でも各ループにつき 1 回ですので，n/w 回で済みます．したがって，全体での剰余乗算の回数 $N(w, n)$ は，最悪の場合でも，

$$N(w, n) = (w + 1)n/w = (1 + 1/w)n$$

回で済みます．実際には，d のブロックのうち，0 になる場合の，1 を掛ける演算は不要ですので，平均的な実行回数は，w ビットブロックが 0 になる確率が，ほぼ，$1/2^w$ であることを考慮して，

$$N(w, n) = \left(1 + \frac{1}{w} \left(1 - \frac{1}{2^w} \right) \right) n$$

[*18] 通常の PC では，メモリー領域の不足は問題にならないことが多いのですが，IC カードのような僅かなメモリー領域しか持たないマイクロコンピュータの場合は，w の値はかなり制限されることがあります．

と評価されます．これを表にしておきましょう．

w	平均値	最大値
1	1.5	2
2	1.375	1.5
3	$31/24(=1.2916\cdots)$	$4/3(=1.33\cdots)$
4	1.234375	1.25
5	1.19375	1.2

続いて，2^w-ary 法のアルゴリズムを Java で実装してみましょう．

■■■ アルゴリズムの実装の説明

2^w-ary 法のアルゴリズムに基づきべき乗剰余計算を行うアルゴリズムの Java による実装を，リスト 2.13 に示します．

リスト **2.13** 2^w-ary 法の Java による実装

```java
import java.math.BigInteger;

public class ModPow2wary {
    public BigInteger modPow(BigInteger a, BigInteger m,
                             BigInteger n, int w) {
        if (m.signum() < 0 || n.signum() != 1
         || w <= 0 || w > Integer.SIZE)
            throw new IllegalArgumentException();

        // STEP 1
        final BigInteger[] as = new BigInteger[1 << w];
        as[0] = BigInteger.ONE;
        for (int k = 1; k < 1 << w; k++)
            as[k] = as[k - 1].multiply(a).mod(n);
        BigInteger s = BigInteger.ONE;
        for (int j = (m.bitLength() + w - 1) / w - 1; // STEP 1
             j >= 0; // SETP 2
             j--) { // STEP 5
            // STEP 3
            for (int i = 0; i < w; i++)
                s = s.multiply(s).mod(n);
            // STEP 4
            int mjw = 0;
            for (int i = w - 1; i >= 0; i--) {
                mjw <<= 1;
                if (m.testBit(j * w + i)) mjw |= 1;
            }
            s = s.multiply(as[mjw]).mod(n);
        }
        // STEP 2
        return s;
    }
}
```

このプログラムの解説を以下に示します．

まずプログラムの構造についてですが，これまでに紹介してきたアルゴリズムの Java による実装とほぼ同じです．クラス ModPow2wary の定義の中で，メソッド modPow(BigInteger, BigInteger, BigInteger, int) が定義されています．この

メソッドは4つの引数を取り，それぞれ順番に，a, m, n, w とすると，このメソッドは，2^w-ary アルゴリズムにより $a^m \bmod n$ をウィンドウサイズ w で計算します。

《メソッド modPow(BigInteger, BigInteger, BigInteger, int) の詳細》

次に，メソッド modPow(BigInteger, BigInteger, BigInteger, int) の詳細を見ていきましょう。

このメソッドの中では，クラス BigInteger が持つメソッドの中で，**表 2.11** に示すものを利用しています。このメソッドの実装も，引数の検査部分と実際に計算を行

表 2.11　2^w-ary 法のアルゴリズムの Java による実装中で使われる BigInteger クラスのメソッド・定数

積	BigInteger **multiply**(BigInteger val) this × val
mod	BigInteger **mod**(BigInteger val) this mod val
符号判定	int **signum**() $\begin{cases} \text{this} < 0 & : \quad -1 \\ \text{this} = 0 & : \quad 0 \\ \text{this} > 0 & : \quad 1 \end{cases}$
ビット長	int **bitLength**()
ビット検査	boolean **testBit**(int n)
1	ONE

う部分の二つの部分からなります。引数の検査部分では，変数 m が負，変数 n の値が非正，変数 n の値が負，変数 w の値が負か型 int の扱うことのできるビット数を超えるのいずれかが成立した場合，例外 IllegalArgumentException を送出し，メソッドの実行を停止します。

続いて，2^w-ary 法のアルゴリズムに基づき，べき乗剰余を実際に計算する部分の説明に移ります。これまで同様，アルゴリズムの説明における各ステップとの対応に基づき説明を進めていきます。

まず，STEP 1 を見ていきましょう。

```
// STEP 1
final BigInteger[] as = new BigInteger[1 << w];
as[0] = BigInteger.ONE;
for (int k = 1; k < 1 << w; k++)
    as[k] = as[k - 1].multiply(a).mod(n);
BigInteger s = BigInteger.ONE;
for (int j = (m.bitLength() + w - 1) / w - 1; // STEP 1
...
```

アルゴリズムの説明には，まず $a(k) = a^k \bmod N, (k = 1, 2, \cdots, 2^w - 1)$ を計算するとありますが，Java による実装では，配列 as を確保して各要素を初期化する処理と

して実現しています．配列の名前が a ではなく as となっているのは，変数 a はメソッ
ド modPow(BigInteger, BigInteger, BigInteger, int) の第 1 引数を参照する変
数として利用してしまっているためです．

　配列 as のインデックス k の範囲については，アルゴリズムの説明では 1 から $2^w - 1$
としていますが，$a(0) = a^0 \bmod N = 1$ として，インデックスの範囲を 0 から $2^w - 1$
としても一般性は失われないため，Java による実装では 0 もインデックスの範囲とし
ています．配列 as の要素数は 2^w 個となり，Java によるの実装では，これを 1 << w
と表しています．

　配列 as の要素の初期化については，

$$\begin{cases} a(0) = a^0 \bmod N = 1, \\ a(k) = a(k-1)a \bmod N (k = 1, 2, \cdots, 2^w - 1) \end{cases}$$

という関係が成り立つことを利用し，Java による実装では，まず as[0] を BigInteger
型の値 1 で初期化し，続く for 文で as[k] を as[k-1] の値を利用して初期化してい
ます．

　さらに，アルゴリズムの説明では，$S = 1, j = (n/w) - 1$ と置くとありますが，Java に
よる実装では，変数 s を BigInteger 型の値 1 で初期化し，変数 j を (m.bitLength()
+ w - 1) / w - 1 で初期化しています．

　変数 j は，アルゴリズムの説明における STEP 2 から STEP 5 での j の扱われ方や
制御の流れから，ループ変数であることがわかりますので，for 文の初期化文の箇所
で初期化しています．

　変数 j の初期化値として「ウィンドウの数 −1」を指定していますが，このウィンド
ウの数は，式 (m.bitLength() + w - 1) / w により計算しています．この式では，
メソッド呼び出し m.bitLength() により変数 m のビット数を獲得し，それに「ウィ
ンドウサイズ −1」である w-1 を加えた値を求め，その値をウィンドウサイズ w で割っ
た商を求めています．単純に，m.bitLength() / w としていないのは，変数 m のビッ
ト数がウィンドウサイズ w の倍数で無く，変数 m のバイナリー表現のビットの並びを
ウィンドウサイズごとに分割した場合に，ウィンドウサイズに満たず余ってしまう部
分を切り捨ててしまわないようにするためです．

　次に STEP 2 に進みます．

```
    for (...
        j >= 0; // SETP 2
        ...
    }
    // STEP 2
    return s;
```

for 文の条件式に j >= 0 を指定することで，変数 j の値が非負である間は，ループの本体，つまり STEP 3, STEP 4 に対応する部分の実行を繰り返します．条件が満たされなくなると，ループ直後の return 文により，変数 s の値を返し，メソッドの実行を終了します．

続いて STEP 3, STEP 4 を見ていきます．

```
// STEP 3
for (int i = 0; i < w; i++)
    s = s.multiply(s).mod(n);
// STEP 4
int mjw = 0;
for (int i = w - 1; i >= 0; i--) {
    mjw <<= 1;
    if (m.testBit(j * w + i)) mjw |= 1;
}
s = s.multiply(as[mjw]).mod(n);
```

ここでは，まず STEP 3 の $S = S^2 \bmod N$ に対応する s = s.multiply(s).mod(n) という文を，for 文により w 回実行しています．

続いて，Java による実装では，変数 mjw が登場しています．これは，アルゴリズムの説明における $m[j]_w$ に対応する変数です．クラス BigInteger は，値のバイナリー表現の特定の範囲を取り出すためのメソッドを持たないため，メソッド testBit(int) を利用して 1 ビットずつ取り出し，その値を利用して変数 mjw の値を構成しています．この 1 ビットずつ取り出す操作は，for 文のループにより実現されており，変数 m の (j + 1) * w - 1 ビット目から j * w ビット目までのビット列を取り出しています．

さらに，ここで取り出した mjw を利用し，アルゴリズムの説明における $S = Sa(m[j]_w) \bmod N$ に対応する文である s = s.multiply(as[mjw]).mod(n) を実行しています．

ここで，アルゴリズムの説明では，$m[j]_w = 0$ の場合は何もせず STEP 5 へ進むとしていますが，Java による実装では，変数 mjw の値が 0 の場合を特別扱いしていません．これは，STEP 1 で as[0] を BigInteger 型の値 1 で初期化したため，mjw = 0 の場合の s は，s = smjw mod n = s mod n となるためです．このように，特殊なケースを条件分けして処理するコードの代わりに，より一般的な形で簡潔なコードが書けるのであれば，多少効率が落ちるかもしれませんが，一般的なコードの方が良いかもしれません．コードがシンプルであるということは，理解がしやすいですし，コーディングミスも発生しにくくなるためです．

最後に STEP 5 です.

```
for (...
     j--) { // STEP 5
```

アルゴリズムの説明では, $j = j - 1$ とした後, SETP 2 に戻るとありますが, Java による実装では, これが for 文の更新文として指定された j-- に対応します.

以上が 2^w-ary 法のアルゴリズムの Java による実装の説明です.

■■ 実行のためのプログラムの説明

次に, 2^w-ary 法のアルゴリズムの Java による実装を, 実行するためのプログラムを紹介します. リスト 2.14 にプログラムリストを示します.

リスト 2.14　2^w-ary 法の Java による実装を実行させるためのプログラム

```
import java.math.BigInteger;

public class ModPow2waryMain {
    public static void main(String[] argv) {
        // ---- select algorithm ----
        ModPow2wary modPowFunc = new ModPow2wary();
        // ---- check args ----
        if (argv.length != 4) return;
        BigInteger a = new BigInteger(argv[0]);
        BigInteger m = new BigInteger(argv[1]);
        BigInteger n = new BigInteger(argv[2]);
        int w = Integer.valueOf(argv[3]);
        if (m.signum() < 0 || n.signum() != 1 || w < 1) return;
        // ---- calc. ----
        BigInteger pow = modPowFunc.modPow(a, m, n, w);
        System.out.println(pow);
    }
}
```

このプログラムは, リスト 2.12 に示した, バイナリー法のアルゴリズムの Java による実装を実行するプログラムとほぼ同じものとなっています. 違いは, 使用するアルゴリズムが ModPowBinary から ModPow2wary に変わった点と, ウィンドウサイズを指定するために四つ目のコマンドライン引数が導入され, それに関する処理が追加された点です.

2.5.3　スライディング・ウィンドウ法

2^k-ary 法の変形で, メモリ節約に優れたスライディング・ウィンドウ法 (sliding-window method, 参考文献 [16]) を紹介しておきましょう.

2^k-ary 法では, ビットブロックの幅 w に対し, テーブルを格納するのに必要なメモリサイズが, $2^w - 1$ 倍になります. スライディング・ウィンドウ法で必要なメモリサイズは, その (約) 半分になります.

アルゴリズムを示してから説明しましょう.

スライディング・ウィンドウ法では，最初に，データテーブル:

$$a(j) = a^j \bmod N (j = 1, 3, \cdots, 2^w - 1)$$

を計算しておきます．データテーブルは，奇数乗の値だけからできています．$a^8 \bmod N$ のようなものはありません.

データテーブルは，以下のアルゴリズムで作成します.

【データテーブルの作成】

Input: a, N, w , **Output:** $a(j) = a^j \bmod N (j = 1, 3, \cdots, 2^w - 1)$

[**STEP 1**] $a(1) = a \bmod N$, $b = a^2 \bmod N$, $j = 1$.

[**STEP 2**] $j \geq 2^{w-1}$ であれば，$a(1)$, $a(3)$, $\cdots$, $a(2^w - 1)$ を出力して終了する.

[**STEP 3**] $a(2j + 1) = a(2j - 1) * b \bmod N$ を計算し，$j = j + 1$ として，STEP 2 に戻る.

データテーブルを準備した上で，以下のアルゴリズムに従った計算を行います.

【スライディング・ウィンドウ法】

Input: a, $m = (m[n-1]m[n-2]\cdots m[0])_2$ $(m[n-1] = 1)$, N, w,

Output: $S = a^m \bmod N$

[**STEP 1**] $S = 1$, $j = n - 1$ とする.

[**STEP 2**] $j < 0$ であれば，S を出力して終了する.

[**STEP 3**] もし，$m[j] = 0$ であれば，$S = S^2 \bmod N$ を計算し，$j = j - 1$ として，STEP 2 に戻る.

$m[j] \neq 0$ であれば，$j - l + 1 \leq w$ かつ $m[l] = 1$ であるような最長のビット列 $m[j]m[j-1]\cdots m[l]$ に対し，

$$S = S^{2^{j-l+1}} a((m[j]m[j-1]\cdots m[l])_2) \bmod N$$

を計算し，$j = l - 1$ として，STEP 2 に戻る.

これだけでは何をやっているかつかみにくいので，具体例を挙げましょう.

$$S = a^{2405} \bmod N$$

をウィンドウサイズ 4 $(w = 4)$ のスライディング・ウィンドウ法で計算してみます.

ちょっと長くなりますが，お付き合いください．

指数 $m = 2405$ のバイナリー表現は，100101100101 となります．

S の初期値を $S = 1$，$j = 11$（m のビット数 n は 12）とします．

指数を上位から読んでいきます．最上位は，1で，次に1が出てくるまでに3ビットありますので，$l = 11 - 4 + 1 = 8$ となり，"1001"（=9）に対して，テーブルから，$a(9) = a^9 \bmod N$ を読み出して，

$$S = S^{2^{11-8+1}} a(9) \bmod N = a^9 \bmod N$$

とし，$j = 8 - 1 = 7$ とします．次は0ですので，

$$S = S^2 \bmod N = a^{18} \bmod N$$

を計算し，$j = 7 - 1 = 6$ とします．次のビットは1になりますが，続く2ビット，3ビットを読むと，最下位のビットが0になっていますので $l = 5$ になります．そこで，続く1ビットまでの "11"（=3）に対し，テーブルから $a(3) = a^3 \bmod N$ を読み出して，

$$S = S^{2^{4-3+1}} a(3) \bmod N = a^{75} \bmod N$$

となります．この段階で，$j = l - 1 = 5 - 1 = 4$ となり，今度は，2回0が続くので，

$$S = (S^2)^2 \bmod N = a^{300} \bmod N$$

を計算し，$j = 4 - 2 = 2$ とします．続く3ビットは，"101"（=5）なので，

$$S = S^{2^{2-0+1}} a(5) \bmod N = a^{2405} \bmod N$$

が得られます．$j = 2 - 3 = -1 < 0$ となるのでここで処理は終わりになります．

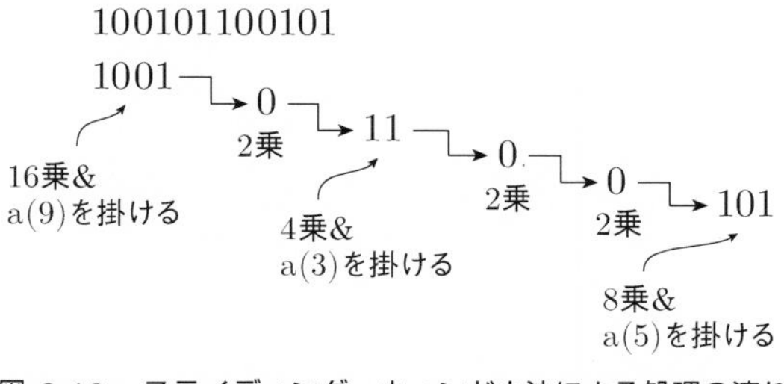

図 2.10　スライディング・ウィンドウ法による処理の流れ

2^4-ary 法の場合は，4ビットごとに区切っていましたが，この方法では，**図 2.10** のように，0のところで，ウィンドウの位置がずれるので，スライディング・ウィンドウ法の名があるようです．

では次に，スライディング・ウィンドウ法のアルゴリズムの Java による実装を見て行きましょう．

■■■アルゴリズムの実装の説明

　スライディング・ウィンドウ法のアルゴリズムを Java で実装したものを，リスト 2.15 に示します．

リスト 2.15　スライディング・ウィンドウ法の Java による実装

```java
import java.math.BigInteger;

public class ModPowSlidingWindow {
    public BigInteger modPow(BigInteger a, BigInteger m,
                            BigInteger n, int w) {
        if (m.signum() < 0 || n.signum() != 1 ||
            w <= 0 || w > Integer.SIZE)
            throw new IllegalArgumentException();

        BigInteger[] at = this.newTable(a, n, w);
        // STEP 1
        BigInteger s = BigInteger.ONE;
        for (int j = m.bitLength() - 1; // STEP 1
             j >= 0; // STEP 2
             ) {
            // STEP 3
            if (!m.testBit(j)) {
                s = s.multiply(s).mod(n);
                j--;
            } else {
                int l;
                for (l = Math.max(j - w + 1, 0); j > l; l++)
                    if (m.testBit(l)) break;
                int mjl = 0;
                for (int i = j; i >= l; i--) {
                    mjl <<= 1;
                    if (m.testBit(i)) mjl |= 1;
                    s = s.multiply(s).mod(n);
                }
                s = s.multiply(at[mjl >> 1]).mod(n);
                j = l - 1;
            }
        }
        return s; // STEP 2
    }

    private BigInteger[] newTable(BigInteger a, BigInteger n,
                                 int w) {
        // STEP 1
        BigInteger[] at = new BigInteger[1 << (w - 1)];
        at[0] = a.mod(n);
        BigInteger at2 = a.multiply(a).mod(n);
        for (int j = 1; // STEP 1
             j < 1 << (w - 1); // STEP 2
             j++) { // STEP 3
            // STEP 3
            at[j] = at[j - 1].multiply(at2).mod(n);
        }
        return at; // STEP 2
    }
}
```

　以下では，このプログラムの構造と，実装の詳細について説明を行います．

《プログラムの構造》

まずは，このプログラムの構造を見てみましょう．

```java
import java.math.BigInteger;
public class ModPowSlidingWindow {
    public BigInteger modPow(BigInteger a, BigInteger m,
                             BigInteger n, int w) {
 ...
    }

    private BigInteger[] newTable(BigInteger a, BigInteger n,
                                  int w) {
 ...
    }
}
```

このクラスは，1行目でクラス java.math.BigInteger のインポートを宣言し，残りの部分でクラス ModPowSlidingWindow を定義しています．このクラスには，二つのメソッドが定義されています．一つは modPow という名前で，BigInteger 型の引数を三つと int 型の引数を一つ取り，ウィンドウサイズを指定して，べき乗剰余計算を行うものです．もう一つは，newTable という名前で，BigInteger 型の引数を二つ，int 型の引数を一つ取り，データテーブルを作成するものです．メソッド newTable(BigInteger, BigInteger) は隠蔽されており，クラス ModPowSlidingWindow の中からのみ，呼び出しが可能となっています．

次に，実装の詳細を見て行きましょう．以下では，メソッド newTable，メソッド ModPowSlidingWindow の順に解説を進めて行きます．これまでと同様に，アルゴリズムの説明にある各ステップとの対応に基づき，説明を行います．

まずは，メソッド newTable を見てみましょう．このメソッドの中で使われるクラス BigInteger のメソッドは，**表 2.12** に示される通りです．

表 2.12 スライディング・ウィンドウ法のテーブル作成アルゴリズムの Java による実装中で使われる BigInteger クラスのメソッド・定数

積	BigInteger **multiply**(BigInteger val) this × val
mod	BigInteger **mod**(BigInteger val) this mod val

まずは STEP 1 です．

```java
        // STEP 1
        BigInteger[] at = new BigInteger[1 << (w - 1)];
        at[0] = a.mod(n);
        BigInteger at2 = a.multiply(a).mod(n);
        for (int j = 1; // STEP 1
            ...
```

　まず，アルゴリズムの説明における a に対応する BigInteger 型の配列を確保し，変数 at を初期化しています．この配列は，

$$\mathrm{at}[k] = a(2k + 1) \quad \text{for} \quad k \in \{0, 1, \cdots, 2^{w-1} - 1\}$$

を満たすように，対応づけています．したがって，配列 at の要素数は，2^{w-1}，つまり 1 << (w-1) 個となります．

　続いて，アルゴリズムの説明における，$a(1) = a \bmod N, a(2) = a^2 \bmod N$ に対応した処理として，Java による実装では at[0] と変数 at2 を初期化しています．配列 at は a の奇数番目の要素だけを詰めて保持することにしましたので，$a(2)$ を格納することができません．そのため $a(2)$ の値を保持するために，変数 at2 を利用しています．

　さらに，アルゴリズムの説明では $j = 1$ としていますが，j はループ変数となりますので，Java による実装では，for 文の初期化文として指定しています．

　次に STEP 2 に進みます．

```
    for (...
         j < 1 << (w - 1); // STEP 2
         ... ) {
...
    }
    return at; // STEP 2
```

ここでは，$j < 2^{w-1}$ である間，for 文の中身である，STEP 3 に対応する部分を繰り返し実行します．この条件は，Java による実装では，j < 1 << (w - 1) として表され，for 文の条件式として指定されています．この条件が満たされなくなると，ループから抜け出し，直後の return 文により，配列 at を返します．

　最後に SETP 3 について説明します．

```
    for (...
         j++) { // STEP 3
         // STEP 3
         at[j] = at[j - 1].multiply(at2).mod(n);
    }
}
```

　アルゴリズムの説明では，$a(2j + 1) = a(2j - 1)a(2) \bmod N$ を計算するとしていますが，Java による実装では，at[j] = at[j - 1].multiply(at2).mod(n) という処理をしています．これらの違いは，配列 at は，a のインデックスが奇数である要素だけを保存することとしたこと，$a(2)$ に対応する値を配列 at ではなく変数 a2 へ保存するとしたために生じます．アルゴリズムの説明では，さらに $j = j + 1$ という計算を

行い STEP 2 に戻るとしていますが，Java による実装では，これは for 文の更新文として指定された j++ に対応しています．

以上がデータテーブル作成アルゴリズムの Java による実装の説明です．

次に，スライディング・ウィンドウ法による，べき乗剰余計算のアルゴリズムの実装を説明します．このメソッドの中で使われるクラス BigInteger のメソッドは，**表 2.13** に示される通りです．

表 2.13 スライディング・ウィンドウ法のアルゴリズムの Java による実装中で使われる BigInteger クラスのメソッド・定数

積	BigInteger **multiply**(BigInteger val) this × val
mod	BigInteger **mod**(BigInteger val) this mod val
符号判定	int **signum**() $\begin{cases} this < 0 & : & -1 \\ this = 0 & : & 0 \\ this > 0 & : & 1 \end{cases}$
ビット長	int **bitLength**()
ビット検査	boolean **testBit**(int n)
1	**ONE**

このメソッドも，大きく二つの部分に別れており，それぞれ引数を検査する部分と実際に計算を行う部分となっています．引数を検査する部分は，これまでに示してきた，いくつかのべき乗剰余計算のアルゴリズムのものと共通ですので，説明は省略して先に進みます．

実際の計算を行う部分の説明は，アルゴリズムの説明に示した各ステップとの対応に基づき説明を進めていきます．

まず，STEP 1 の説明の前に，プログラムリストでは，データテーブルを作成しています．

```
BigInteger[] at = this.newTable(a, n, w);
```

前に説明したメソッド newtable(BigInteger, BigInteger, int) を呼び出しテーブルを作成し，変数 at を初期化しています．

次に STEP 1 に移ります．

```
// STEP 1
BigInteger s = BigInteger.ONE;
for (int j = m.bitLength() - 1; // STEP 1
    ...
```

　アルゴリズムの説明では $S = 1$ としていましたが，Java による実装では変数 s を
BigInteger 型の値 1 で初期化しています．さらに，j は，ループ変数 j として for 文
の初期化文の箇所で初期化されています．ここでは n の代わりに，変数 m を通してメ
ソッド bitLength() を呼び出すことで，変数 m の値のビット長を得ています．
　次に，STEP 2 を見ていきます．

```
for (...
     j >= 0; // STEP 2
     ...
}
return s; // STEP 2
```

　ここでは，for 文の条件式として変数 j の値を与えており，j >= 0 が満たされてい
る間，STEP 3 に対応するループの中身の実行を繰り返します．条件が満たされなく
なった場合，ループから抜け出し，直後の return 文で，変数 s の値を返し，メソッ
ドの実行を終了します．
　最後に，STEP 3 の説明を行います．

```
// STEP 3
if (!m.testBit(j)) {
    s = s.multiply(s).mod(n);
    j--;
} else {
    int l;
    for (l = Math.max(j - w + 1, 0); j > l; l++)
        if (m.testBit(l)) break;
    int mjl = 0;
    for (int i = j; i >= l; i--) {
        mjl <<= 1;
        if (m.testBit(i)) mjl |= 1;
        s = s.multiply(s).mod(n);
    }
    s = s.multiply(at[mjl >> 1]).mod(n);
    j = l - 1;
}
```

　まず，アルゴリズムの説明では，$m[j]$ が 0 か 1 かに応じて処理が振り分けられていま
す．Java による実装では，これが，if 文として実装されています．$m[j]$ は，m の第 j
ビットの値の参照を表していますが，これは，変数 m を通したメソッド testBit(int)
の呼び出しとして実現されています．
　アルゴリズムの説明での $m[j] = 0$ の場合の処理が，if 文の最初の {...} に対応し
ています．ここでは，アルゴリズムの説明に示された操作を，そのまま BigInteger
の持つメソッド呼び出し等で実現しています．
　続く else 以降には，$m[j] \neq 0$ の場合に対応する処理が記述されています．そこで

はまず，一つ目の for 文で，アルゴリズムの説明にある，$j - l + 1 \leq w$ かつ $m[l] = 1$ であるような最長のビット列の範囲を求めています．$j - w + 1$ は，変数 m のバイナリー表現における j 番目のビットより，ウィンドウサイズ分右の位置を指しており，その位置が負にならないように，つまり，変数 m のバイナリー表現の範囲からはみ出ることのないように，クラス Math に定義されたスタティックメソッド int max(int,int) を利用しています．この for 文のループの中身は，変数 m をバイナリー表現した場合の第 1 番目のビットを検査し，ビットが 1 である場合はループから脱出しています．

次に，二つ目のループでは，$(m[j]m[j-1]\ldots m[l])_2$ に対応する値を変数 mjl へ取り出し，同時に $S = S^{2^{j-l+1}} \bmod N$ の計算に対応する処理をしています．

その後，$S = Sa(m[j]m[j-1]\ldots m[l])_2 \bmod N$ に対応する計算を行い，変数 j の値を更新しています．

以上が，スライディング・ウィンドウ法のアルゴリズムの Java による実装の説明です．

■■■実行のためのプログラムの説明

次に，スライディング・ウィンドウ法のアルゴリズムの Java による実装を，実行するためのプログラムを紹介します．プログラムリストを，リスト 2.17 に示します．

リスト 2.16　スライディング・ウィンドウ法の Java による実装を実行させるためのプログラム

```java
import java.math.BigInteger;

public class ModPowSlidingWindowMain {
    public static void main(String[] argv) {
        // ---- select algorithm ----
        ModPowSlidingWindow modPowFunc =
            new ModPowSlidingWindow();
        // ---- check args ----
        if (argv.length != 4) return;
        BigInteger a = new BigInteger(argv[0]);
        BigInteger m = new BigInteger(argv[1]);
        BigInteger n = new BigInteger(argv[2]);
        int w = Integer.valueOf(argv[3]);
        if (m.signum() < 0 || n.signum() != 1 ||
            w <= 0 || w > Integer.SIZE)
            return;
        // ---- calc. ModPow ----
        BigInteger pow = modPowFunc.modPow(a, m, n, w);
        System.out.println(pow);
    }
}
```

このプログラムは，リスト 2.14 に示した，2^w-ary 法のアルゴリズムの Java による実装を実行するプログラムとほぼ同じものとなっています．違いは，使用するアルゴリズムが ModPow2waray から ModPowSlidingWindow に変更された点のみです．

2.5.4 べき乗剰余計算の速度比較

これまでに，バイナリー法，2^w-ary 法，スライディング・ウィンドウ法という三つのべき乗剰余計算のためのアルゴリズムを紹介してきました．ここでは，これらのアルゴリズムの Java による実装の実行時間を比較します．以下では，

- 計算時間の計測
- プログラムの解説
- 計算時間の比較

の順に説明をします．

■■■計算時間の計測

まずは，各アルゴリズムの Java による実装を動かし，実行に要する時間を計測してみましょう．これまでに紹介してきた，アルゴリズムの実行を確かめるプログラム（○○ Main.java）では，1 回の計算ごとにプログラムが終了し，計算時間の計測には向いていないため，代わりにリスト 2.17 に示すプログラムを利用します．

リスト **2.17** べき乗剰余計算のアルゴリズムの実行時間の計測

```java
import java.math.BigInteger;
import java.security.SecureRandom;

public class RunModPow {
    public static void main(String[] argv) {
        // ---- select algorithm ----
        ModPowSlidingWindow modPowFunc =
            new ModPowSlidingWindow();
        // ---- check args ----
        if (argv.length != 3) return;
        int bitcount = Integer.valueOf(argv[0]);
        int datacount = Integer.valueOf(argv[1]);
        int w = Integer.valueOf(argv[2]);
        if (bitcount <= 0 || datacount <= 0 || w <= 0) return;
        // ---- generate random numbers ----
        BigInteger[] randoms = new BigInteger[datacount + 2];
        SecureRandom r = new SecureRandom();
        for (int i = 0; i < randoms.length;) {
            BigInteger v = new BigInteger(bitcount, r);
            if (v.signum() != 0) randoms[i++] = v;
        }
        // ---- measure execution time -----
        long t = Long.MAX_VALUE;
        for (int j = 0; j < 10; j++) {
            long t1 = System.currentTimeMillis();
            for (int i = 0; i < datacount; i++)
                modPowFunc.modPow(randoms[i], randoms[i + 1],
                                  randoms[i + 2], w);
            long t2 = System.currentTimeMillis();
            long d = t2 - t1; if (d < t) t = d;
            System.out.print(" " + d);
        }
```

```
        System.out.println(" : " + t);
    }
}
```

このプログラムは大量の乱数を生成し，それらの値に対してべき乗剰余を計算させ，計算に費やした時間を計測し表示します．このプログラムに関する説明は後で行うことにして，まずは動作を確認してみましょう．

コンパイル・実行の例を図 2.11 に示します．この図では，スライディング・ウィ

```
$ ls
ModPowSlidingWindow.java RunModPow.java
$ javac ModPowSlidingWindow.java RunModPow.java
$ ls
ModPowSlidingWindow.class        RunModPow.class
ModPowSlidingWindow.java         RunModPow.java
$ java RunModPow 2048 10 6
 7455 7148 7210 7958 7283 8412 7167 7707 7366 8991 : 7148
$
```

図 2.11　べき乗剰余計算時間計測プログラムのコンパイル・実行例

ンドウ法のアルゴリズムの Java による実装であるクラス ModPowSlidingWindow を利用して，べき乗剰余計算を行っています．これらの手順は，2.3 節で示した最大公約数の計算の実行手順と同じですので，ここでは簡単な説明に留めます．

まず，ファイル ModPowSlidingWindow.java, ModPow.java に，それぞれ，クラス ModPowSlidingWindow, ModPow のソースコードを保存します．

次に，コマンド javac を使い，これらのファイルをコンパイルします．コンパイルが成功した場合，二つのクラスファイル ModPowSlidingWindow.class, ModPow.class が生成されます．

プログラムの実行には，コマンド java を使います．図に示したように，コマンドライン引数として，実行するクラスの名前 (RunModPow) に続けて三つの整数 (2048，10，6) を指定します．これらの値は，それぞれ，乱数のビット数，計算回数，ウィンドウサイズの指定となっています．つまり，図で示した例では，2048 ビットの乱数の組 (a, m, n) を 10 組生成し，それぞれの組に対し，ウィンドウサイズを 6 ビットとし，スライディング・ウィンドウ法のアルゴリズムの Java による実装を利用し，べき乗剰余計算 $a^m \bmod n$ を計算しています．

このプログラムを実行すると，乱数の組それぞれに対してべき乗剰余計算を行い，計算に要する時間を表示するという動作を 10 回繰り返し，最後に最短計算時間を表示します．図に示した例では，最短計算時間が 7.148 秒であることがわかります．

■■■プログラムの解説

　次にプログラムの説明に移ります．リスト 2.18 をご覧下さい．このプログラムリストは，2.3.3 項で紹介した，最大公約数の計算時間を計測するためのプログラム (リスト 2.5) と大きな違いはありませんので，詳しい解説は省略します．

　まず，アルゴリズムの選択部分では，べき乗剰余計算のアルゴリズムを Java で実装したクラスのインスタンスを作成し変数 modPowFunc を初期化しています．図では，スライディング・ウィンドウ法のアルゴリズムの Java による実装である，クラス ModPowSlidingWindow を利用していますが，代わりにクラス ModPowBinary，ModPow2wary を指定することで，それぞれ，バイナリー法，2^w-ary 法のアルゴリズムの Java による実装の実行時間を計測することができます．

　次に，引数の検査部分ですが，ウィンドウサイズの指定のための引数が一つ増え，それに対する処理が追加されています．ウィンドウサイズは変数 w に保存されます．

　続いて，乱数生成部分では，生成する乱数の数を datacount + 2 としています．べき乗剰余計算のために，1 回の計算につき三つの乱数を必要としますが，これを，配列 randoms の隣り合う三つの要素，つまり $i, i+1, i+2$ 番目の要素を選択することで，確保しています．このような選択方法で乱数を datacount 組確保するためには，datacount + 2 の要素が必要となります．

　最後に，実行時間を計測する部分です．ここでは，変数 modPowFunc に保存されたクラス ModPowSlidingWindow のインスタンスを通して，メソッド modPow(BigInteger，BigInteger，BigInteger，int) を呼びだしています．アルゴリズムの選択部分で，クラス ModPowBinary を利用するように指定した場合は，ウィンドウサイズの指定のないメソッド modPow(BigInteger，BigInteger，BigInteger) を呼びだすように修正する必要があります．

　以上が，べき乗剰余計算を行うアルゴリズムの実行時間を計測するプログラムの説明です．

■■■計算時間の比較

　表 2.14 をご覧下さい．これは，以下のアルゴリズムの実行速度を計測した結果です．

- バイナリー法 (クラス ModPowBianry)
- 2^w-ary 法 (クラス ModPow2wary)
- スライディング・ウィンドウ法 (クラス ModPowSlidingWindow)
- クラス BigInteger のメソッド modPow(BigInteger，BigIntger)

表 2.14　べき乗剰余の計算時間の比較

		データのビット数							
		512	1024	1536	2048	2560	3072	3584	4096
	BigInteger	184	1279	4101	9450	18086	48538	59613	72178
	バイナリー法	423	2832	9058	20889	40224	108445	132967	160982
2^w-ary法	$w=1$	434	2867	9140	21035	40441	108778	133399	161532
	$w=2$	391	2605	8326	19191	36929	99568	121950	147736
	$w=3$	368	2450	7831	18040	34759	93434	114621	138725
	$w=4$	355	2351	7504	17315	33236	89495	109631	132705
	$w=5$	<u>352</u>	<u>2304</u>	7323	16819	32298	86884	106454	128801
	$w=6$	362	2308	<u>7264</u>	<u>16603</u>	<u>31845</u>	85424	104457	126380
	$w=7$	390	2383	7400	16743	31937	<u>85079</u>	<u>104015</u>	<u>125654</u>
	$w=8$	451	2578	7781	17343	32781	86446	105408	127050
スライディング・ウィンドウ法	$w=1$	423	2831	9062	20892	40227	108505	133120	161236
	$w=2$	377	2519	8070	18564	35790	96457	118209	143068
	$w=3$	355	2364	7559	17436	33589	90446	110867	134133
	$w=4$	342	2275	7283	16748	32276	86847	106539	128902
	$w=5$	<u>336</u>	2229	7106	16329	31446	84590	103662	125418
	$w=6$	338	<u>2211</u>	<u>7023</u>	16104	30946	83148	101934	123271
	$w=7$	348	2232	7033	<u>16065</u>	<u>30801</u>	<u>82541</u>	<u>101044</u>	<u>122150</u>
	$w=8$	381	2322	7202	16312	31099	82847	101309	122391

データのビット数は 512 から 4096 まで 512 刻みでとり，また，2^w-ary 法とスライディング・ウィンドウ法については，ウィンドウサイズを 1 から 8 と変化させ，計算時間を計測しています．乱数の組の数は 50，つまり，50 回のべき乗剰余計算の計算時間の測定となります．単位はミリ秒です．また，表 2.14 の，2^w-ary 法，スライディング・ウィンドウ法の欄の計算時間の値に，下線が引かれているものがありますが，これは，ビット数を固定し，ウィンドウサイズを変化させた場合に，計算時間が最短のものを示しています．

　では，各アルゴリズムの Java による実装の実行時間を詳しく見て行きましょう．まずは，すべてのアルゴリズムの実行速度を比較してみましょう．遅い順に，バイナリー法，2^w-ary 法，スライディング・ウィンドウ法となっています．バイナリー法よりも，2^w-ary 法，スライディング・ウィンドウ法が高速なのは，アルゴリズムの説明で述べた通り，$S = Sa \bmod N$ に相当する計算の回数が減少しているためです．また，2^w-ary 法よりもスライディング・ウィンドウ法が若干高速なのは，Java による実装のコードの違いによるものであり，本質的な理由はありません．

　クラス BigInteger のメソッド modPow(BigInteger, BigInteger) が格段に高速な理由は，第 2.5 節で説明した最大公約数の計算の場合と同じように，隠蔽されたメソッドやクラスを利用して，効率的に計算を行っているためなのです．

　次に，2^w-ary 法，スライディング・ウィンドウ法の計算時間をみてみます．どちらのアルゴリズムも，データのビット数を固定して見た場合，ウィンドウサイズが小さい間は，サイズを大きくとるにつれ計算速度も高速になっていきます．これも，アルゴリズムの説明で述べた通り，$S = Sa \bmod N$ に相当する計算の回数が減少することが原因です．さらにウィンドウサイズを大きくしていくと，ある値を境に計算速度が低下していきます．これは，$S = Sa \bmod N$ に相当する計算の回数は減少するものの，テーブル作成の手間の方が大きくなってしまったためです．

　また，どちらのアルゴリズムも，ウィンドウサイズが1の場合，バイナリー法より若干計算に時間がかかる場合があります．ウィンドウサイズが1の場合，どちらのアルゴリズムもバイナリー法と同じアルゴリズムとなるので，実行速度も同じになるのではないかと考えるかもしれません．その考えに間違いはありませんが，どちらのアルゴリズムの実装もウィンドウサイズを引数として取るメソッドであり，ウィンドウサイズがどんな値であっても計算結果を返すような実装になっています．ウィンドウサイズとして常に1を指定するからといって，このメソッドがウィンドウサイズが常に1であることを前提としたメソッド，つまりバイナリー法のアルゴリズムのJavaによる実装と同じものに自動的に変換されるわけではありません．ウィンドウサイズがどんな値でも計算結果を返すように書かれた分のオーバーヘッドが，2^w-ary 法，スライディング・ウィンドウ法を，バイナリー法よりも遅くしているのです．

2.6　中国人剰余定理を用いた高速化

　前節では，べき乗剰余計算を高速化するいくつかの方法を見てきました．しかし，いずれも，公開モジュラス N の素因数 p, q の情報を何も使っていませんね．ここでは，p, q の情報を利用して RSA 暗号の (署名) 処理を高速化する方法を紹介します．

　p, q を利用するために，中国人剰余定理 (Chinese Remainder Theorem，以下 CRT と略記します) を利用します．

【CRT】

$\gcd(m, n) = 1$ のとき，任意の整数 C に対し，$C_m \equiv C (\mod m)$, $C_n \equiv C (\mod n)$ となる $0 \leq C \leq mn - 1$ が，一つ定まり，

$$C = \{v(C_n - C_m)(\mod n)\}m + C_m \tag{2.10}$$

と書ける．ここで，$v = m^{-1} \mod n$ である．ここで，$v(C_n - C_m)(\mod n)$ の部分は，法 n で計算し，負の場合は，正の値に修正したものとする．この計算は，しばしば再結合計算 (CRT-recombination) と呼ばれる．

CRT を使った計算例を挙げてみます．

$C \mod 11 = 5$, $C \mod 17 = 7$ となる整数 C で，$0 \leq C \leq 11 \times 17 = 187$ の範囲にあるものを求めてみましょう．

$$v = 11^{-1} \mod 17 = 14$$

なので，CRT を当てはめると

$$C = \{14 \times (7 - 5)(\mod 17)\} \times 11 + 5$$
$$= 11 \times 11 + 5 = 126$$

となる．確かに，$126 \mod 11 = 5$, $126 \mod 17 = 7$ になっています．

CRT を用いた RSA 暗号の復号 (署名) 処理の流れを図示すると，**図 2.12** のようになります．

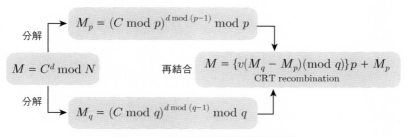

図 2.12　**CRT** による復号 (署名) 処理

アルゴリズムの形で書いておきましょう．

【CRT を用いた復号 (署名) アルゴリズム】

    Input: C, p, q,
$d_p(= d \bmod (p-1))$, $d_q(= d \bmod (q-1))$, $v = p^{-1} \bmod q$,
    Output: $M = C^d \bmod N$, $(N = pq)$
    [STEP 1]

$$C_p = C \bmod p,$$
$$C_q = C \bmod q,$$

を計算する.
    [STEP 2] バイナリー法などを用いて,

$$M_p = C_p^{d_p} \bmod p,$$
$$M_q = C_q^{d_q} \bmod q,$$

を計算する.
    [STEP 3]

$$V = v(M_q - M_p) \bmod q$$

を計算する. 値は, 負になったら q の倍数を加え, $0 \leq V < q$ となるように
取る.
    [STEP 4] $M = Vp + M_p$ を計算し, 出力する.

実際に計算がうまくいっていることを確かめておきましょう. RSA 暗号の仕組みを
説明したときに用いた例をもう一度見てみます.

$p = 7$, $q = 11$, $e = 7$, $d = 13$ のとき, メッセージ $M = 17$ を公開鍵で暗号化した
結果は,

$$C = 17^7 \bmod 77 = 52$$

でした. C を秘密鍵で復号した結果は, もちろん 17 になるはずです. 図 2.12 に従っ
て計算してみましょう.

$$d_p = d \bmod (p-1) = 13 \bmod 6 = 1,$$
$$d_q = d \bmod (q-1) = 13 \bmod 10 = 3,$$
$$v = p^{-1} \bmod q = 7^{-1} \bmod 11 = 8$$

となるので,

$$C_p = C \bmod p = 52 \bmod 7 = 3,$$
$$C_q = C \bmod q = 52 \bmod 11 = 8,$$
$$M_p = (C \bmod p)^{d \bmod (p-1)} \bmod p = 3^1 \bmod 7 = 3,$$
$$M_q = (C \bmod q)^{d \bmod (q-1)} \bmod q = 8^3 \bmod 11 = 6$$

となります.

$$V = 8 \times (6 - 3) \bmod 11 = 2$$

となるので,結果は,

$$2 \times 7 + 3 = 17$$

とり,確かに元の M に戻っていることがわかります.

■■■ CRT で高速計算ができる理由

CRT で高速化ができる理由について,簡単に説明しておきましょう.

バイナリー法でのべき乗剰余計算を考えてみます.

バイナリー法での処理は,平均的に,

$$(AB \bmod N) \text{ の処理時間} \times \text{指数のビット長}$$

に比例すると考えられます.

以下,データ D のビット長を $\mathrm{Len}(D)$ と書くことにしましょう.

$(AB \bmod N)$ の処理時間は,実装してみるまで,はっきりしたことは言えませんが,およそ $\mathrm{Len}(N)$ の 2 乗くらいの増え方をするはずです (実際にはぴったりというわけではありません.どの程度合っているかは,実装結果を見てのお楽しみ).CRT に出てくるべき乗剰余計算:

$$M_p = (C \bmod p)^{d \bmod (p-1)} \bmod p$$
$$M_q = (C \bmod q)^{d \bmod (q-1)} \bmod q$$

は,$\mathrm{Len}(p) \sim \mathrm{Len}(q) \sim \mathrm{Len}(N)/2$ で,$\mathrm{Len}(d \bmod (p-1)) \sim \mathrm{Len}(d \bmod (q-1)) \sim \mathrm{Len}(d)/2$ であることから,それぞれ,元のべき乗剰余計算の 1/8 位の計算量だということがわかります.これを認めれば,1/8 の計算量のべき乗剰余計算が 2 個あるのですから,CRT におけるべき乗剰余計算の計算量は,元の $1/8 + 1/8 = 1/4$ ということになります.

CRT の全計算量には,再結合計算などが含まれますので,計算時間が 1/4 になるわけではありません.しかし,べき乗剰余計算がかなりヘビーな処理であることを考えると,再結合計算の処理時間を含めても高速な処理ができることがわかります.

　CRT を利用するためには，「N の素因数 p, q」という「情報」を利用しなければならないことに注意してください．この結果，N の素因数がわからない暗号化処理には利用できないわけです．2^w-ary 法による高速化でメモリーが犠牲になったように，CRT では，暗号化処理が犠牲になったわけです．なにごとも犠牲なしには成しえないということですね.

　では，ここで紹介したアルゴリズムを Java で実装してみましょう.

　以下では,

- アルゴリズムの実装の説明
- プログラムの動作確認

の順に，説明を進めて行きます.

■■■アルゴリズムの実装の説明

　CRT を利用した復号アルゴリズムを Java で実装したものを，リスト 2.18 に示します.

リスト 2.18　CRT を利用した復号アルゴリズムの Java による実装

```java
import java.math.BigInteger;

public class SignWithCRT {
    public BigInteger sign(BigInteger c,
                           BigInteger p, BigInteger q,
                           BigInteger dp, BigInteger dq,
                           BigInteger v) {
        ModPowBinary modpowFunc = new ModPowBinary();
        // STEP 1
        BigInteger cp = c.mod(p);
        BigInteger cq = c.mod(q);
        // STEP 2
        BigInteger mp = modpowFunc.modPow(cp, dp, p);
        BigInteger mq = modpowFunc.modPow(cq, dq, q);
        // STEP 3
        BigInteger vv = v.multiply(mq.subtract(mp)).mod(q);
        // STEP 4
        return vv.multiply(p).add(mp);
    }
}
```

　このプログラムは，SignWithCRT という名前のクラス定義からなります．このクラスは，sign という名前で，BigInteger 型の引数を六つ取るメソッドを一つ持ちます．箇々のメソッドの引数は，アルゴリズムの説明で現れた同名の (大文字，小文字の違いはありますが) 変数に対応します.

　次に，Java による実装の中身についてですが，この実装はアルゴリズムをほぼそのまま実装した形になっており，難しい箇所はないと思いますので，説明は省略します.

■■■ プログラムの動作確認

　次に，CRT を利用した復号アルゴリズムの Java による実装を実行するためのプログラムについての説明を行います．プログラムをリスト 2.19 に示します．

　リスト **2.19**　CRT を利用した復号アルゴリズムの Java による実装を実行するための
　　　　　　　プログラム

```java
import java.math.BigInteger;

public class SignWithCRTMain {
    public static void main(String[] argv) {
        // ---- select algorithm ----
        SignWithCRT signFunc = new SignWithCRT();
        ModInverse modInverseFunc = new ModInverse();
        // ---- check args ----
        if (argv.length != 4) return;
        BigInteger c = new BigInteger(argv[0]);
        BigInteger p = new BigInteger(argv[1]);
        BigInteger q = new BigInteger(argv[2]);
        BigInteger d = new BigInteger(argv[3]);
        if (c.signum() == -1 || p.signum() != 1
         || q.signum() != 1 || d.signum() != 1)
            return;
        // ---- calc. ----
        BigInteger dp = d.mod(p.subtract(BigInteger.ONE));
        BigInteger dq = d.mod(q.subtract(BigInteger.ONE));

        BigInteger v = modInverseFunc.modInverse(p, q);
        BigInteger m = signFunc.sign(c, p, q, dp, dq, v);
        System.out.println(m);
    }
}
```

　このプログラムは，コマンドライン引数から四つの値を取ります．引数のそれぞれの意味は，以下の通りです．

- c: 暗号化されたメッセージ
- p: q: 素数
- d: 秘密指数

　このプログラムを実行すると，まず，アルゴリズムの選択部分で，変数 signFunc がクラス SignWithCRT のインスタンスで初期化されます．また，変数 modInvreseFunc が，クラス ModInverse のインスタンスで初期化されます．

　次に，引数の検査部分で，コマンドライン引数として与えられた値を元に四つの BigInteger 型の値が作られ，これらに基づき，それぞれ変数 c, p, q, d が初期化されます．さらに，これらの値について，簡単な (十分ではない) 検査を行っています．

　続いて，本来の計算部分です．ここでは，まず，

$$dp = d * (p - 1)$$
$$dq = d * (q - 1)$$

を計算し，さらに，

$$v = p^{-1} \bmod q$$

を計算しています．最後に，変数 `signFunc` に保存されたクラス `SignWithCRT` のインスタンスを通して，メソッド `sign` を，これまでに計算した値 (c, p, q, dp, dq, v) を引数として呼び出し，結果を表示しています．

📖 2 章のまとめ

1. **RSA 暗号のしくみ**
   - RSA 暗号は，暗号化と復号化の鍵が異なる暗号方式である．
   - RSA 暗号は，素因数分解の困難性に基づく暗号である．
   - RSA 暗号は，公開鍵と秘密鍵を逆に使い電子署名として利用できるが，一般的な公開鍵暗号ではこの性質は成り立たない．

2. **RSA 暗号システムの実現に必要な処理とアルゴリズム**
   - RSA 暗号を実現するには，公開モジュラス $N = pq$ (p,q は大きな秘密の素因数) と公開指数 e，秘密指数 d というパラメータを決める必要がある．(e, N) を公開鍵，(d, N) を秘密鍵という．
   - e, d の間には，$ed \equiv 1 (\bmod L)$ という関係がある．
   - e から d を求める際には，拡張ユークリッド互除法が用いられる．
   - RSA 暗号における暗号化処理は，べき乗剰余計算 $C = M^e \bmod N$ (M は平文) である．
   - RSA 暗号における復号化処理は，$M = C^d \bmod N$ (C は暗号文) である．
   - p, q は，2008 年現在，512 ビット以上の大きさを持つことが推奨されている．
   - べき乗剰余計算を高速に実行するアルゴリズムとして，バイナリー法，2^w-ary 法，スライディング・ウインドウ法がある．
   - 2^w-ary 法やスライディング・ウインドウ法においては，一度に処理するビット数 w を，1,2 と大きくしていくことで高速化できるが，大きくしすぎるとかえって速度が落ちるため，適当な w を選ぶ必要がある．
   - 秘密の素因数 p,q がわかれば，CRT (中国人剰余定理) を用いた高速化ができる．これは復号化の際に利用できる計算方法である．

公開鍵暗号RSA
ー使用する数値

この章を読めば,

- 素数判定アルゴリズム (フェルマーテスト, ミラー・ラビンテスト)
- 素数がどれくらいあるか
- RSA 暗号のパラメータに関する注意点

が理解でき, RSA 暗号が完全に実装できるようになります.

3.1 素数をつくる

「素数をつくる」と書きましたが, 実際にやることは, **乱数を発生させて, 素数であるかどうかを判定する** ことです. むしろ, 素数を「見つける」という方が適切ですが, 慣用に従って, 以下,「素数生成」という言い方を採用することにします.

素数生成の流れを図にすると, **図 3.1** のようになります.

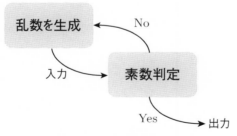

図 3.1　素数生成のしくみ

まず, 乱数を生成し, これが素数であるかどうかを判定し, 素数でなければ, 再び乱数を生成して, 素数判定 (primarity test) を行って, 素数になるまで, これを繰り返すというものです. ですから, 素数生成のためには, 素数判定アルゴリズムが必要になります.

🦉 試行割り算法による素数判定

　正の整数 m が素数であるかどうかを判定するには，2 から $m-1$ までの整数で割って割り切れないことを確認するのが最も確実です．この方法は，最大公約数の場合と同じく**試行割り算法**と呼ばれています．

　実は，2 から $m-1$ ではなく，2 から $\sqrt{m}$ までの整数を試せば十分です．なぜなら，m が素数でないとし，かつ，$\sqrt{m}$ 以下の整数で割り切れないとしましょう．このとき，$\sqrt{m}$ よりも大きな整数 r で割り切れなければなりませんが，$m/r < \sqrt{m}$ となるため，結局 $\sqrt{m}$ 以下の整数で割り切れることになります．これは矛盾です．

　この方法で，101 が素数であるかどうかを調べてみましょう．$\sqrt{101} \sim 10.05$ ですから，2 から 10 までの整数で割ってみればよいことになります．すると，2, 3, 4, 5, 6, 7, 8, 9, 10 で 101 を割った余りは，それぞれ，1, 2, 1, 1, 5, 3, 5, 2, 1 となるので，101 を割り切る数はありません．したがって，101 は素数ということになります．

　このアルゴリズムは，与えられた数が，間違いなく素数であることを判定することできます．このようなアルゴリズムを「確定的素数判定アルゴリズム」と呼ぶことにします．**比較的小さな素数を求めるのに有効**ですが，RSA 暗号で使うような大きな素数を見つけるのに適しているとはいえません．たとえば，512 ビットの整数を一つとって，それが素数であるかどうか判定するためには，およそ $\sqrt{2^{512}} = 2^{256}$ 個の整数で割ってみなければならないことになります．これは気の遠くなるような話です．

🦉 確率的素数判定アルゴリズム

　試行割り算法よりも高速な「確実に素数であることを判定できる」アルゴリズムがいくつか知られています．特に，2002 年に，インド工科大学 (Indian Institite of Technology Kanpur) のアグラワル, カヤル, サクシーナ (Agrawal, Kayal, Saxena) の 3 人によって見出された素数判定アルゴリズム (参考文献 [1]) は，決定的多項式時間 (計算時間が，入力された数のビット長のある多項式以下になる) で素数判定ができるという驚異的なものですが，実用面からみると十分高速とはいえません．

　そこで必要になるのが，**ほぼ素数であることは間違いない (しかし確実に素数であるとは言い切れない) ことまでは判定できて，しかも高速な判定アルゴリズム**です．このようなアルゴリズムを確率的素数判定アルゴリズムといいます．このような方法があれば，RSA 暗号の実装が現実的なものになるでしょう．

　本書では，確率的素数判定アルゴリズムのうち，フェルマーテスト (Fermat test)，ミラー・ラビンテスト (Miller-Rabin test) を取り上げて解説します．

3.2 フェルマーテスト (Fermat test)

　確率的素数判定アルゴリズムの代表的なものとしてフェルマーテスト (Fermat test) を挙げることができます.

　フェルマーテストは, 次のフェルマーの小定理に基づいています.

フェルマーの小定理

　p が素数であるとき, p の倍数でないような整数 a に対して,

$$a^{p-1} \equiv 1 \pmod{p}$$

が成り立つ.

　たとえば, $p = 7$ (素数) としたとき,

$$2^6 \bmod 7 = 64 \bmod 7 = 1$$
$$3^6 \bmod 7 = 729 \bmod 7 = 1$$
$$4^6 \bmod 7 = 4096 \bmod 7 = 1$$
$$5^6 \bmod 7 = 15625 \bmod 7 = 1$$

となり, 確かに余りは 1 になります. 一方, $p = 6$ (合成数＝素数でない数) とすると

$$2^5 \bmod 6 = 32 \bmod 6 = 2$$
$$3^5 \bmod 6 = 243 \bmod 6 = 3$$
$$4^5 \bmod 6 = 1024 \bmod 6 = 4$$

となって, 1 にならないことがあります.

　このように, いくつかの乱数 a に対して, $a^{r-1} \bmod r = 1$ が成り立てば, r は, おそらく素数であろう, というのがフェルマーテストの基本的な考え方です.

　フェルマーテストのアルゴリズムを示します.

フェルマーテスト

　Input: r(3 以上の奇数), t(1 以上の整数)

　Output: 「r は (おそらく) 素数です」または「r は, 素数ではありません」

　[STEP 1] $j = 1$ とする.

　[STEP 2] $1 < a < r - 1$ の範囲の乱数 a を発生.

[**STEP 3**] $S(r) = a^{r-1} \bmod r$ を計算する.

[**STEP 4**] $S(r) \neq 1$ であれば「r は素数ではありません」と出力して終了.

[**STEP 5**] もし, $j \geq t$ であれば,「r は (おそらく) 素数です」と出力して終了. $j < t$ であれば, $j = j + 1$ として, STEP 2 に戻る.

ここで, 答が,「r は素数です」ではなくて,「r は (**おそらく**) 素数です」になっていることを不審に思った人がいるかもしれません.「おそらく」となってしまう理由は以下の二つです.

(1)　$1 < a < r - 1$ の範囲のすべての a を試していないこと

(2)　この範囲のすべての a を試したとしても, 見逃してしまう合成数があること

一見すると, いずれも深刻な問題のように思えるかもしれません. 特に, 後者はフェルマーテストそのものの欠陥です. a をすべて試したとしても, フェルマーテストを通過してしまう合成数をカーマイケル数 (Carmichael number) といいます. 最小のカーマイケル数は, $561 = 3 \times 11 \times 17$ であることが知られています. 驚くべきことにカーマイケル数は無限に多く存在することが証明されています. しかし, 512 ビットから 1024 ビットというような巨大な数の中に含まれるカーマイケル数の数はごくわずかであり, 無視できる程度であることがわかっています.

前者も大きな問題のように見えます. RSA 暗号で使う素数は巨大ですので, すべての a を試すことは現実には非常に困難だからです. しかし, **経験的には**, STEP 2 で生成される a が偏りのない乱数であれば, 一つの a に対して (つまり $t = 1$) フェルマーテストを通過すれば, r は, ほとんど素数に間違いないと思ってよいようです. ただし, どの程度確実なのかはわかりません.

このように, フェルマーテストの場合, **十分だと考えられている**ということしか言えず, **どの程度の確率で素数なのか, 定量的に評価できない**ことが問題となります.

この点を改良したのが, 後で説明するミラー・ラビンテストです. これらの素数判定アルゴリズムでは, 素数である確率を定量的に評価することができます.

では次に, このアルゴリズムの Java による実装を見ていきましょう.

以下では,

- アルゴリズムの実装の説明
- プログラムの動作確認

の順に, 解説を進めていきます.

■■■アルゴリズムの実装の説明

　まずは，フェルマーテストのアルゴリズムの Java による実装を見てみましょう．プログラムを，リスト 3.1 に示します．

リスト **3.1**　フェルマーテストのアルゴリズムの Java による実装

```java
import java.math.BigInteger;
import java.security.SecureRandom;

public class FermatTest {
    public boolean isProbablePrime(BigInteger r, int t) {
        if (r.compareTo(THREE) < 0 || !r.testBit(0) || t <= 0)
            throw new IllegalArgumentException();

        BigInteger rm1 = r.subtract(ONE);
        for (int j = t - 1; // STEP1
            j >= 0; j--) { // STEP5
            // STEP2
            SecureRandom secureRandom = new SecureRandom();
            BigInteger a;
            do {
                a = new BigInteger(r.bitLength(), secureRandom);
            } while (a.compareTo(ONE) <= 0
                    || a.compareTo(rm1) >= 0);
            // STEP3
            BigInteger sr = MOD_POW_FUNC.modPow(a, rm1, r);
            // STEP4
            if (!sr.equals(ONE)) return false;
        }
        // STEP5
        return true;
    }

    private static final BigInteger ONE   = BigInteger.ONE;
    private static final BigInteger THREE = BigInteger.valueOf(3);

    private static final ModPowBinary MOD_POW_FUNC =
        new ModPowBinary();
}
```

　このプログラムの中には，クラス FermatTest が定義されています．このクラスは，メソッド isProbablePrime(BigInteger, int) を持ちます．このメソッドは，引数 r として BigInteger 型の値を，引数 t として結果の確実性を指定する値を取ります．さらに，メソッド呼び出しの結果として r が合成数である場合は false を，また r が素数である可能性がある場合は true を返します．

　さらに，クラス FermatTest には，隠蔽された三つの定数 (クラス変数でかつ，初期化後に書き換え不能なもの) が定義されています．定数 ONE，THREE はそれぞれ BigInteger 型の 1 と 3 を表す値です．ここでは，プログラム中でのこれらの値の参照を簡潔に記述するために，定数を利用しています．また，バイナリー法によりべき乗剰余計算を行うクラス，ModPowBinary のインスタンスを，定数 MOD_POW_FUNC として定義しています．

　では次に，メソッド FermatTest の実装を見ていきましょう．これまでと同じく，アルゴリズムの説明で示した各ステップに対応して，説明を進めていきます．

　まず，STEP 1 に進む前に，引数の値の検査と，よく使う式の値の計算をあらかじめ行っています．

```
if (r.compareTo(THREE) < 0 || !r.testBit(0) || t <= 0)
    throw new IllegalArgumentException();

BigInteger rm1 = r.subtract(ONE);
```

　まず，変数 r の値が 3 未満であるか，変数 r の最下位ビットが 1(つまり，変数 r の値が偶数) である場合，または，変数 t の値が 0 以下である場合は，例外 IllegalArgumentException を送出して，メソッドの実行を終了させています．

　続いて，変数 rm1 を，r − 1 の値で初期化しています．

　次に，STEP 1 に進みます．

```
for (int j = t - 1; // STEP1
    ...
}
```

　アルゴリズムの説明では $j = t - 1$ としていますが，これは，Java による実装における for 文の初期化文にある j = t - 1 に対応しています．

　次に，STEP 2 を見てみましょう．

```
// STEP2
SecureRandom secureRandom = new SecureRandom();
BigInteger a;
do {
    a = new BigInteger(r.bitLength(), secureRandom);
} while (a.compareTo(ONE) <= 0
    || a.compareTo(rm1) >= 0);
```

　$1 \leq a \leq r - 1$ を満たす乱数 a を生成するとアルゴリズムの説明にありますが，Java による実装では，若干複雑なコードでこれを実現しています．まず，クラス SecureRandom のインスタンスで，変数 secureRandom を初期化しています．次に，クラス BigInteger のコンストラクタを使い，変数 r のビット数と同じビット数の乱数を secureRandom を利用して生成し，変数 a に代入しています．この乱数の生成は，do 文によって，a ≤ 1 または，a ≥ rm1 = r - 1 が満たされる間続きます．

　次に，STEP 3, STEP 4 を見てみましょう．

```
        // STEP3
        BigInteger sr = MOD_POW_FUNC.modPow(a, rm1, r);
        // STEP4
        if (!sr.equals(ONE)) return false;
```

ここでは，まず，定数 MOD_POW_FUNC が指すクラス ModPowBinary のインスタンスを通して，メソッド modPow(BigInteger, BigInteger, BigIntger) を呼び出し，$a^{rm1} \bmod r$ を計算し，変数 sr に結果を保存しています．続いて，変数 sr の値を検査し，1 でなければ false を値としてメソッドの実行を終了します．

最後に STEP 5 の説明です．

```
        for (...
                j >= 0; j--) { // STEP5
                ...
        }
        // STEP5
        return true;
```

アルゴリズムの説明では，$j = j - 1$ とするとありますが，Java による実装では for 文の更新文にある j-- に対応します．

次に，for 文の条件式部分で変数 j の値を検査し，値が非負である場合は，ループを繰り返します．条件が満たされなくなると，制御の流れは for 文を脱出し，直後にある return 文により，true を値として，メソッドの実行を終了します．

以上が，フェルマーテストのアルゴリズムの Java による実装の説明です．

■■■プログラムの動作確認

次に，このフェルマーテストのアルゴリズムの Java による実装の実行を確認するためのプログラムについて説明を行います．リスト 3.2 をご覧下さい．

リスト **3.2** フェルマーテストのアルゴリズムの Java による実装を実行するためのプログラム

```
import java.math.BigInteger;

public class FermatTestMain {
    public static void main(String[] argv) {
        // ---- select algorithm ----
        FermatTest primeTestFunc = new FermatTest();
        // ---- check args ----
        if (argv.length != 2) return;
        BigInteger r = new BigInteger(argv[0]);
        int t = Integer.valueOf(argv[1]);
        if (r.compareTo(BigInteger.valueOf(3)) < 0 ||
            !r.testBit(0) || t < 1) return;
        // ---- prime test ----
        boolean p = primeTestFunc.isProbablePrime(r, t);
        System.out.println(p);
    }
}
```

　このプログラムは FermatTestMain という名前のクラスが定義されており，このメソッドは main(String[]) というスタティックメソッドの定義を持ちます．

　プログラムがコマンドラインから実行されると，このメソッドがまず呼び出されます．このメソッドの実装は，これまでに紹介してきた各アルゴリズムを実行するためのプログラムと同じく，アルゴリズムの選択部分，引数の検査部分，実際の計算を行う部分の三つの部分から構成されています．複雑な部分はありませんので，簡単に説明を行います．

　まず，アルゴリズムの選択部分では，クラス FermatTest のインンスタンスを生成し，変数 primeTestFunc へ代入しています．

　次に，引数の検査部では引数の数と引数の値の検査を行い，引数が不適切な場合は return 文でプログラムの実行を終了しています．

　最後に，実際の計算を行う部分ですが，ここでは変数 primeTestFunc が参照するクラス FermatTest のインスタンスを通して，メソッド isProbablePrime(BigInteger, int) を呼び出し，結果を表示しています．

3.3　ミラー・ラビンテスト (Miller-Rabin test)

フェルマーテストでは，

$$a^{r-1} \bmod r$$

を計算し，これを素数判定に応用しました．指数にあたる $r-1$ が判定のポイントになっていますが，$r-1$ の部分をもっと細かく調べてみることで，テストの精度を上げることはできないでしょうか．この着想を発展させて，誤判定確率を評価することに成功したのがミラー・ラビンテストです．

　$r-1$ は，偶数ですから，整数 $s(\geq 1)$ と奇数 k を用いて，

$$r - 1 = 2^s k$$

と表現することができます．たとえば，$r = 89$ の場合，$r - 1 = 88 = 2^3 \times 11$ ですので，$s = 3, k = 11$ となります．

　このように変形し，

$$b = a^k \bmod r$$

がどのような数になるかを調べれば，一段深いテストになるのではないでしょうか．

ミラー・ラビンテストでは，フェルマーの小定理より，$a^{r-1} \equiv b^{2^s} \equiv 1 (\mathrm{mod}\, r)$ であることはわかっているので，もっと細かく，

$$b, \quad b^2, \quad b^{2^2}, \cdots, \quad b^{2^{s-1}}$$

が $\mathrm{mod}\, r$ で，どのような数になるかを調べます．これについて，次のミラーの定理が知られています．

ミラーの定理: r が素数であれば，$b \equiv 1 (\mathrm{mod}\, r)$ であるか，$b^{2^j} \equiv -1 (\mathrm{mod}\, r)$ となるとなる整数 $j (0 \le j < s)$ が存在する．

ミラーの定理によれば，r が素数であれば，$b, b^2, b^{2^2}, \cdots, b^{2^{s-1}}$ のうちのどれかは，1 か -1 と $\mathrm{mod}\, r$ で合同になるはずです．この条件が満たされなければ，r は合成数だということになります．

このことに注意して，ミラー・ラビンテストのアルゴリズムをみてみましょう．

ミラー・ラビンテスト

Input: r(3 以上の奇数)，t(1 以上の整数)

Output:「r は，（おそらく）素数です」または「r は，素数ではありません」

[STEP 1] $r - 1 = 2^s k$ となるような s, 奇数 k を求める．

[STEP 2] $i = 1$ とする．

[STEP 3] $1 < a < r$ となる a をランダムに生成する．

[STEP 4] $b = a^k \bmod r$ を計算する．

[STEP 5] $j = 0$ とする．

[STEP 6] $j < s$ かつ $b \not\equiv \pm 1 (\mathrm{mod}\, r)$ である限り，$b = b^2 \bmod r$，$j = j + 1$.

[STEP 7] $j = s$ または ($j > 0$ かつ $b = 1$) なら「r は，素数ではありません」と出力して終了．

[STEP 8] $i = t$ なら「r は，（おそらく）素数です」と出力して終了．そうでなければ，$i = i + 1$ とし，STEP 3 に戻る．

ミラー・ラビンテストの「誤判定」確率は以下のように評価されることが知られています．

素数でない数が，ミラー・ラビンテストを通過する確率は，$1/4^t$ 以下である．

　実際には，$t = 1$ であっても，素数でない数がミラー・ラビンテストを通過する確率は，1/4 よりもはるかに小さく，実用上は，ほとんど無視できる程度だと考えられています．

　ミラー・ラビンテストのプログラムは読者の練習問題としましょう（コードは，森北出版のサイト:http://www.morikita.co.jp/soft/84761/にあります）．これまでに作ったべき乗剰余計算のアルゴリズムを参考にして作成してみてください．

3.4 素数判定の高速化

3.4.1 素数はどれくらいあるか

　素数は無限にあることが知られていますが，実装上重要なことは，たとえば，512 ビットの素数がどのくらいの割合で見つかるのか，という量的な見積もりです．たとえば，512 ビットの整数のうち，素数の割合は，0.0000001%未満だとしたら，素数はなかなか見つからないということになります．

　n ビット以下の数に占める素数の割合 R_n は，n が大きいとき，以下のように見積もることができることが知られています[*1]．ここで，"$\sim$" というのは，「ほぼ等しい」というほどの意味だと理解しておいてください．

$$R_n \sim \frac{1}{n \log 2} \sim \frac{1.4427}{n}$$

　ビット数 n が大きくなるに従って，素数が「薄く」（見つかりにくく）なることがわかります．

　2 以外の偶数は素数ではありませんから，奇数の中にある素数の割合が重要でしょう．n ビット以下の奇数のうち，素数の占める割合 R_n^* は，ほぼ，

$$R_n^* \sim 2R_n \sim \frac{2}{n \log 2} \sim \frac{2.8854}{n}$$

であることがわかります．$n = 512$ のときは，奇数全体のうち，$R_{512}^* \sim 0.0056 \,(0.56\%)$ くらいが素数ということになります．

　n が小さいときは，$2, 3, 5, 7, 11, 13, \cdots$ のようにずいぶんたくさん素数がありますが，512 ビットにもなると，ほとんどが素数でなくなってしまうことになります．大

[*1] 素数定理と呼ばれる大定理から導かれます．

きな素数は「貴重」なものなのですね.

　後で出てきますが, 素数生成を行うときには, 素数判定を何回くらい行わなければ
ならないかを見積もっておくと便利です. 答えは簡単で, R_n^* の逆数を取ればいいの
です. つまり, n ビット以下の「奇数の」乱数を何回も発生させて素数になるかどう
かを判定するわけです. 素数が見つかるまでに, 必要な (奇数の) 平均乱数発生回数
T_n は, 以下の式で見積もることができます.

$$T_n \sim \frac{\log 2}{2} n \sim 0.347n$$

　たとえば, $n = 512$ の場合, 平均して, $T_{512} \sim 177.664$ 回乱数を発生させなければ
ならないことになります.

3.4.2 小さな素因数を持つ合成数をふるい落とす

　上で説明したように, 512 ビットの素数を生成するためには, 平均して 178 回程度
の素数判定処理が必要になります.

　すでに説明した素数判定アルゴリズムはいずれも, べき乗剰余計算を含んでいます.
べき乗剰余計算の処理には, 比較的多くの時間がかかるので, 数百回のべき乗剰余計
算を実行することは, 現在の計算機でも, すぐに終わるというわけにはいきません.
そこで, **処理時間のかかるテストにかける前に, 小さな素因数を持つ合成数をふるい
落とす**ことによって, 素数判定処理の効率を上げておく必要があります.

　2 を除いた素数に番号を振って, $p_1, p_2, \cdots, p_n$ とします. たとえば, p_3 は, 7 にな
ります.

　勝手にとった奇数が 3 の倍数である確率は, 1/3 です. 同じく 5 の倍数である確率
は, 1/5 となります. ですから, 3 の倍数でも 5 の倍数でもない確率は,

$$\left(1 - \frac{1}{3}\right)\left(1 - \frac{1}{5}\right) = \frac{2}{3} \times \frac{4}{5} = \frac{8}{15}$$

となります. 同様に考えると, 奇数の乱数 r が, 奇素数の積 $U = 3 \times 5 \times 7 \times 11 \times 13 \times 17 \times \cdots \times p_n$ に対して, $\gcd(r, U) = 1$ を満たす確率は,

$$\left(1 - \frac{1}{3}\right)\left(1 - \frac{1}{5}\right)\left(1 - \frac{1}{7}\right)\left(1 - \frac{1}{11}\right) \cdots \left(1 - \frac{1}{p_n}\right)$$

となります.

　B 以下の最大の素数 p_n までの積 U に対し, $\gcd(r, U) = 1$ となる確率を $\text{Prob}(B)$ と
すると, 以下のような近似式が成立することが知られています (参考文献 [16], p.146).

$$\mathrm{Prob}(B) \sim \frac{1.12}{\log B} \tag{3.1}$$

👤 「ふるい」と各種素数判定アルゴリズムを組み合わせてみる

　処理時間の大きな素数判定にかける前に，小さな素因数を持つ合成数をふるい落とすことでどの程度素数判定処理が高速になるかを考えてみましょう.

　図 **3.2** のように，最初に，奇数の乱数 r を発生し，あらかじめ用意した，奇素数の積 $U = 3 \times 5 \times 7 \times 11 \times 13 \times 17 \times \cdots \times p_n$ に対して，ユークリッド互除法を使って，$\gcd(r, U)$ を計算し，この段階で合成数であることがわかったら，再び乱数を発生し，この段階で合成数であると判定されなければ，比較的処理の重いミラー・ラビンテストなどを用いて素数判定を行うことで，素数生成の効率が上がることになります.

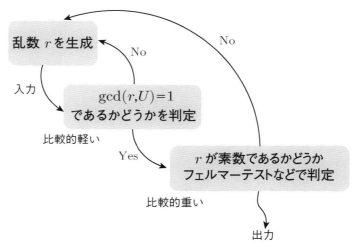

図 3.2　「ふるい」と各種素数判定アルゴリズムの組み合わせ

　U をどれくらいの大きさに取るかが問題になります. 512 ビットの素数を探す場合，素数は，奇数のうち，178 個に一つくらいしかありませんので，小さな素因数を持つ合成数をふるい落とさなければ，フェルマーテストのような重い処理を平均 178 回程度行う必要があります. しかし，U を最初の 235 以下の奇素数 (最初の 50 個の奇素数) の積とした場合，奇数の乱数が「ふるい」を通過した場合，その乱数が素数である確率は，およそ，$1/(0.2 \times 178) = 2.8\%$ となります. つまり，フェルマーテストのような重い処理は，ほぼ平均 $1/0.028 \sim 35.6$ 回程度行えばいいことになります. B をどれくらいにとれば効率的か，B をいろいろ変化させて試してみると面白いでしょう.

3.5 RSA 暗号のパラメータについての諸注意

ここでは，RSA 暗号のパラメータ，公開指数 e, 秘密指数 d, 公開モジュラス $N = pq$ の素因数 p, q に関して注意しなければならないことをまとめておきます．

3.5.1　パラメータの大きさについて守るべきこと

パラメータの大きさについては，以下の三つの原則を守るべきです．

(1)　小さい公開モジュラス N は危険
(2)　小さい公開指数 e を共有するのは危険
(3)　小さい秘密指数 d は危険

ここで，「小さい」という曖昧な言葉が出てきました．これは時代に応じて変わっていくものだからです．

公開モジュラス N の大きさはどの程度あればいいか

2008 年 3 月現在，1024 ビットの公開モジュラスは安全だと考えられていますが，10 年たっても安全である保障はありません．素因数分解のアルゴリズムは時代とともに進歩していきますし，コンピュータの能力も伸びていきます．時代とともに，N を大きくしていかなければならないことになります．

RSA 社は，RSA 素因数分解チャレンジ (RSA factoring challenge) の結果を公開しています．RSA-640 (640 はバイナリ表現の桁数) は，2005 年 11 月 2 日に解かれました．

2008 年 3 月現在，RSA-704 (賞金 30,000 US ドル) は解かれていません．さらに大きな桁の問題 RSA-768 (賞金 50,000 US ドル)，RSA-896 (賞金 75,000 US ドル)，RSA-1024 (賞金 100,000 US ドル)，RSA-1536 (賞金 150,000 US ドル)，RSA-2048 (賞金 200,000 US ドル) も (もちろん) 未解決です．参考までに RSA-1024 をあげておきましょう．

```
RSA-1024
1350664108 6599522334 9603216278 8059699388 8147560566
7027524485 1438515265 1060485953 3833940287 1505719094
4179820728 2164471551 3736804197 0396419174 3046496589
2742562393 4102086438 3202110372 9587257623 5850964311
0564073501 5081875106 7659462920 5563685529 4752135008
```

5287941637　7328533906　1097505443　3499981115　0056977236
890927563

RSA 暗号に関する技術開発をする方には，RSA 社のウェブページを定期的にチェックすることをおすすめします.

🔑 公開指数公開指数 e の大きさはどの程度あればいいか

RSA 暗号における暗号化の処理時間は指数 e の長さに比例しますので，e を小さくとることができれば，高速化できることになります. しかし，小さな公開指数 (たとえば，$e = 3$ のような場合) を使用する場合には，注意が必要です. 小さな公開指数 e を複数の人が共有し，$(e, N_1), (e, N_2), (e, N_3), \cdots$ のように異なる公開モジュラスを使った場合には，e 個の暗号文を集めれば，メッセージ M が丸ごと復元できることが知られています (ブロードキャストアタック [14]). e が大きくなれば，このアタックは困難になっていきます. システムの運用の仕方にもよりますが，e の長さは，N の長さと同程度にしておくのが安全です.

🔑 秘密指数 d の大きさはどの程度あればいいか

復号化や電子署名の処理には，秘密指数 d を短くすることが効果的です. しかし，d を小さく取ることは，e を小さく取ることよりも危険です. ボネー (Boneh) の文献 [3] によれば，

$$d < \sqrt{N}$$

のときは，公開鍵 (e, N) から d を効率的に計算できる[*2]と予想されていますので，公開モジュラスの半分以下のビット長の秘密指数は使わない方がよいでしょう.

小さな秘密指数 d の場合に，公開鍵 (e, N) から d を計算する効率的アルゴリズムは，最初，ウィーナー (Wiener) によって $d < N^{1/4}/3$ の場合に発見され (参考文献 [27])，その後，ボネー (Boneh) とダーフィー (Durfee) によって，$d < N^{0.292}$ にまで改良されています (参考文献 [4]) [*3]. 上記の予想は 2008 年 2 月現在では証明されていませんが，あまり楽観はできないと思います.

3.5.2　N の素因数 p, q の取り方について

N の素因数 p, q の取り方に関する一般的注意として，よく知られているのは以下の三つです.

1. p と q の差が小さいと危険

[*2] 正確には，決定的多項式時間で計算できるという意味です.
[*3] ここで，0.292 とされているのは，正確には，$1 - 1/\sqrt{2}$ です.

2. p, q のビット長の差が大きいと危険

3. p, q としては,「強い素数」を用いるべき

1 は,もしも $p - q$ が小さいと,$\sqrt{N}$ の近くの素数が N の約数になっている可能性が高いためです.2 は,N が比較的小さな約数を持っている場合に有効な素因数分解アルゴリズム (たとえば楕円曲線法) があるためです.

この二つの問題をクリアすることは非常に簡単です.**p, q を同じビット長 (公開モジュラス N が 1024 ビットであれば 512 ビット) の乱数の中からランダムに (もちろん素数でなければなりませんが) 選べばよいのです.**一見すると,この方法では,1 がクリアされないように思われますが,素因数分解が容易になる程度に p, q が近い数になる確率は無視できるほど小さいことが知られています.

3 の「強い素数」(strong prime) というのは,RSA 暗号の発明者 3 人の 1978 年の論文 [12] にも登場するもので,以下の特徴を持つ素数 p を指します.

- $p - 1$ が大きな素因数 r を持つ
- $p + 1$ が大きな素因数 s を持つ
- $r - 1$ が大きな素因数 t を持つ

これらは,$p - 1$ 法,$p + 1$ 法やサイクリングアタックと呼ばれる方法によって公開モジュラス N が素因数分解されることを防ぐものです.実際,上記の三つの条件を満たさない素数を使って公開モジュラスを作った場合,公開モジュラスは容易に素因数分解されてしまいます.

しかし,**現在では,「強い素数」を選んでも暗号の強度にはほとんど差がないと考えられています.**

リベスト (Rivest) とシルバーマン (Silverman) は,論文 [11] の中で,大きな素数 (たとえば,512〜1024 ビット程度の素数) であれば,$p - 1$ 法,$p + 1$ 法,サイクリングアタックで素因数分解できる可能性は非常に低いことを指摘しています.さらに,その後発見された楕円曲線法などのより強力な素因数分解法に対しては,「強い素数」は強いとはいえないと述べています.

📖 3 章のまとめ

1. 素数生成

- 乱数を発生させて素数であるかどうか判定することによって,素数を生成することができる

- 素数判定アルゴリズムには，確定的なものと確率的なものがある．確定的なアルゴリズムは，確実に素数であることが判定できるが速度が遅く，確率的アルゴリズムは，判定が確実でない代わりに高速である
- フェルマーテストは，与えられた数が素数である確率を定量的に評価できない
- ミラー・ラビンテストは，与えられた数が素数である確率を定量的に評価できる

2.　RSA 暗号のパラメータに関する注意

- 公開モジュラス N の大きさは時代とともに変わる (どんどん大きくなる) ので，定期的にチェックするべきである
- 公開指数 e を複数人 (e 人以上) で共有することは危険である
- 秘密指数 d は，$\sqrt{N}$ よりも大きくなるようにとらなければ，d を復元されてしまう可能性がある
- N の素因数 p, q は，同程度のビット長になるように「ランダムに」選ぶべきである

米国標準共通鍵暗号 AES

CHAPTER

4

この章を読めば，

- AES の構造
- AES の中身
- AES の使い方・使用上の注意

が理解でき，AES の実装ができるようになります．

4.1 AESのしくみ

第1章で触れたように，米国の標準暗号 DES は，今後徐々に，後継暗号 AES に置き換えられていくと考えられます．

ここでは，NIST の FIPS 197 (参考文献 [22]) に従って，この新しい標準共通鍵暗号 AES のアルゴリズムを見ていくことにしましょう．

AES の処理は RSA 暗号のように，きれいな数式一つで表現できるようなものではありません．AES の処理は，粗く言うと，**入力をばらばらにして，それらを鍵といっしょにかき混ぜる操作を所定の回数だけ繰り返す**ものです．

4.1.1 AES の基本構成

まず，AES の大まかな構造を頭に入れておきましょう．**図 4.1** をご覧ください．

AES の構造は，大きく分けると，暗号化の処理を行う**暗号化部** (左側) と各ラウンドごとに必要となる鍵をつくる**鍵拡張部** (右側) の二つに分けることができます．

暗号化部に現れる**ラウンド処理**というのは，かき混ぜる操作一回分と考えてください．この操作を N_r 回繰り返して暗号文が作られることになります．このかき混ぜる回数 N_r のことを**ラウンド数**といいます．

AES の入力文のサイズは，128 ビットに固定されていますが，鍵のサイズは，128, 192, 256 ビットの3種類が用意されています[*1]．鍵の長さに応じて，AES-128, AES-192, AES-256 のように表現します．これは，将来的に 128 ビットの鍵では強度が不

[*1] AES の元となったラインドール (Rijndael) では，入力文のサイズと鍵のサイズは共に可変で，最低 128 ビット最大 256 ビットの範囲の 32 ビットの倍数を指定できます．AES ではラインドールとは異なり，入力文のサイズは固定されています．

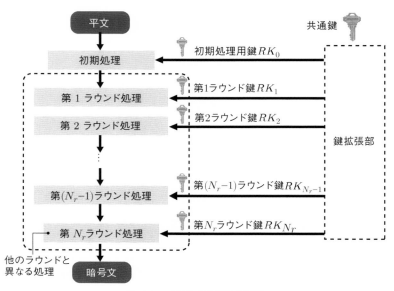

図 4.1   AES の大まかな構造

十分となった際のバックアップと考えられます．N_k で，鍵の**ワード長**を表します．1
ワードは 4 バイト (=32 ビット) ですので，128，192，256 ビットは，それぞれ，4，
6，8 ワードということになります．AES では，ラウンド数 N_r が，鍵長 N_k に応じて
表 4.1 のように変わります．N_r と N_k の間には，$N_r = N_k + 6$ の関係があります．長
い鍵を混ぜるためには多くのラウンド数が必要になるというように覚えておけばいい
でしょう．ラウンド数が少なければ高速な処理が可能になりますが，暗号の強度が落
ちてしまいます．

表 4.1   AES 鍵長とラウンド数の対応

	鍵長 (N_k)	ラウンド数 (N_r)
AES-128	4	10
AES-192	6	12
AES-256	8	14

　AES の暗号化処理を，**図 4.2** に示します．最終ラウンドのみ，構成が異なっている
ことに注意してください．
　ラウンド処理をもう少し細かくみていくことにします．図 4.2 をご覧ください．図
4.1 で「初期処理」と書かれていたものは，正式には，AddRoundKey と呼ばれる処
理になります．AddRoundKey は，その名の通り，ラウンド鍵をデータと混ぜる処理
を行うものです．

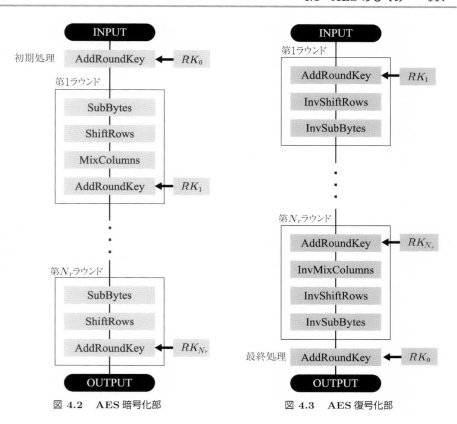

図 4.2　AES 暗号化部　　　　図 4.3　AES 復号化部

第 1 から第 $N_r - 1$ ラウンドは，順番に

$$\text{SubBytes} \to \text{ShiftRows} \to \text{MixColumns} \to \text{AddRoundKey}$$

という四つの処理を行うものです．第 N_r ラウンドは，

$$\text{SubBytes} \to \text{ShiftRows} \to \text{AddRoundKey}$$

という三つの処理を行うものです．他のラウンドとは異なり，MixColumns がないことに注意してください．

　SubBytes, ShiftRows , MixColumns , AddRoundKey それぞれの処理については次節で説明しますので，ここでは構成だけ覚えておいてください．

　復号化のときは，暗号化と逆の操作をすることになります．つまり，暗号化の処理を下から逆にたどればいいわけです．ラウンドの中の処理も逆転します．AddRoundKey 以外の処理 SubBytes, ShiftRows , MixColumns は，すべて逆関数にしなければなりません．逆関数は，英語で "Inverse function" といいますので，逆関数であることを

明示するために，それぞれ，SubBytes，ShiftRows，MixColumns の前に Inv をつけ
て，InvSubBytes，InvShiftRows，InvMixColumns と呼びます．ですから，**図 4.3** に
示すように復号化処理の第 1 ラウンドは，

$$\text{InvAddRoundKey} \rightarrow \text{InvShiftRows} \rightarrow \text{InvSubBytes}$$

となり，第 2 から第 N_r ラウンドの処理は，

$$\text{InvAddRoundKey} \rightarrow \text{InvMixColumns} \rightarrow \text{InvShiftRows} \rightarrow \text{InvSubBytes}$$

のようになります．初期処理の代わりに最終処理が行われ，ラウンド鍵の与え方も逆
順になります．

4.1.2 AES の処理単位 (ステート)

　ラウンド処理の説明に入る前に，AES の処理単位 (ステート) について説明してお
きましょう．

　AES では，128 ビット (=16 バイト) の入力文 P を 8 ビット (=1 バイト) ごとに 16
個のブロック $s_{i,j}(0 \le i < 4,\ 0 \le j < 4)$ に分割し，これを 4×4 の配列で表現し，こ
れをステート (state=状態) と呼んでいます[*2]．配列は，**表 4.2** のようになります．

表 4.2　AES のステート

$s_{0,0}$	$s_{0,1}$	$s_{0,2}$	$s_{0,3}$
$s_{1,0}$	$s_{1,1}$	$s_{1,2}$	$s_{1,3}$
$s_{2,0}$	$s_{2,1}$	$s_{2,2}$	$s_{2,3}$
$s_{3,0}$	$s_{3,1}$	$s_{3,2}$	$s_{3,3}$

　AES では，バイト単位，ワード単位の処理を中心に構成されている点に大きな違い
があります．これは，暗号アルゴリズムをソフトウェア実装する際には大きな利点と
なります．コンピュータは，バイト単位，ワード単位でデータを操作する命令を基本
として構成されているため，ビット単位の操作をしようとすると，若干面倒な処理が
必要になり，処理速度が落ちるだけでなく，プログラムも複雑になる傾向があります．
その点，バイト単位，ワード単位の処理であれば，処理速度も落ちませんし，プログ
ラムもシンプルにすることができます．

　16 バイトのデータを配列に変換するには，**図 4.4** のようにします．

　図 4.4 では，16 バイトのデータを 1 バイトずつ 0 番から 15 番までの番号をふって
あります．これを 4 バイトに区切り，図のように配列していきます．

[*2] 配列であることを強調するために，ステートアレー (state array=状態配列) と呼ぶこともあります．

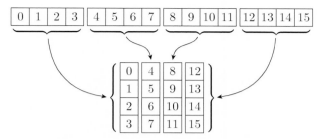

図 4.4　16 バイトデータのステートへの変換

　ステートから 16 バイトデータに変換するときには，この逆の操作をすればいいわけです．

　これから示す Java による実装では，int 型の配列を使って各列を保持します．入力として byte の配列を受け取り，Java で用いるステート (state) の形式にデータを整形するプログラムをリスト 4.1 に示します．メソッド setBlock(byte[] buffer, int offset) がそれで，入力が buffer に配列として収められています．offset というのは，buffer のどの位置から変換を開始するかを指示するための値です．buffer が 128 ビット以上あって，どの部分を暗号化したいかを設定するのに便利なようになっています．（これは，長いファイルを，後で紹介する暗号利用モードで処理する際を見越しています．）ステートは，Java プログラムの内部だけで管理して，外部には基本的に出力しませんから，setBlock 関数には返り値がありません．また，ステートに格納された最終結果 (暗号化結果か復号化結果) を byte 型の配列として出力することができるように，getBlock 関数も併せて記述しています．

リスト 4.1　Java によるステートの実装

```java
public void setBlock(byte[] buffer, int offset) {
    if (buffer == null || offset < 0 || buffer.length < offset + 16)
        throw new IllegalArgumentException();

    this.state_ = new int[4];
    for (int i = 0; i < 4; i++)
        this.state_[i] = buffer[offset + i * 4    ] & 0xff
                       | (buffer[offset + i * 4 + 1] & 0xff) <<  8
                       | (buffer[offset + i * 4 + 2] & 0xff) << 16
                       | (buffer[offset + i * 4 + 3] & 0xff) << 24;
}

public void getBlock(byte[] buffer, int offset) {
    if (buffer == null || offset < 0 || buffer.length < offset + 16)
        throw new IllegalArgumentException();

    for (int i = 0; i < 4; i++) {
        buffer[offset + i * 4    ] = (byte)  this.state_[i]          ;
        buffer[offset + i * 4 + 1] = (byte) (this.state_[i] >>  8);
        buffer[offset + i * 4 + 2] = (byte) (this.state_[i] >> 16);
```

```
        buffer[offset + i * 4 + 3] = (byte) (this.state_[i] >> 24);
    }
}
```

4.1.3 AES 暗号化部の詳細

AES 暗号化部に含まれている四つの関数について説明することにしましょう.

🔑 AddRoundKey

AddRoundKey 関数は，その名の通り，16 バイトの状態配列に，16 バイトのラウンド鍵 RK_i $(0 \leq i \leq N_r)$ を足し合わせる処理です. ただし，足し合わせるといっても，普通の足し算ではなく，排他的論理和 (Exclusive OR) $\oplus$ を使います. 排他的論理和の演算結果は，**表 4.3** のようになります.

表 4.3 排他的論理和 (Exclusive OR)

x	y	$x \oplus y$
0	0	0
1	0	1
0	1	1
1	1	0

足し合わせる際には，ラウンド鍵もステートと同様に，1 バイトずつ 16 個のブロックに分割し，それぞれのビットごとの排他的論理和をとることになります (下図参照).

$s_{0,0}$	$s_{0,1}$	$s_{0,2}$	$s_{0,3}$
$s_{1,0}$	$s_{1,1}$	$s_{1,2}$	$s_{1,3}$
$s_{2,0}$	$s_{2,1}$	$s_{2,2}$	$s_{2,3}$
$s_{3,0}$	$s_{3,1}$	$s_{3,2}$	$s_{3,3}$

$\oplus$

$RK_{i,(0,0)}$	$RK_{i,(0,1)}$	$RK_{i,(0,2)}$	$RK_{i,(0,3)}$
$RK_{i,(1,0)}$	$RK_{i,(1,1)}$	$RK_{i,(1,2)}$	$RK_{i,(1,3)}$
$RK_{i,(2,0)}$	$RK_{i,(2,1)}$	$RK_{i,(2,2)}$	$RK_{i,(2,3)}$
$RK_{i,(3,0)}$	$RK_{i,(3,1)}$	$RK_{i,(3,2)}$	$RK_{i,(3,3)}$

$\Longrightarrow$

$s_{0,0}$	$s_{0,1}$	$s_{0,2}$	$s_{0,3}$
$s_{1,0}$	$s_{1,1}$	$s_{1,2}$	$s_{1,3}$
$s_{2,0}$	$s_{2,1}$	$s_{2,2}$	$s_{2,3}$
$s_{3,0}$	$s_{3,1}$	$s_{3,2}$	$s_{3,3}$

式で書くと，出力ステートは，$s_{i,j} \oplus RK_{i,(j,k)}$ となります.

AddRoundKey を Java で実装すると，リスト 4.2 のようになります. ラウンド鍵 rk は int 型の配列になっています. rk[i] は，ラウンド鍵を図 4.4 の形で並べた際の，各列を表現しています (つまり，i は 0 から 3 の値をとります). this.state_[i] は，現在のステートを rk[i] と同じ形式で保持しています. よって，AddRoundKey すなわちステートとラウンド鍵の排他的論理和を，this.state_[i] ^= rk[i] のようにして計算すればよいということです. ここで，Java では排他的論理和を ^ (ハット記号) で記述することを思い出してください.

リスト 4.2　AddRoundKey の Java による実装

```java
public void addRoundKey(int[] rk) {
    if (rk == null || rk.length != 4)
        throw new IllegalArgumentException();

    for (int i = 0; i < 4; i++)
        this.state_[i] ^= rk[i];
}
```

♟ SubBytes, InvSubBytes

SubBytes 関数は，AES の暗号としての強度を決める重要な部分です．

先に説明した，AddRoundKey では，データを 1 ビット変化 (反転) させると，結果も 1 ビットだけ変化します．ところが，SubBytes 関数では，他の部分と違って，入力を 1 ビット変えると，他のビットも影響を受けて変わってしまいます．この性質は，**非線形性**と呼ばれることがあります[*3]．これは暗号にとって，大変重要な性質です．

SubBytes では，1 ステートごとに非線形な変換を行います．つまり，1 バイトの入力に対して 1 バイトを出力する SubByte 変換をステートの 16 バイトそれぞれにに対して施すことで，新しいステートをつくります．個々の変換は，1 バイトの入力に対し，1 バイトを出力する変換とみなすことができますので，これを，表の形であらわすことができます．この変換表は，SBOX と呼ばれています．**表 4.4** に，暗号化時の SBOX を示しました．表の読み方は，次のようになります．入力の 1 バイトを 4 ビットずつにわけ，それぞれを 16 進数に直します．たとえば，入力のバイナリー表示が，

表 4.4　AES 暗号化における SBOX

		y															
		0	1	2	3	4	5	6	7	8	9	a	b	c	d	e	f
	0	63	7c	77	7b	f2	6b	6f	c5	30	01	67	2b	fe	d7	ab	76
	1	ca	82	c9	7d	fa	59	47	f0	ad	d4	a2	af	9c	a4	72	c0
	2	b7	fd	93	26	36	3f	f7	cc	34	a5	e5	f1	71	d8	31	15
	3	04	c7	23	c3	18	96	05	9a	07	12	80	e2	eb	27	b2	75
	4	09	83	2c	1a	1b	6e	5a	a0	52	3b	d6	b3	29	e3	2f	84
	5	53	d1	00	ed	20	fc	b1	5b	6a	cb	be	39	4a	4c	58	cf
	6	d0	ef	aa	fb	43	4d	33	85	45	f9	02	7f	50	3c	9f	a8
x	7	51	a3	40	8f	92	9d	38	f5	bc	b6	da	21	10	ff	f3	d2
	8	cd	0c	13	ec	5f	97	44	17	c4	a7	7e	3d	64	5d	19	73
	9	60	81	4f	dc	22	2a	90	88	46	ee	b8	14	de	5e	0b	db
	a	e0	32	3a	0a	49	06	24	5c	c2	d3	ac	62	91	95	e4	79
	b	e7	c8	37	6d	8d	d5	4e	a9	6c	56	f4	ea	65	7a	ae	08
	c	ba	78	25	2e	1c	a6	b4	c6	e8	dd	74	1f	4b	bd	8b	8a
	d	70	3e	b5	66	48	03	f6	0e	61	35	57	b9	86	c1	1d	9e
	e	e1	f8	98	11	69	d9	8e	94	9b	1e	87	e9	ce	55	28	df
	f	8c	a1	89	0d	bf	e6	42	68	41	99	2d	0f	b0	54	bb	16

[*3] 非線形性の正確な定義についてはここでは説明しません．

10110101 であれば,

$$10110101 \implies 1011 \qquad 0101 \implies \text{b} \qquad 5$$

となるので, $x = \text{b}$, $y = 5$ のところを読むと, "d5" が出力ということになります.

　入力と出力の関係を見てみれば, 入力 1 ビットの違いが出力を大きく変えてしまうことがわかると思います. AddRoundKey とはまったく違う性質を持っているのです.

　SBOX の逆変換は, **表 4.4** を逆に読めばいいのですから, **表 4.5** のようになります.

表 4.5　AES 復号化における SBOX

		0	1	2	3	4	5	6	7	8	9	a	b	c	d	e	f
									y								
	0	52	09	6a	d5	30	36	a5	38	bf	40	a3	9e	81	f3	d7	fb
	1	7c	e3	39	82	9b	2f	ff	87	34	8e	43	44	c4	de	e9	cb
	2	54	7b	94	32	a6	c2	23	3d	ee	4c	95	0b	42	fa	c3	4e
	3	08	2e	a1	66	28	d9	24	b2	76	5b	a2	49	6d	8b	d1	25
	4	72	f8	f6	64	86	68	98	16	d4	a4	5c	cc	5d	65	b6	92
	5	6c	70	48	50	fd	ed	b9	da	5e	15	46	57	a7	8d	9d	84
	6	90	d8	ab	00	8c	bc	d3	0a	f7	e4	58	05	b8	b3	45	06
x	7	d0	2c	1e	8f	ca	3f	0f	02	c1	af	bd	03	01	13	8a	6b
	8	3a	91	11	41	4f	67	dc	ea	97	f2	cf	ce	f0	b4	e6	73
	9	96	ac	74	22	e7	ad	35	85	e2	f9	37	e8	1c	75	df	6e
	a	47	f1	1a	71	1d	29	c5	89	6f	b7	62	0e	aa	18	be	1b
	b	fc	56	3e	4b	c6	d2	79	20	9a	db	c0	fe	78	cd	5a	f4
	c	1f	dd	a8	33	88	07	c7	31	b1	12	10	59	27	80	ec	5f
	d	60	51	7f	a9	19	b5	4a	0d	2d	e5	7a	9f	93	c9	9c	ef
	e	a0	e0	3b	4d	ae	2a	f5	b0	c8	eb	bb	3c	83	53	99	61
	f	17	2b	04	7e	ba	77	d6	26	e1	69	14	63	55	21	0c	7d

　この表があれば, SBOX を実装することができます. それぞれの入力に対して, 表の通りに出力すればいいだけです.

　これを Java でプログラムすると, リスト 4.3 のようになります. ただし, 紙面の都合で, リスト 4.3 では, 暗号化用の SBOX (SBOX) と復号化用の SBOX (INV_SBOX) の値の一部を省略しました. 省略されている部分については, **表 4.4** と **表 4.5** をご覧ください. 数字の並びを見れば, すぐに対応関係がわかると思います.

リスト 4.3　AddRoundKey の Java による実装

```
private int subWord(int a) {
    return  SBOX[a        & 0xff] & 0xff
        | (SBOX[a >>  8 & 0xff] & 0xff) <<  8
        | (SBOX[a >> 16 & 0xff] & 0xff) << 16
        | (SBOX[a >> 24 & 0xff] & 0xff) << 24;
}
private int invSubWord(int a) {
    return  INV_SBOX[a        & 0xff] & 0xff
        | (INV_SBOX[a >>  8 & 0xff] & 0xff) <<  8
        | (INV_SBOX[a >> 16 & 0xff] & 0xff) << 16
        | (INV_SBOX[a >> 24 & 0xff] & 0xff) << 24;
```

```
}
private void subBytes() {
    for (int i = 0; i < 4; i++)
        this.state_[i] = this.subWord(this.state_[i]);
}
private void invSubBytes() {
    for (int i = 0; i < 4; i++)
        this.state_[i] = this.invSubWord(this.state_[i]);
}
private static byte[] SBOX = {
    0x63,   0x7c,   0x77,   0x7b,   0xf2,   0x6b,   0x6f,   0xc5,
    0x30,   0x01,   0x67,   0x2b,   0xfe,   0xd7,   0xab,   0x76,
    0xca,   ............................................
    ............................................
    ..................................,   0xdf,
    0x8c,   0xa1,   0x89,   0x0d,   0xbf,   0xe6,   0x42,   0x68,
    0x41,   0x99,   0x2d,   0x0f,   0xb0,   0x54,   0xbb,   0x16
};
private static final byte[] INV_SBOX = {
    0x52,   0x09,   0x6a,   0xd5,   0x30,   0x36,   0xa5,   0x38,
    0xbf,   0x40,   0xa3,   0x9e,   0x81,   0xf3,   0xd7,   0xfb,
    0x7c,   ............................................
    ............................................
    ..................................,   0x61,
    0x17,   0x2b,   0x04,   0x7e,   0xba,   0x77,   0xd6,   0x26,
    0xe1,   0x69,   0x14,   0x63,   0x55,   0x21,   0x0c,   0x7d
};
```

♟ SBOX 設計で注意しなければならないこととは

　共通鍵暗号の設計において，非線形変換部の仕様を決める際に考えなければならないのは，DES などに有効だった攻撃に対する対策を組み込むことです．詳細は，暗号学の教科書 (たとえば参考文献 [14] など) にゆずりますが，差分解読法，線形解読法などの代表的な暗号解読法を適用することで，暗号強度が大幅に下がらないようにしなければなりません．差分解読法における「差分」とは，排他的論理和のことで，この攻撃の基本的なアイデアは，平文の差分，暗号文の差分，暗号化途中のデータの差分の相関に注目して解読を行うものです．差分を取るメリットは，未知の鍵データ K がデータ a, b に排他的論理和されたとき，答 $a \oplus K$, $b \oplus K$ 同士の差分が，

$$(a \oplus K) \oplus (b \oplus K) = (a \oplus b) \oplus (K \oplus K) = a \oplus b$$

となって，鍵 K が消えてしまうことにあります．差分解読法では，ある一定の差分 $\triangle$ を持つ平文の集まり $p_1, p_2, \cdots, p_n$:

$$p_i \oplus p_j = \triangle \quad (i \neq j)$$

に対し，これに対応する暗号文 $c_1, c_2, \cdots, c_n$ を計算します．そして暗号文の差分 $c_i \oplus c_j (i \neq j)$ を調べます．この差分の分布に偏りがあると，それを手がかりにして，鍵の候補を絞っていくことができます．これが差分解読法の基本原理です．

したがって，**SBOX を設計する際には，差分が一定の入力に対する出力の差分に**できるだけ偏りがでないようにしなければなりません．

ラウンド数が少ないと偏りが残りますが，AES の提案書によれば，AES の場合，8 ラウンド以上では，差分解読法による鍵の絞込みは不可能であるとされています．

一方，線形解読法は，三菱電機の松井充氏によって開発されたもので，実際にシングル DES(16 ラウンドの DES)[*4] の解読に成功した最初の攻撃方法です．DES の開発者) は，差分解読法は想定済みで，DES にも対策技術を組み込んでいましたが，線形解読法は想定外で，解読を許してしまうことになりました．

線形解読法の基本原理は，SBOX を「線形近似」することにあります．SBOX は，非線形変換ですが，線形な変換 (データと鍵の排他的論理和の組み合わせ) に近い場合があります．この「近さ」は，入力に対して，線形変換と答が一致する確率がどれくらい大きいかで測ります．SBOX が線形近似できれば，暗号全体が線形変換の組み合わせとなり，これを用いて鍵の部分情報を得ることができるようになります．松井氏は，この他にいくつかの工夫を組み込んで，最終的に，用意すべき平文，暗号文対を 2^{43} 個にまで減らすことに成功し，シングル DES の解読に成功したのです[*5]．

したがって，**線形解読法を困難にするには，SBOX ができるだけ線形変換から「遠い」ものである必要があります**．AES の提案書によれば，8 ラウンド以上では線形解読不可能とされています．

この他，いくつかの攻撃方法が知られており，暗号の設計をする場合には，これらの攻撃方法に耐性を持つようにしなければなりません．これは容易なことではなく，設計には専門的な訓練を積む必要があります．素人が安易に暗号を設計することはやはり危険であると言わなければなりません．

AES は，これら既知の解読法に対して耐性を持つことが確認されています．

♟ ShiftRows，InvShiftRows

ShiftRows 関数は，ステートの各行を列方向にずらす処理です[*6]．第 1 行目から第 4 行目までそれぞれ，**図 4.5** に示すように，左にそれぞれ 0，1，2，3 バイトローテーションを行います．

逆変換 InvShiftRows は，左ローテーションを右ローテーションにするだけです．

リスト 4.4 と 4.5 に，Java での実装例を示します．本実装例では，ローテーション

[*4] 現在，DES はシングルで使うことは望ましいことではなく，二つあるいは，三つのシングル DES 鍵を使ったトリプル DES (鍵が二つの場合は，2 鍵トリプル DES と呼ばれる) が使われています．
[*5] ただし，実際のシステムで，これだけの数の平文，暗号文対を集めるのは，やさしくはないと思われますが．
[*6] "row" は，行という意味です．

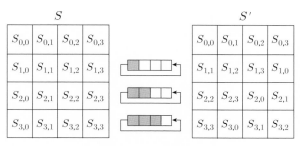

図 4.5 ShiftRows

を実行するために，論理積演算を用いて，ステートの一部の行を取り出して処理して
います．リスト 4.4 が，全部で 3 ブロックにわかれている様子が見て取れると思いま
す．これらは，それぞれ 2 行目から 4 行目の各行を，左にそれぞれ一つ，二つ，三つ
ローテートする操作に対応しています．図 4.5 をもう一度見て，この操作で ShiftRows
が実現できることを確認してみてください．リスト 4.5 では，左ローテートではな
く，右ローテートを実行しています．同様に，図 4.5 を見ながら，動作を確認して
みてください．なお，ここで，たとえば this.state_[0] & 0xffff00ff といった形
の式がたくさん出てきます．これは，this.state_[0] の 4 バイト (図 4.5 であれば，
$s_{3,0}, s_{2,0}, s_{1,0}, s_{0,0}$ に対応します) のうち，ff ではなく，00 になっている下から二バイ
ト目 ($s_{1,0}$) を除いて取り出すことを意味しています．ここで，"除いて" というのは，
その部分を 0 にしておくということを意味しています．実際に取り除いてしまって
は，プログラム上で扱いにくいためです．次の論理和演算 (| であらわされています)
で，this.state_[1] & 0x0000FF00 の計算結果と結合しています．this.state_[1]
& 0x0000FF00 は，this.state_[1] の下から 2 バイト目 ($s_{1,1}$) だけを取り出して，ほ
かの場所である下から 1 バイト目と 3 バイト目と 4 バイト目を 0 にしています．つま
り，ステートの 2 行目を処理しているということです．論理和演算の結果は，s' の一
番左の列に割り当てられています．つまり，this.state_[0] には，$s_{3,0}, s_{2,0}, s_{1,1}, s_{0,0}$
が代入されます．

以下，同様にして，左ローテーションを行います．InvShiftRows で用いている右
ローテーションについても，同様の考え方で実装しています．

リスト 4.4 ShiftRows の Java による実装

```java
private void shiftRows() {
    int tmp = this.state_[0];
    this.state_[0] = (this.state_[0] & 0xffff00ff)
                            | (this.state_[1] & 0x0000ff00);
    this.state_[1] = (this.state_[1] & 0xffff00ff)
                            | (this.state_[2] & 0x0000ff00);
    this.state_[2] = (this.state_[2] & 0xffff00ff)
```

```
                                   | (this.state_[3] & 0x0000ff00);
    this.state_[3] = (this.state_[3] & 0xffff00ff)
                                   | (tmp           & 0x0000ff00);

    tmp = this.state_[0];
    this.state_[0] = (this.state_[0] & 0xff00ffff)
                                   | (this.state_[2] & 0x00ff0000);
    this.state_[2] = (this.state_[2] & 0xff00ffff)
                                   | (tmp           & 0x00ff0000);
    tmp = this.state_[1];
    this.state_[1] = (this.state_[1] & 0xff00ffff)
                                   | (this.state_[3] & 0x00ff0000);
    this.state_[3] = (this.state_[3] & 0xff00ffff)
                                   | (tmp           & 0x00ff0000);

    tmp = this.state_[0];
    this.state_[0] = (this.state_[0] & 0x00ffffff)
                                   | (this.state_[3] & 0xff000000);
    this.state_[3] = (this.state_[3] & 0x00ffffff)
                                   | (this.state_[2] & 0xff000000);
    this.state_[2] = (this.state_[2] & 0x00ffffff)
                                   | (this.state_[1] & 0xff000000);
    this.state_[1] = (this.state_[1] & 0x00ffffff)
                                   | (tmp           & 0xff000000);
}
```

リスト 4.5　InvShiftRows の Java による実装

```java
private void invShiftRows() {
    int tmp = this.state_[0];
    this.state_[0] = (this.state_[0] & 0xffff00ff)
                                   | (this.state_[3] & 0x0000ff00);
    this.state_[3] = (this.state_[3] & 0xffff00ff)
                                   | (this.state_[2] & 0x0000ff00);
    this.state_[2] = (this.state_[2] & 0xffff00ff)
                                   | (this.state_[1] & 0x0000ff00);
    this.state_[1] = (this.state_[1] & 0xffff00ff)
                                   | (tmp           & 0x0000ff00);

    tmp = this.state_[0];
    this.state_[0] = (this.state_[0] & 0xff00ffff)
                                   | (this.state_[2] & 0x00ff0000);
    this.state_[2] = (this.state_[2] & 0xff00ffff)
                                   | (tmp           & 0x00ff0000);
    tmp = this.state_[1];
    this.state_[1] = (this.state_[1] & 0xff00ffff)
                                   | (this.state_[3] & 0x00ff0000);
    this.state_[3] = (this.state_[3] & 0xff00ffff)
                                   | (tmp           & 0x00ff0000);

    tmp = this.state_[0];
    this.state_[0] = (this.state_[0] & 0x00ffffff)
                                   | (this.state_[1] & 0xff000000);
    this.state_[1] = (this.state_[1] & 0x00ffffff)
                                   | (this.state_[2] & 0xff000000);
    this.state_[2] = (this.state_[2] & 0x00ffffff)
                                   | (this.state_[3] & 0xff000000);
    this.state_[3] = (this.state_[3] & 0x00ffffff)
                                   | (tmp           & 0xff000000);
}
```

🎯 MixColumns, InvMixColumns

MixColumns 関数は，状態配列の四つの列それぞれに対して，次のような操作を行うものです．状態配列の第 j 列は，

$$s_{0,j}, \ s_{1,j}, \ s_{2,j}, \ s_{3,j}$$

という四つの 1 バイトデータが並んでいます．

$$\begin{bmatrix} s'_{0,j} \\ s'_{1,j} \\ s'_{2,j} \\ s'_{3,j} \end{bmatrix} = \begin{bmatrix} 02 & 03 & 01 & 01 \\ 01 & 02 & 03 & 01 \\ 01 & 01 & 02 & 03 \\ 03 & 01 & 01 & 02 \end{bmatrix} \begin{bmatrix} s_{0,j} \\ s_{1,j} \\ s_{2,j} \\ s_{3,j} \end{bmatrix} \quad j = 0, 1, 2, 3$$

ただし，係数の計算は，次のように行います．今，一つのステートに 7 次の多項式を対応させます．たとえば，10110111 に対しては，

$$10110111 \longrightarrow 1 \cdot x^7 + 0 \cdot x^6 + 1 \cdot x^5 + 1 \cdot x^4 + 0 \cdot x^3 + 1 \cdot x^2 + 1 \cdot x + 1$$
$$= x^7 + x^5 + x^4 + x^2 + x + 1$$

とします．行列の係数にも，同じように多項式を対応させます．たとえば，"03" に対しては，03 = 00000011 なので，

$$00000011 \longrightarrow 0 \cdot x^7 + 0 \cdot x^6 + 0 \cdot x^5 + 0 \cdot x^4 + 0 \cdot x^3 + 0 \cdot x^2 + 1 \cdot x + 1 = x + 1$$

とします．ですから，03 と 10110111 の積は，$x+1$ と，$x^7 + x^5 + x^4 + x^2 + x + 1$ の掛け算になります．この約束に従って，行列の計算を行います．ただし，係数の計算では，排他的論理和を使いますので，多項式の係数は，いつでも，0 か 1 になります．そして，最後に，$m(x) = x^8 + x^4 + x^3 + x + 1$ で割って余りを取ってそれを答とするのです．割り算でも，係数の計算では排他的論理和を用います．ここは，言葉で説明するよりも，Java の実装を見てもらう方がよくわかると思います．

逆変換 InvMixColumns は，以下のように表されることがわかります．

$$\begin{bmatrix} s_{0,j} \\ s_{1,j} \\ s_{2,j} \\ s_{3,j} \end{bmatrix} = \begin{bmatrix} 0e & 0b & 0d & 09 \\ 09 & 0e & 0b & 0d \\ 0d & 09 & 0e & 0b \\ 0b & 0d & 09 & 0e \end{bmatrix} \begin{bmatrix} s'_{0,j} \\ s'_{1,j} \\ s'_{2,j} \\ s'_{3,j} \end{bmatrix} \quad j = 0, 1, 2, 3$$

計算は，MixColumns のときと同じようにします．

リスト 4.6 と 4.7 には，MixColumns と InvMixColumns の Java 実装を示しています．mul2_F2(byte a) という関数は，入力値 a を 2 倍する関数です．MixColumns で

は，1 倍するか 2 倍するか 3 倍するかの 3 通りしかなく，3 倍の計算は，2 倍したもの
と 1 倍したものを足し合わせることで実現することができますから，この 2 倍の計算
をする関数を特別に用意しているのです．mixColumn 関数は，ステートの列をひと
つずつ受け取って処理します．o0〜o3 という変数は (以下 o$_n$ と表す)，入力された列
を 1 バイトずつに分解して保持するための変数です．t0〜t3 という変数は (以下 t$_n$
と表す)，それぞれのバイトを 2 倍したものを保持するための変数です．return 文に，
計算式を書いています．MixColumns の説明で用いた行列の値と見比べてみてくださ
い．01 に対応する位置には o$_n$ が，02 に対応する位置には t$_n$ が，そして 03 に対応す
る位置には o$_n^t_n$ がセットで書かれていることに気がつくと思います．

　InvMixColumns の計算は，MixColumns よりも面倒ですが，式を見る限りは，む
しろこちらのほうが理解しやすいかもしれません．mul_F2(byte a, byte b) 関数を
使って，掛け算をたくさん記述しています．16 進数で表記されている 0b や 0d や 0e
は，それぞれ 10 進数の 11，13，14 に対応しています．16 進数から 10 進数への変換
表を記憶しておくと，暗号を実装する際に便利なことが多いと思います．

　なお，InvMixColumns のリスト中の mul_F2(byte, byte) 関数は，MixColumns の
リストの中の mul2_F2 (byte) を呼び出して使用しているので，コードを動かしてみ
る場合に忘れないようにしてください．

リスト 4.6　MixColumns の Java による実装

```java
private byte mul2_F2(byte a) {
    boolean msb = (a & 0x80) != 0;
    a <<= 1;
    if (msb)
        a ^= 0x11b;
    return a;
}
private int mixColumn(int column) {
    byte o0 = (byte)  column;
    byte o1 = (byte) (column >>  8);
    byte o2 = (byte) (column >> 16);
    byte o3 = (byte) (column >> 24);

    byte t0 = this.mul2_F2(o0);
    byte t1 = this.mul2_F2(o1);
    byte t2 = this.mul2_F2(o2);
    byte t3 = this.mul2_F2(o3);

    return (t0    ^o1^t1^o2   ^o3    ) & 0xff
        | ((o0    ^t1   ^o2^t2^o3    ) & 0xff) <<  8
        | ((o0    ^o1   ^t2   ^o3^t3) & 0xff) << 16
        | ((o0^t0^o1    ^o2    ^t3    ) & 0xff) << 24;
}

private void mixColumns() {
    for (int i = 0; i < 4; i++)
        this.state_[i] = this.mixColumn(this.state_[i]);
}
```

リスト 4.7　InvMixColumns の Java による実装

```
private byte mul_F2(byte a, byte b) {
    byte x = 0;
    for (int i = 0; i < 8; i++) {
        if ((b & 1) != 0)
            x ^= a;
        a = this.mul2_F2(a);
        b >>= 1;
    }
    return x;
}
private int invMixColumn(int column) {
    byte a0 = (byte)  column;
    byte a1 = (byte) (column >> 8);
    byte a2 = (byte) (column >> 16);
    byte a3 = (byte) (column >> 24);

    return ((this.mul_F2(a0,14)^this.mul_F2(a1,11)
           ^ this.mul_F2(a2,13)^this.mul_F2(a3, 9))&0xff)
         | ((this.mul_F2(a0, 9)^this.mul_F2(a1,14)
           ^ this.mul_F2(a2,11)^this.mul_F2(a3,13))&0xff)<< 8
         | ((this.mul_F2(a0,13)^this.mul_F2(a1, 9)
           ^ this.mul_F2(a2,14)^this.mul_F2(a3,11))&0xff)<<16
         | ((this.mul_F2(a0,11)^this.mul_F2(a1,13)
           ^ this.mul_F2(a2, 9)^this.mul_F2(a3,14))&0xff)<<24;
}

private void invMixColumns() {
    for (int i = 0; i < 4; i++)
        this.state_[i] = this.invMixColumn(this.state_[i]);
}
```

4.1.4　AES の鍵拡張部

　AES では，元の鍵を拡張して初期処理用鍵，ラウンド鍵にして，AddRoundKey の部分で，ステートと混ぜ合わせることになります．ここでは，この初期処理用鍵，ラウンド鍵を作る鍵拡張部について説明しましょう．

　以下，誤解のない限り，初期処理用鍵，ラウンド鍵を合わせてラウンド鍵ということにします．

　ラウンド鍵は，データと同じく各要素が 1 バイトの 4×4 の配列で表現されます．これを鍵配列といいます．ラウンド鍵のサイズは，共通鍵のサイズが 128，192，256 ビットと変化しても常に同じサイズの鍵配列で表現されることに注意してください．

　鍵拡張では，まず最初に，鍵 K を 1 ワードごとに分割して，それぞれ，$w_0, w_1, \cdots,$ w_{N_k-1} とします．

$$K = \boxed{w_0}\ \boxed{w_1}\ \cdots\ \boxed{w_{N_k-1}}$$

　これら，ワード単位に分割されたブロックを単位に図 4.6〜4.8 の処理にかけます．

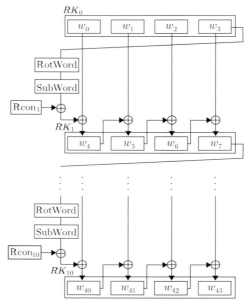

図 4.6　128 ビット鍵スケジュール

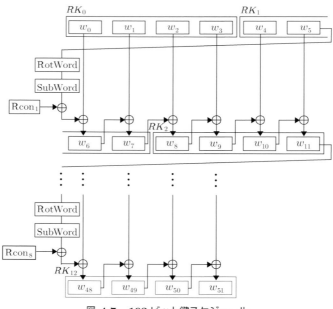

図 4.7　192 ビット鍵スケジュール

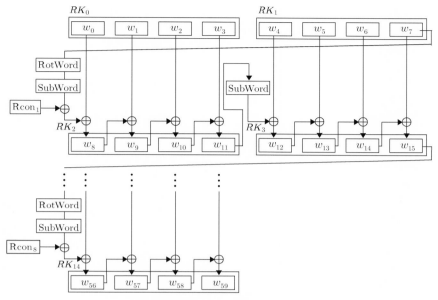

図 4.8　256ビット鍵スケジュール

　図中の Rcon とは，ラウンド定数 (round constant) を意味しており，$\mathrm{Rcon}_i = [x^{i-1} \bmod m(x),\ 0,\ 0,\ 0]$ と定められています．式中の $m(x)$ は，MixColumns の説明のところで出てきたものです．

　RotWord では，w_i を

$$w_i \quad = \quad \boxed{w_{i,0}} \quad \boxed{w_{i,1}} \quad \boxed{w_{i,2}} \quad \boxed{w_{i,3}}$$

のように四つの1バイトブロックに分割し，**図 4.9** のように1バイト分ローテーションします．

　SubWord では，上記の各1バイトブロックごとに，暗号化部で用いたものと同じ SubByte 関数を適用します[*7]．

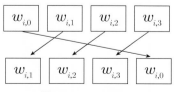

図 4.9　**RotWord**

[*7] つまり，同じ非線形関数です．DES をご存知の方は，DES の鍵拡張には非線形の変換がなかったことに気がついたかもしれませんね．

これらの処理で得られたデータを次のように 4 ワードずつまとめラウンド鍵 $RK_j(0 \le j \le N_r)$ として用いることになります.

$$RK_0 = w_0 \quad w_1 \quad w_2 \quad w_3$$
$$RK_1 = w_4 \quad w_5 \quad w_6 \quad w_7$$
$$\cdots$$
$$RK_{N_r} = w_{4N_r} \quad w_{4N_r+1} \quad w_{4N_r+2} \quad w_{4N_r+3}$$

リスト 4.8 は,鍵スケジュールを Java で実装したものです.ただし,subWord,InvSubWord,SBOX や INV_SBOX は,すでに先ほどリスト 4.3 に示しましたので,そちらを参照してください.鍵スケジュールでは,主に SubByte 関数を利用して,それ以外にはステートの各バイトをローテーションする処理が行われます.これまでに見てきた処理以外に,目立って新しい処理というものはありません.鍵の長さによって,生成されるラウンド鍵の数が異なりますので,その点に注意してください.

リスト 4.8　鍵スケジュールの Java による実装

```
private static final int[]   RCON     = {
    0x8d, 0x01, 0x02, 0x04, 0x08, 0x10,
    0x20, 0x40, 0x80, 0x1b, 0x36, 0x6c
};
private int rotWord(int a) {
    return a >> 8 & 0x00ffffff | (a & 0xff) << 24;
}
private int[][] expandsKey(byte[] k) {
    int nk = k.length / 4;   // key length
    int nr = nk + 6;         // round count
    int[][] rk = new int[nr + 1][4]; // expanded key
    for (int i = 0; i < nk; i++)
        rk[i >> 2][i & 3] = k[i * 4     ] & 0xff
                        | (k[i * 4 + 1] & 0xff) <<  8
                        | (k[i * 4 + 2] & 0xff) << 16
                        | (k[i * 4 + 3] & 0xff) << 24;
    int x = rk[nk - 1 >> 2][nk - 1 & 3];
    for (int i = nk; i < (nr + 1) * 4; i++) {
        if (i % nk == 0)
            x = this.subWord(this.rotWord(x)) ^ RCON[i / nk];
        if (nk == 8 && i % nk == 4)
            x = this.subWord(x);
        x ^= rk[i - nk >> 2][i - nk & 3];
        rk[i >> 2][i & 3] = x;
    }
    return rk;
}
```

4.2 暗号利用モード

AES の入力文のサイズは，128 ビットです．一般に，文書のような大きなデータを暗号化 しようとすれば，128 ビットでは足りません．128 ビットずつ区切ってそのまま暗号化すればよさそうですが，果たしてそうでしょうか．

これは，暗号の使い方に関する問題です．これに答えるのが，暗号利用モード (mode of operation) です．暗号利用モードは，AES だけでなく，ブロックごとに暗号化を行うブロック暗号一般に共通の概念です．

暗号利用モードは，FIPS PUB-81 (参考文献 [17]) で標準化されているものと，SP800-38A (参考文献 [25]) として推奨されているものがあります．標準化されている暗号利用モードには，次のようなものがあります．

- ECB モード (Electronic Code Book:電子コード帳モード)
- CBC モード (Cipher Block Chaining:暗号ブロック連鎖モード)
- CFB モード (Cipher Feedback:暗号フィードバックモード)
- OFB モード (Output Feedback:出力フィードバックモード)

SP800-38A (参考文献 [25]) では，上記の拡張が行われ，新たに CTR モード (Counter：カウンターモード) が推奨されています．以下では，これら五つのモードのうち，教育的かつ重要なモードとして ECB，CBC，CTR の三つについて説明します．

以下，鍵 K による暗号化を E_K で，復号化を D_K で表記しますが，図中では，単に E，D のように表記することもあります．

4.2.1 ECB (Electronic Code Book) モード

ECB モードは，最も基本的な暗号利用モードで，文書データ P をブロックごとに分割し，$P_0, P_1, \cdots$ とし，それぞれを同一の鍵 K で暗号化するものです (**図 4.10**).

AES の場合なら，データを 128 ビットずつ区切ってそれぞれを同じ鍵で暗号化するわけです．

チャレンジレスポンスなどの単純な用途であれば，ECB モード が使われることがあります．しかし，一般に，文書や画像などの大きなデータを暗号化する用途に使うのは危険です．また，パスワードなど，固定したデータを暗号化する際も，ECB モードをそのまま使ってしまうと，辞書検索などで簡単にパスワードを割り出せる可能性があります．

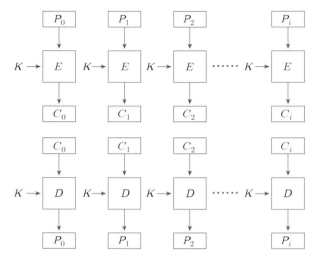

図 4.10 ECB モード

図 4.11 オリジナル

図 4.12 ECB 暗号化後

　ECB モードの問題点は，同じブロック (AES なら 128 ビット) のデータが同じだった場合，暗号文はまったく同じになるということです．ECB モードの問題点を一目で実感できる例を示しましょう．

　図 4.11 を，ECB モードで暗号化したのが，**図 4.12** です．**ECB モードによる暗号化後の画像には，原画像 (図 4.11) の特徴が残っている**ことがわかります．これは，塗りつぶされている部分が同じデータに暗号化されるために起きることです．

　これは画像ですが，文書の場合でも，同一のブロックは同じ暗号文になり，内容に関する情報が漏洩する可能性があります．

　この他の危険性として，メッセージの切り接ぎ (cut and splice) が挙げられます．これは，ECB モードでは，データがブロックごとに独立して暗号化されることに着目し，ブロックを入れ替えることによって，データを都合よく改ざんする攻撃方法です．

　図 4.13 を見てください．これは，切り接ぎによるアタックを単純化してあらわした

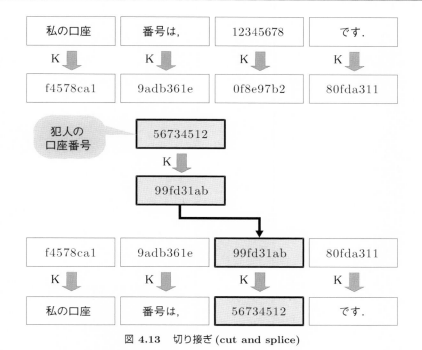

図 4.13 切り接ぎ (cut and splice)

ものです. 「私の口座番号は, 12345678 です」. という文 (平文) を暗号鍵 K を用いて
ECB モードで暗号化し, 暗号文 "f4578ca1 9adb361e 0f8e97b2 80fda311" が得られた
とします. このうち, 犯人の口座番号 56734512 を暗号化した "99fd31ab" というデー
タを "0f8e97b2" と取り替えてしまうのです. 何も知らないメッセージ受信者は, 犯
人の口座に送金してしまうかもしれません.

　実際には, 犯人の口座番号の暗号化データがそのまま手に入るとは考えにくく, こ
こで述べた切り接ぎ攻撃は現実的ではないかもしれません. しかし, これだけでも,
ECB モードに問題があることは理解できるのではないでしょうか.

　ECB モードは, 並列化できるため, 高速化しやすいことや, 暗号文の 1 ブロックに
エラーが生じた場合, 復号できないのはそのブロックだけで, 他のブロックに影響を
与えないという利点もあります. しかし, 上記のような危険性があるため, 単純な用
途以外では使われていません.

　リスト 4.9 は, ECB モードで暗号関数を呼び出す方法を Java で実装してみた例で
す. ここで AESAlgorithm というのは, AES を定義したクラスを表していて, この
クラスには, 鍵を設定する setKey() と, 入力文を設定する setBlock() と, 暗号化
を行う encryptBlock() と, 復号化を行う decryptBlock() と, 出力文を受け取る

getBlock() という五つのメソッドがあることを想定しています．プログラムの構造
は単純で，ECB モード用として受け取ったデータを，暗号化のブロックサイズである
16 バイト (=128 ビット) ごとに切り出して，順次暗号化もしくは復号化を行っていま
す．encryptECB を暗号化時に用い，decryptECB を復号化時に用います．

リスト 4.9　ECB モードの Java による実装

```java
public byte[] encryptECB(byte[] data, byte[] key) {
    byte[] buf = new byte[data.length];
    AESAlgorithm aes = new AESAlgorithm();
    aes.setKey(key);
    for (int i = 0; i < data.length; i += 16) {
        aes.setBlock(data, i);
        aes.encryptBlock();
        aes.getBlock(buf, i);
    }
    return buf;
}

public byte[] decryptECB(byte[] data, byte[] key) {
    byte[] buf = new byte[data.length];
    AESAlgorithm aes = new AESAlgorithm();
    aes.setKey(key);
    for (int i = 0; i < data.length; i += 16) {
        aes.setBlock(data, i);
        aes.decryptBlock();
        aes.getBlock(buf, i);
    }
    return buf;
}
```

4.2.2　CBC (Cipher Block Chaining) モード

ECB モードの問題点を解決する一つの方法は，ブロックごとの暗号化を直前のブ
ロックと関連付けることです．

CBC モードでは，図 4.14 のように，まず最初の入力文と初期ベクタ (initialization
vector) IV とを排他的論理和した値を入力として，暗号化を行います．得られた暗号
文を次の入力文と排他的論理和して，新しい入力文とします．以下同様にして，ドミ
ノ倒しのように暗号化していきます．復号化には，暗号鍵と初期化ベクタ IV が必要
になります．

式で書くと，

$$暗号化 : C_0 = E_K(P_0 \oplus IV)$$
$$C_i = E_K(P_i \oplus C_{i-1}) \quad i = 1, 2, 3, \cdots$$
$$復号化 : P_0 = D_K(C_0) \oplus IV$$
$$P_i = D_K(C_i) \oplus C_{i-1} \quad i = 1, 2, 3, \cdots$$

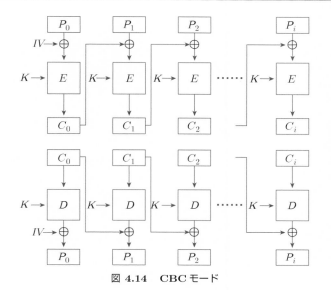

図 4.14　CBC モード

となります.

　ここで, 初期ベクタ IV は, 擬似乱数生成などで使われるシードと同様の機能を果たす値です. IV は, 秘密である必要はなく, 暗号文と一緒に送信してもよいものですが, 予測できる値であってはいけません. NIST は, 以下の二つの方法を推奨しています.

- ナンス (nonce[8] : カウンタ, メッセージ番号など, 暗号化ごとに変わる値) を暗号化したデータ (暗号文) を IV とする. このときの暗号化鍵は, 元の暗号化鍵と同じでよい.
- よい擬似乱数 (FIPS 186-2 などで規定されているもの) を IV とする.

CBC モードは, ECB モードとは違い, ブロックごとの暗号化が, 直前のブロックの暗号化結果に依存しています. ですから, ECB モードのときのように, 画像の特徴が残るということはありません. これを示したのが, **図 4.15** と**図 4.16** です. **図 4.16** では, 原画像の**図 4.15** の特徴が消えノイズのようになっています.

　CBC モードは, 文書の暗号化などよりも, MAC (Message Authentication Code＝メッセージ認証子) に利用されることが多いようです. MAC というのは, データが改ざんされているかを検出するために使われるものです.

　CBC モードでは, メッセージを暗号化した際, 最後の 1 ブロックは, メッセージ全体に依存していることになります. したがって, メッセージを暗号化した際の最後

---

[8] nonce は, **number used once** の略です (参考文献 [5], p.72).

図 4.15　オリジナル

図 4.16　CBC モード暗号化後

の 1 ブロック[*9] を MAC とし，メッセージの改ざんを検出するのに利用することができます．データの一部が改ざんされてしまった場合，MAC は高い確率で不一致となるからです．

ただし，CBC モードを利用した MAC (CBC-MAC) は，固定長のデータを送る場合には問題ありませんが，可変長のデータを送る場合には問題があります．

最も単純なケースを考えてみます．今，1 ブロック長のメッセージ M の MAC C が得られたとします．すると，M と，$M \oplus C$ を並べた新たなメッセージ M' の MAC は，C と一致します (図 4.17).

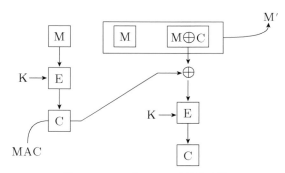

図 4.17　CBC-MAC の偽造の例

このような問題を克服するために，さまざまな方法が考えられています．このような方法の一つとして，OMAC(One-key CBC-MAC) が NIST の SP800-38B に規定されています．詳細を知りたい方は，参考文献 [6] の 61 ページをご覧ください．

リスト 4.10 は，CBC モードを Java で実装した例です．暗号化関数として AES を使用するようになっていますが，`AESAlgorithm` の部分を書き換えれば，他の暗号を使用する場合にも簡単に対応することができます．CBC モード特有の，初期化ベクタ iv を v にセットしています．v は，フィードバックとして入力文の各ブロックに排他的論理和される値を保持しています．`tmp[j]` の計算の部分に，その処理が記述

---
*9 またはその一部

されています．復号化は，暗号化と逆の順序で，フィードバックが入力に排他的論理和されます．そのため，encryptCBC における tmp[j]= ⋯ の行に相当する行（buf[i + j] ^= ⋯）が，setBlock() の前から，getBlock の後に移動しているわけです．

リスト 4.10　CBC モードの Java による実装

```java
public byte[] encryptCBC(byte[] data, byte[] key, byte[] iv) {
    byte[] buf = new byte[data.length];
    byte[] tmp = new byte[16];
    byte[] v = iv;
    int voffset = 0;
    AESAlgorithm aes = new AESAlgorithm();
    aes.setKey(key);
    for (int i = 0; i < data.length; i += 16) {
        for (int j = 0; j < 16; j++)
            tmp[j] = (byte) (data[i + j] ^ v[voffset + j]);
        aes.setBlock(tmp, 0);
        aes.encryptBlock();
        aes.getBlock(buf, i);
        v = buf;
        voffset = i;
    }
    return buf;
}

public byte[] decryptCBC(byte[] data, byte[] key, byte[] iv) {
    byte[] buf = new byte[data.length];
    byte[] v = iv;
    int voffset = 0;
    AESAlgorithm aes = new AESAlgorithm();
    aes.setKey(key);
    for (int i = 0; i < data.length; i += 16) {
        aes.setBlock(data, i);
        aes.decryptBlock();
        aes.getBlock(buf, i);
        for (int j = 0; j < 16; j++)
            buf[i + j] ^= v[voffset + j];
        v = data;
        voffset = i;
    }
    return buf;
}
```

4.2.3　CTR(Counter) モード

CTR(カウンタ) モードは，1979 年にディフィーとヘルマンによって提案されたもので，ECB モードと同じく，ブロックごとに完全並列処理できるという利点があります．また，暗号化側も復号化側も，ともに暗号化関数のみを持てばよいという利点もあり，非常に優れた暗号利用モードであるといえます．

CTR では，平文ブロックごとにカウンタと呼ばれる系列 $T_0, T_1, \cdots, T_n$ を用意し，以下のように処理を行います．

$$\text{暗号化: } O_j = E_K(T_j) \quad j = 0, 1, \cdots, n$$
$$C_j = P_j \oplus O_j \quad j = 0, 1, \cdots, n-1$$
$$C_n = P_n \oplus \text{MSB}_u(O_n)$$
$$\text{復号化: } O_j = E_K(T_j) \quad j = 0, 1, \cdots, n$$
$$P_j = C_j \oplus O_j \quad j = 0, 1, \cdots, n-1$$
$$P_n = C_n \oplus \text{MSB}_u(O_n)$$

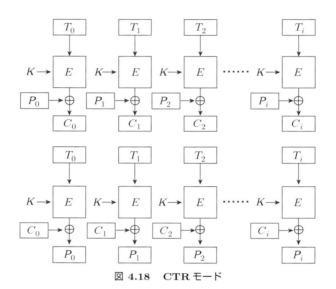

図 4.18　CTR モード

ここで，u は，最後の暗号文または平文のビット長です．

カウンタは，ブロックごとに異なる値を使います．また，一つの鍵に対して一度だけしか使うことができません．

ここでは，カウンタの例として，NIST が SP800-38A(参考文献 [25]) で推奨しているカウンタ系列の作成法を述べておくことにしましょう．

m ビットのデータは，0 以上 2^m 未満の数で表現することができます．そこで，m ビットの x に対し，

$$(x + 1) \bmod 2^m$$

を返す関数を標準インクリメント関数と呼ぶことにしましょう．

NIST が推奨する一つの方法[10] は，**図 4.19** のように，b ビットを 1 ブロックとするブロック暗号関数に対して，カウンタとして，下位 $m(m < b)$ ビットを標準インクリ

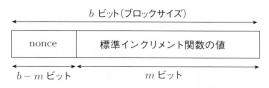

図 4.19 NIST が推奨するカウンタの例

メント関数の値 $0, 1, 2, \cdots, 2^m - 1$ とし，残り $b - m$ ビットをナンス (message nonce) とするものです．カウンタの値の一意性を保障するため，メッセージの総ブロック数は，2^m 以下でなければなりません．

　NIST が推奨するもう一つのアプローチ[*11] は，ある鍵を用いて複数のメッセージが暗号化される場合に，前のメッセージの最後に使われたカウンタ値を保持しておいて，これをインクリメントして，次のメッセージの暗号化に用いるというものです．ただし，カウンタの値の一意性には注意しなければなりません．

　リスト 4.11 は，CTR モードの Java による実装です．CTR モードは，暗号化と復号化の構造が同じなので，メソッド encryptDecryptCTR ひとつだけです．ただし，カウンタ値である t が暗号化時と復号化時で同一となるように注意してください．このメソッドの中では，BigInteger 型[*12] の t から 16 バイトのカウンタを生成しています．このメソッドの中で，t は一つのブロックの処理を行うごとに 1 が加算され，また，その下位 16 バイトを取り出す操作は t mod 2^{128} に対応します．これは，標準インクリメント関数を用いて生成される 128 ビットの数の列になります．

リスト 4.11　CTR モードの Java による実装

```
public byte[] encryptDecryptCTR(byte[] data, byte[] key, BigInteger t)
    {
    byte[] buf = new byte[data.length];
    byte[] tmp = new byte[16];
    AESAlgorithm aes = new AESAlgorithm();
    aes.setKey(key);
    for (int i = 0; i < data.length; i += 16) {
        byte[] bytesoft = t.toByteArray();
        for (int j = 0; j < 16; j++)
            tmp[16 - j - 1] = j < bytesoft.length ?
                        bytesoft[bytesoft.length - j - 1] : (byte) 0;
        aes.setBlock(tmp, 0);
        aes.encryptBlock();
        aes.getBlock(buf, i);
        for (int j = 0; j < 16; j++)
            buf[i + j] ^= data[i + j];
        t = t.add(BigInteger.ONE);
    }
    return buf;
}
```

[*11] SP800-38A[25] では，こちらが 1st approach です．

[*12] RSA の章で紹介した，巨大な整数を扱うことのできる型です．

📖 4 章のまとめ

1. **AES のインターフェース**
   - AES は，暗号化の鍵と復号化の鍵が同じ共通鍵暗号方式である
   - AES は，128 ビットを単位とするブロック暗号である
   - AES の鍵の長さは，128，192，256 ビットの 3 種類から選ぶことができる
2. **AES のアルゴリズム**
   - AES のアルゴリズムは，16 バイトを 4 × 4 の配列で表現したステート単位で処理を行う
   - AES の処理は，暗号化部と鍵拡張部の二つの部分から構成されている
   - AES はラウンド処理を繰り返し行うことで暗号強度を高めている
   - 暗号化のラウンド処理は, SubBytes, ShiftRows , MixColumns , AddRoundKey の四つの関数から構成されている (復号化はこの逆関数)
   - SubBytes は AES の強度を高める重要な非線形変換部である
3. **暗号利用モード**
   - ブロック暗号の利用モードには，ECB，CBC，CFB，OFB，CTR の 5 種類がある
   - ECB モードは，並列処理ができ，高速だが，文書や図のようなデータを暗号化する際には，暗号文に平文の情報が残ってしまうことがある
   - CBC モードは，固定長のデータを暗号化するのに利用できるが，並列処理できない
   - CTR モードは，暗号化関数のみで復号処理ができ，メモリ節約ができ，しかも，ECB モードのように並列処理ができる．また，ECB モードのように暗号文に平文の情報が残らない

ハッシュ関数SHA

CHAPTER 5

この章を読めば,

- バースデーパラドックス (メッセージダイジェストを大きく しなければならない理由)
- SHA-1 の構造と中身
- SHA-256 の構造と中身
- HMAC (信頼性の高いメッセージ認証子)

が理解でき,SHA-1,SHA-256 ,HMAC の実装ができるよう になります.

5.1 メッセージダイジェストのサイズと バースデーパラドックス

　序章でハッシュ関数がどんなものか,どんな働きをするかは説明しておいたので, ここでは,技術に的を絞って説明します.

　本書では,代表的なハッシュ関数 SHA (Secure Hash Algorithm) を扱います.SHA には,SHA-1,SHA-256,SHA-384 ,SHA-512 の 4 種類があり,それぞれ,160, 256, 384, 512 ビットのメッセージダイジェストを出力します.序章で述べたように,SHA-1 は,2010 年頃までに段階的にフェードアウトする運命にあり,今後は,SHA-256, SHA-384,SHA-512 に移行していくと考えられます.

　SHA-1 の問題点は,アルゴリズムが詳細に解析され,衝突を見つけるのに必要なメッ セージの数が,理想的な場合と比べ,約 13 万分の 1 にまで減らせるいう結果がすでに 知られているということにあります (参考文献 [26]).この驚異的な結果は,2005 年 8 月,情報セキュリティの国際会議 CRYPTO 2005 において,ワン (Xiaoyun Wang), ヤオ (Andrew Yao),ヤオ (Frances Yao) の 3 人が発表したものです.2008 年 2 月現 在,SHA-1 の衝突は見つかってはいません.しかし,彼らの結果は,SHA-1 の安全性 を脅かすものであり,SHA-1 の衝突を見つける手がかりを与えるものと考えられます.

　したがって,SHA-1 を現在開発中のソフトウェアに用いることは,お勧めできませ んが,SHA-1 は,ハッシュ関数の設計思想を知る上で教育的でもあります.このよう な理由から,本書では,SHA-1,当分の間は安全であると考えられる SHA-256 の二

つを説明します.

　ハッシュ関数については,一方向性など,アルゴリズムレベルの安全性を考える前
に,メッセージダイジェストのサイズについて考えておかなければなりません.メッ
セージダイジェストのサイズは,ハッシュ関数の安全性を決定する大きな要因の一つ
です.

　一見すると 160 ビットという SHA-1 のメッセージダイジェストのサイズは,衝突を
避けるには十分なもののように思われます. 160 ビットのメッセージダイジェストが
衝突するなんてことが起きるものなのでしょうか.

　この問いに答えるには,**バースデーパラドックス (Birthday paradox)** について
知っておかなければなりません.

> **問題**:あるクラスに 40 人の生徒がいます.この中に誕生日が一致する組が一組
> 以上ある確率は,どれくらいでしょうか.

　問題を単純にするために,うるう年は考えないことにしましょう.一年を 365 日と
したとき,この確率はどれくらいになるのでしょうか.答は,約 88.2%になります.
案外大きいと感じるのではないでしょうか.この現象は,数学的には何の矛盾もない
のですが,意外な結果であるために,「パラドックス」と呼ばれているのです.

　誕生日をメッセージダイジェストと考えると,この現象は,「衝突」に相当すること
がわかるでしょう.一般には,次のようになります.

　異なる m 個の数から,重複を許して $k(\leq m)$ 個の数を選んだとき,その中に同一の
数が 2 回以上現れる (衝突が起きる) 確率 P と $x = k/\sqrt{m}$ の関係は以下のグラフで表
されることが知られています.

　このグラフから,逆に,衝突が起きる確率を与えたときに,必要なサンプル数 k を

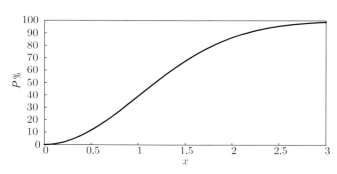

図 5.1　衝突が起きる確率

表 5.1　衝突がおきる確率と必要なサンプル数

確率 (%)	必要なサンプル数の近似値
10	$0.459044\sqrt{m}$
20	$0.668047\sqrt{m}$
30	$0.844600\sqrt{m}$
40	$1.010768\sqrt{m}$
50	$1.177410\sqrt{m}$
60	$1.353729\sqrt{m}$
70	$1.551756\sqrt{m}$
80	$1.794123\sqrt{m}$
90	$2.145966\sqrt{m}$

いくらくらいにとればいいかもわかります．結果を**表5.1**に示します．

たとえば，誕生日が一致する確率が 50% になるのは，大体，$1.177410\sqrt{365} \sim 23$ 人であることがわかります．

表からわかることは，**衝突が起きるのに必要なサンプル数が，m ではなく，$\sqrt{m}$ に比例する**ということです．したがって，**ハッシュ関数の強度は，メッセージダイジェストのビット数の半分にすぎない**ということです．

160 ビットのメッセージダイジェストを生成する SHA-1 の場合，衝突を起こすのに必要なサンプル数は，ほぼ，$\sqrt{2^{160}} = 2^{80}$ 程度になります．2^{80} というサンプル数は，決して少ないとはいえませんが，ハッシュ関数の解析が進んだら，ずっと安全であるともいえない数であることがわかります．インターネットで広く利用されてきたハッシュ関数 MD5 にいたっては，メッセージダイジェストのサイズは 128 ビットですから，必要なサンプル数は，ほぼ，2^{64} にすぎません．

このように，ハッシュ関数を設計する上で，最初に注意しなければならないのは，メッセージダイジェストのサイズです．しかし，本書のはじめに述べたように，メッセージダイジェストのサイズが十分大きいだけでは，セキュリティシステムに使えるものにはなりません．ハッシュ関数は，メッセージダイジェストから元のメッセージを簡単に復元できないように設計しなければなりません．これは，ハッシュ関数の**一方向性**と呼ばれる性質です．また，衝突を容易に計算できないようにしなければなりません．これは，ハッシュ関数の**衝突困難性**と呼ばれています．メッセージダイジェストのサイズに問題がないということは，衝突困難であることの必要条件ではありますが，十分条件ではありません．

一方向性と衝突困難性を同時に兼ね備えたハッシュ関数を作る際に基本となる考え方は，**圧縮関数 (compression function) と呼ばれる基本的なハッシュ関数を繰り返し適用して，データを十分に混ぜながらデータを圧縮する**ということです (**図5.2**)．

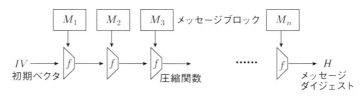

図 5.2　ハッシュ関数の構成法

　SHA は，AES のようなブロック暗号において，入力メッセージをあたかも鍵のように使うというところに特徴があります．たとえば，AES-128 において，256 ビットの入力メッセージを所定の方法で二つに分割し，一方をメッセージ，もう一方を鍵として暗号化すると，出力は，128 ビットとなり，一種のハッシュ関数が構成できることになるわけです．本書では，SHA-1 と，SHA-256 の構造をみていくことにしましょう（以下，SHA-1，SHA-256 の圧縮関数のことを単に，SHA-1，SHA-256 と呼ぶことにします）．

5.2 SHA-1

🔑 SHA-1 の処理単位

　SHA-1 における処理単位は，ワードです．1 ワードは，32 ビットなので，16 進数で 8 桁で表されます．
　16 ワードをまとめて 1 ブロックとします．1 ブロックは，512 ビットとなります．
　SHA-1 は，2^{64} ビット以下の任意のビット長のデータを 160 ビット（5 ワード）に圧縮します．

🔑 SHA-1 の構造

　まず，**図 5.3** をご覧ください．この図は，SHA-1 の基本的な構造を示したものです．まず，入力メッセージをブロック単位に分割します．図では，M_i がメッセージブロックです．これに適当な拡張操作を加え（後に説明します），80 個のワード $W_0, W_1, \cdots, W_{79}$ に変換します．W_t と，メッセージダイジェストの初期値 H_0, H_1, H_2, H_3, H_4 と，加算定数 K_t をデータの論理演算を行う関数 F_t に入力し，新たな，H_0, H_1, H_2, H_3, H_4 を作ります．この操作を 80 回繰り返し，メッセージダイジェストの初期値と $\bmod\, 2^{32}$ での和を取って，最終的なメッセージダイジェスト H_0, H_1, H_2, H_3, H_4 を得ることになります．

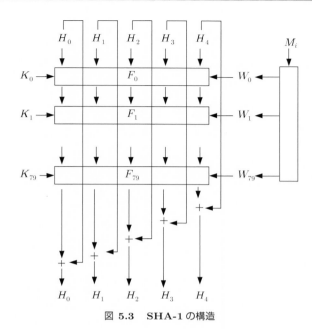

図 5.3 SHA-1 の構造

　メッセージダイジェストのサイズや，初期値，加算定数の値，メッセージブロック
の拡張操作，繰り返し回数などが違ってはくるものの，SHA-256 でも同様の構造を見
出すことができます．
　SHA-1 を記述するために，以下の値と関数を用意します．

$$K_t = \begin{cases} \text{5a827999} & (0 \leq t \leq 19) \\ \text{6ed9eba1} & (20 \leq t \leq 39) \\ \text{8f1bbcdc} & (40 \leq t \leq 59) \\ \text{ca62c1d6} & (60 \leq t \leq 79) \end{cases}$$

$H_0 = 67452301,\ H_1 = \text{efcdab89},\ H_2 = \text{98badcfe},$

$H_3 = 10325476,\ H_4 = \text{c3d2e1f0}$

これらの定数は，すべて 16 進数です．ここに登場する数値は，すべて 1 ワードであ
ることに注意してください．図 5.3 では，以下の関数 f_t を使っています．

$$f_t(B, C, D) = \begin{cases} (B \text{ AND } C) \text{ OR}((\text{NOT } B) \text{ AND } D) & (0 \leq t \leq 19), \\ B \oplus C \oplus D & (20 \leq t \leq 39), \\ (B \text{ AND } C) \text{ OR}(B \text{ AND } D) \text{ OR}(C \text{ AND } D) & (40 \leq t \leq 59), \\ B \oplus C \oplus D & (60 \leq t \leq 79). \end{cases}$$

x	y	x AND y	x OR y
0	0	0	0
0	1	0	1
1	0	0	1
1	1	1	1

表 5.2　論理演算

f_t の表記中の AND は，ビットごとの論理積，OR は論理和，NOT は否定を意味します．NOT は，1 ビット入力，1 ビット出力の関数で，0 に対して 1 を，1 に対して 0 を返すものです．その他は，二つのビットに対して 1 ビットを返す演算です．これら演算を**表 5.2** にしておきましょう．

Java には，これらの論理演算が用意されているので，容易に f_t を記述することができます．

ここで，f_t は，入力は 3 ワードで，出力は，1 ワードとなる (圧縮されている) ことに注意してください．

♟ SHA-1 のアルゴリズム

【SHA-1】

　入力 M，**出力** メッセージダイジェスト $H(M)$

　[**STEP 1**] $(\mathrm{Len}(M) + \mathrm{Len}(P)) \equiv 448 (\mathrm{mod}\,512)$ となる $P = 10\cdots0(1$ の後はすべて 0) を生成する．また，M のビット長 $\mathrm{Len}(M)$ を 64 ビットで表現し，これを L とし，$M = M||P||L$ とする．M をブロック単位に分割して，それを MSB から順に，$M_1, M_2, \cdots, M_N$ とする．

　[**STEP 2**] $i = 1$ から N まで STEP 3 から STEP 9 までを繰り返す．

　[**STEP 3**] M_i を 32 ビットずつ 16 ブロックに分割し，MSB から順に，$W_0, W_1, \cdots, W_{15}$ とする．

　[**STEP 4**] $t = 16$ から 79 まで STEP 5 の操作を繰り返す．

　[**STEP 5**] $W_t = \mathrm{ROTL}^1(W_{t-3} \oplus W_{t-8} \oplus W_{t-14} \oplus W_{t-16})$

　[**STEP 6**] $A = H_0, B = H_1, C = H_2, D = H_3, E = H_4$

　[**STEP 7**] $t = 0$ から 79 まで STEP 8 を繰り返す．

　[**STEP 8**] $\mathrm{TEMP} = \mathrm{ROTL}^5(A) + f_t(B, C, D) + E + W_t + K_t$,
　　　　　$E = D,\ D = C,\ C = \mathrm{ROTL}^{30}(B),\ B = A,\ A = \mathrm{TEMP}$.

[**STEP 9**] $H_0 = H_0 + A$, $H_1 = H_1 + B$, $H_2 = H_2 + C$, $H_3 = H_3 + D$, $H_4 = H_4 + E$.

[**STEP 10**] $\mathrm{Hash}(M) = H_0 \| H_1 \| H_2 \| H_3 \| H_4$ を出力する.

STEP 8, 9における $+$ は, $\mod 2^{32}$ で行うものとします. また, $\mathrm{ROTL}^n(X)$ は, X の左巡回 n ビットシフト (左 n ビットローテート) です.

STEP 1 の処理は, メッセージのパディングを含んでいます. SHA-1 の処理は, ブロック単位で行うため, **メッセージは, 512 ビットの倍数になっている必要があります.**

パディングに用いる値 P は非常に簡単なもので,

$$P = 1 \underbrace{0 \cdots 0}_{m \text{ ビット}}$$

という形をしています. m は, $(0 \le m < 512)$ を満たす整数です.

L は, M のビット長で長さは 64 ビットですから, パディング後のメッセージは,

$$M \| P \| L = \underbrace{\text{メッセージ } M}_{\mathrm{Len}(M) \text{ ビット}} \| \overbrace{\underbrace{10 \cdots 0}_{\mathrm{Len}(P) \text{ ビット}}}^{P} \| \underbrace{L(= \mathrm{Len}(M))}_{64 \text{ ビット}}$$

となります. これは, 512 ビットの倍数の長さを持ちます.

STEP 8 の処理で, メッセージの圧縮が行われます. これは, 図 5.3 の f_t の部分に相当し, SHA-1 のコアとなります.

処理をブロック図で表すと**図 5.4** のようになります.

AES の 1 ラウンドよりも, シンプルな構成になっていますね.

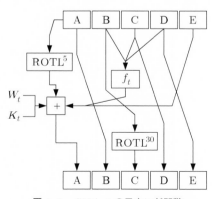

図 5.4　SHA-1 のラウンド関数

5.3　SHA-1 をつくる

　リスト 5.1 からリスト 5.3 に，SHA-1 を Java で実装した例を示します．リスト 5.1
には，SHA-1 で使用される定数と関数 $f_t(b, c, d)$ および $\mathrm{ROTL}^r(x)$ が記載されていま
す．これらは，先ほどの定義そのままなので，迷う部分はないかと思います．

　Java では，ビットごとの論理積 (AND) を & で，論理和 (OR) を | で，排他的論理和
(XOR) を ^ で，否定 (NOT) を ~ であらわします．>>> や << は，ビットシフトをあらわ
しています．つまり，x >>> (32 - rot) は x を 32-rot ビット右にシフトした結果
を意味しているわけです．これと，x を rot ビット左にシフトしたものを論理和演算
すれば，所望の rot ビット左ローテートが実現されます．なお，右シフトや左シフト
した結果，空いたスペース (ビット位置) には自動的に 0 が入るようになっています[*1]．

リスト 5.1　SHA-1 の定数部分と基本関数の Java による実装

```java
private static final int[] K = { 0x5a827999, 0x6ed9eba1,
        0x8f1bbcdc, 0xca62c1d6 };
private static final int[] H = { 0x67452301, 0xefcdab89,
        0x98badcfe, 0x10325476, 0xc3d2e1f0 };
private int f(final int t, int b, final int c, final int d) {
    if (t < 20) {
        return b & c | ~b & d;
    }
    if (40 <= t && t < 60) {
        return b & c | b & d | c & d;
    }
    return b ^ c ^ d;
}
private int rotl(final int r, final int x) {
    final int rot = r % 32;
    return (x >>> (32 - rot)) | (x << rot);
}
```

　リスト 5.3 には，メソッド hashBlock を示しています．hashBlock は，入力とし
てハッシュステート h とデータ data とハッシュするべきデータの開始位置 offset
を受け取り，ハッシュステート h を更新するメソッドです．プログラムの途中で
SHA1.K[t/20] という表現が現れます．これは，リスト 5.1 からリスト 5.3 をクラス
SHA1 としてまとめることを想定しているためです．クラス SHA1 に所属するクラス
変数 K を，SHA1.K と表現して読み出しています．そのほかは，仕様どおりの実装と
なっていますから，対応関係はすぐにわかると思います．本メソッドには，さきほど
の [STEP 3] から [STEP 9] が実装されています．

[*1] Java プログラムでは，&& は論理演算における論理積で，|| は論理演算における論理和なので，混同
　　しないように注意してください．

リスト 5.2　　SHA-1 のハッシュ処理部の Java による実装

```java
private void hashBlock(final int h[], final byte[] data,
                              final int offset) {
    final int[] w = new int[80];
    for (int i = 0; i < 16; i++) {
        w[i] = (data[offset + i * 4] & 0xff) << 24
              | (data[offset + i * 4 + 1] & 0xff) << 16
              | (data[offset + i * 4 + 2] & 0xff) << 8
              | data[offset + i * 4 + 3] & 0xff;
    }
    for (int t = 16; t < 80; t++) {
        w[t] = this.rotl(1,w[t-3]^w[t-8]^w[t-14]^w[t-16]);
    }
    int a = h[0];
    int b = h[1];
    int c = h[2];
    int d = h[3];
    int e = h[4];
    for (int t = 0; t < 80; t++) {
        final int temp = this.rotl(5,a) + this.f(t,b,c,d)
              + e + w[t] + SHA1.K[t / 20];
        e = d;
        d = c;
        c = this.rotl(30, b);
        b = a;
        a = temp;
    }
    h[0] += a;
    h[1] += b;
    h[2] += c;
    h[3] += d;
    h[4] += e;
}
```

　次に，リスト 5.2 を見てください．hashBlock を使用して，data のメッセージダイジェストを計算するのが，リスト 5.3 のメソッド hash です．本メソッドには，さきほどの [STEP 1]，[STEP 2] と [STEP 10] が実装されています．本メソッドでは，入力された data を 1 ブロック（512 ビット ＝ 64 バイト）ごとに分割して，順次 SHA-1 で処理していきます．data の処理が終了したところで，[STEP 1] の P 部分の計算を行い，次に M 部分の計算を行います．具体的には，final int remains = data.length - i; から if (remains > 64 - 8 - 1) { ではじまる if 文までが P 部分の計算に相当し，final long len = (long) data.length * 8 から this.hashBlock(h, tmp, 0); までが M 部分の計算に相当します．最終的なハッシュステート h が data に対応するメッセージダイジェストとして返ります．

リスト 5.3　　SHA-1 によるメッセージダイジェスト計算処理の Java による実装

```java
public int[] hash(final byte[] data) {
    final int[] h = SHA1.H.clone();
    int i;
    for (i = 0; i <= data.length - 64; i += 64) {
        this.hashBlock(h, data, i);
```

```
    }
    final byte[] tmp = new byte[64];
    final int remains = data.length - i;
    System.arraycopy(data, i, tmp, 0, remains);
    tmp[remains] = (byte) 0x80;
    if (remains > 64 - 8 - 1) {
        Arrays.fill(tmp, remains + 1, 64, (byte) 0);
        this.hashBlock(h, tmp, 0);
        Arrays.fill(tmp, 0, 64 - 8, (byte) 0);
    } else {
        Arrays.fill(tmp, remains + 1, 64 - 8, (byte) 0);
    }
    final long len = (long) data.length * 8;
    tmp[56] = (byte) (len >> 56);
    tmp[57] = (byte) (len >> 48);
    tmp[58] = (byte) (len >> 40);
    tmp[59] = (byte) (len >> 32);
    tmp[60] = (byte) (len >> 24);
    tmp[61] = (byte) (len >> 16);
    tmp[62] = (byte) (len >> 8);
    tmp[63] = (byte) len;
    this.hashBlock(h, tmp, 0);
    return h;
}
```

5.4 SHA-256

　まず，SHA-256 のブロック図をご覧ください (図 **5.5**).

　一見してわかるように，このレベルでは，SHA-1 と似た構造であることがわかります．SHA-256 のブロックサイズは，SHA-1 と同じく，16 ワード (512 ビット) ですし，繰り返し圧縮をかけていくところも同じです．しかし，もう一段細かいレベルを見てみると違いが出てきます．アルゴリズムを見てみましょう．

　SHA-256 のアルゴリズムを記述するために，以下の関数を準備します．

$$\sigma_0^{\{256\}}(x) = \mathrm{ROTR}^7(x) \oplus \mathrm{ROTR}^{18}(x) \oplus \mathrm{SHR}^3(x)$$

$$\sigma_1^{\{256\}}(x) = \mathrm{ROTR}^{17}(x) \oplus \mathrm{ROTR}^{19}(x) \oplus \mathrm{SHR}^{10}(x)$$

$$\mathrm{Ch}(x, y, z) = (x \, \mathrm{AND} \, y) \oplus ((\mathrm{NOT} \, x) \, \mathrm{AND} \, z)$$

$$\mathrm{Maj}(x, y, z) = (x \, \mathrm{AND} \, y) \oplus (x \, \mathrm{AND} \, z) \oplus (y \, \mathrm{AND} \, z)$$

$$\mathrm{SHR}^n(x) : x \, \text{の右} \, n \, \text{ビットシフト}$$

$$\mathrm{ROTR}^n(x) : x \, \text{の右巡回} \, n \, \text{ビットシフト}$$

$$\Sigma_0^{\{256\}}(x) = \mathrm{ROTR}^2(x) \oplus \mathrm{ROTR}^{13}(x) \oplus \mathrm{ROTR}^{22}(x)$$

$$\Sigma_1^{\{256\}}(x) = \mathrm{ROTR}^6(x) \oplus \mathrm{ROTR}^{11}(x) \oplus \mathrm{ROTR}^{25}(x)$$

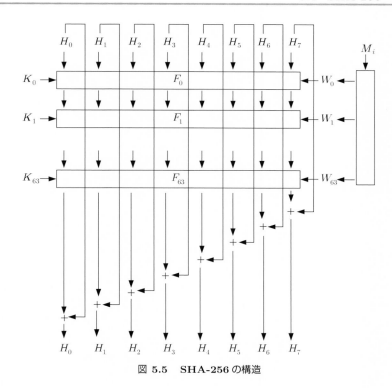

図 5.5 SHA-256 の構造

本質的なことではありませんが，SHA-1 では，左巡回シフトが使われていたのに対し，SHA-256 では，右巡回シフトが使われていることに注意してください．

【SHA-256】

入力 M，**出力** メッセージダイジェスト $H(M)$

[**STEP 1**] メッセージ M をパディングして，1 ブロック単位のデータに変換します．そして，M を N 個のブロックに分割し，$M_1, M_2, \cdots, M_N$ とします．

[**STEP 2**] $i = 1$ から N まで STEP 3 から STEP 9 までを繰り返す．

[**STEP 3**] 各ブロック M_i をワード単位に分解して，$W_1, W_2, \cdots, W_{15}$ とします．

[**STEP 4**] $t = 16$ から 63 まで STEP 5 の式 (5.1) の操作を繰り返す．

[**STEP 5**]

$$W_t = \sigma_1^{\{256\}}(W_{t-2}) + W_{t-7} + \sigma_0^{\{256\}}(W_{t-15}) + W_{t-16} \tag{5.1}$$

[**STEP 6**] $A = H_0, B = H_1, C = H_2, D = H_3, E = H_4, F = H_5, G = H_6, H = H_7$

[**STEP 7**] $t = 0$ から 63 まで STEP 8 を繰り返す.

[**STEP 8**]

$$\mathrm{TEMP}_1 = H + \Sigma_1^{\{256\}}(E) + \mathrm{Ch}(E, F, G) + K_t + W_t,$$

$$\mathrm{TEMP}_2 = \Sigma_0^{\{256\}}(A) + \mathrm{Maj}(A, B, C),$$

$$H = G,$$

$$G = F,$$

$$F = E,$$

$$E = D + \mathrm{TEMP}_1,$$

$$D = C,$$

$$C = B,$$

$$B = A,$$

$$A = \mathrm{TEMP}_1 + \mathrm{TEMP}_2$$

[**STEP 9**] $H_0 = H_0 + A$, $H_1 = H_1 + B$, $H_2 = H_2 + C$, $H_3 = H_3 + D$, $H_4 = H_4 + E$, $H_5 = H_5 + F$, $H_6 = H_6 + G$, $H_7 = H_7 + H$.

[**STEP 10**] $\mathrm{Hash}(M) = H_0 || H_1 || H_2 || H_3 || H_4 || H_5 || H_6 || H_7$ を出力する.

STEP 8, 9 における $+$ は, $\mathrm{mod}\ 2^{32}$ で行うものとします.

STEP 1 におけるパディング処理は, SHA-1 の場合とまったく同じです.

メッセージダイジェストの初期値は,

$$H_0 = \text{6a09e667} \quad H_1 = \text{bb67ae85} \quad H_2 = \text{3c6ef372} \quad H_3 = \text{a54ff53a}$$

$$H_4 = \text{510e527f} \quad H_5 = \text{9b05688c} \quad H_6 = \text{1f83d9ab} \quad H_7 = \text{5be0cd19}$$

と定められています.

加算定数 K_t は, SHA-1 と大きく異なります. SHA-1 では, 20 ラウンドごとに定数の値を変えていたのに対し, SHA-256 では, すべてのラウンドで異なる値を用います. 値は, 左から順に $K_0, K_1, \cdots, K_{63}$ とします.

428a2f98	71374491	b5c0fbcf	e9b5dba5	3956c25b	59f111f1	923f82a4	ab1c5ed5
d807aa98	12835b01	243185be	550c7dc3	72be5d74	80deb1fe	9bdc06a7	c19bf174
e49b69c1	efbe4786	0fc19dc6	240ca1cc	2de92c6f	4a7484aa	5cb0a9dc	76f988da
983e5152	a831c66d	b00327c8	bf597fc7	c6e00bf3	d5a79147	06ca6351	14292967
27b70a85	2e1b2138	4d2c6dfc	53380d13	650a7354	766a0abb	81c2c92e	92722c85
a2bfe8a1	a81a664b	c24b8b70	c76c51a3	d192e819	d6990624	f40e3585	106aa070
19a4c116	1e376c08	2748774c	34b0bcb5	391c0cb3	4ed8aa4a	5b9cca4f	682e6ff3
748f82ee	78a5636f	84c87814	8cc70208	90befffa	a4506ceb	bef9a3f7	c67178f2

ラウンド関数 F_t は, **図 5.6** のようになります.

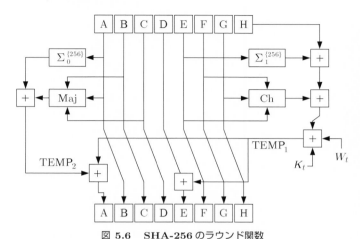

図 5.6　SHA-256 のラウンド関数

5.5　SHA-256 をつくる

リスト 5.4 から 5.6 に, SHA-256 を Java で実装した例を示します. リスト 5.4 には, SHA-256 で用いる定数と各種関数 $\sigma_0^{\{256\}}(x)$, $\sigma_1^{\{256\}}(x)$, $\mathrm{Ch}(x, y, z)$, $\mathrm{Maj}(x, y, z)$, $\mathrm{SHR}^n(x)$, $\mathrm{ROTR}^r(x)$, $\Sigma_0^{\{256\}}(x)$, $\Sigma_1^{\{256\}}(x)$ が定義されています.

リスト 5.4　SHA-256 の定数部分と基本関数の Java による実装

```
private static final int[] K={0x428a2f98,0x71374491,0xb5c0fbcf,
        0xe9b5dba5,0x3956c25b,0x59f111f1,0x923f82a4,0xab1c5ed5,
        0xd807aa98,0x12835b01,0x243185be,0x550c7dc3,0x72be5d74,
        0x80deb1fe,0x9bdc06a7,0xc19bf174,0xe49b69c1,0xefbe4786,
        0x0fc19dc6,0x240ca1cc,0x2de92c6f,0x4a7484aa,0x5cb0a9dc,
        0x76f988da,0x983e5152,0xa831c66d,0xb00327c8,0xbf597fc7,
        0xc6e00bf3,0xd5a79147,0x06ca6351,0x14292967,0x27b70a85,
        0x2e1b2138,0x4d2c6dfc,0x53380d13,0x650a7354,0x766a0abb,
        0x81c2c92e,0x92722c85,0xa2bfe8a1,0xa81a664b,0xc24b8b70,
        0xc76c51a3,0xd192e819,0xd6990624,0xf40e3585,0x106aa070,
        0x19a4c116,0x1e376c08,0x2748774c,0x34b0bcb5,0x391c0cb3,
        0x4ed8aa4a,0x5b9cca4f,0x682e6ff3,0x748f82ee,0x78a5636f,
        0x84c87814,0x8cc70208,0x90befffa,0xa4506ceb,0xbef9a3f7,
        0xc67178f2 };
private static final int[] H={0x6a09e667,0xbb67ae85,0x3c6ef372,
        0xa54ff53a,0x510e527f,0x9b05688c,0x1f83d9ab,0x5be0cd19};
private int sigma0(int x) {
    return rotr(7, x) ^ rotr(18, x) ^ (x >>> 3);
}
private int sigma1(int x) {
```

```
    return rotr(17, x) ^ rotr(19, x) ^ (x >>> 10);
}
private int ch(int x, int y, int z) {
    return (x & y) ^ (~x & z);
}
private int maj(int x, int y, int z) {
    return (x & y) ^ (x & z) ^ (y & z);
}
private int sum0(int x) {
    return rotr(2, x) ^ rotr(13, x) ^ rotr(22, x);
}
private int sum1(int x) {
    return rotr(6, x) ^ rotr(11, x) ^ rotr(25, x);
}
private int rotr(int r, int x) {
    final int rot = r % 32;
    return (x >>> rot) | (x << (32 - rot));
}
```

　リスト 5.5 には，SHA-256 の [STEP 3] から [STEP 9] を実装したメソッド hashBlock を示しています．

リスト 5.5　SHA-256 のハッシュ処理部の Java による実装

```
private void hashBlock(int[] h_, byte[] data, int offset) {
    int[] w = new int[64];
    for (int i = 0; i < 16; i++)
        w[i] = (data[offset + i * 4] & 0xff) << 24
                | (data[offset + i * 4 + 1] & 0xff) << 16
                | (data[offset + i * 4 + 2] & 0xff) << 8
                | data[offset + i * 4 + 3] & 0xff;
    for (int t = 16; t < 64; t++) {
        w[t] = sigma1(w[t-2])+w[t-7]+sigma0(w[t-15])+w[t-16];
    }
    int a = h_[0]; int b = h_[1];
    int c = h_[2]; int d = h_[3];
    int e = h_[4]; int f = h_[5];
    int g = h_[6]; int h = h_[7];
    for (int t = 0; t < 64; t++) {
        int temp1 = h + sum1(e) + ch(e, f, g) + K[t] + w[t];
        int temp2 = sum0(a) + maj(a, b, c);
        h = g;
        g = f;
        f = e;
        e = d + temp1;
        d = c;
        c = b;
        b = a;
        a = temp1 + temp2;
    }
    h_[0] += a; h_[1] += b;
    h_[2] += c; h_[3] += d;
    h_[4] += e; h_[5] += f;
    h_[6] += g; h_[7] += h;
}
```

　リスト 5.6 は，メソッド hashBlock を使用してメッセージダイジェストを計算するメソッド hash を実装した例です．[STEP 1]，[STEP 2]，[STEP 10] を実装しており，

SHA-1 の場合と同様の処理なので，詳しい説明は省略します.

リスト 5.6　SHA-256 のメッセージダイジェスト計算部の Java による実装

```java
public int[] hash(byte[] data) {
    final int[] h = SHA256.H.clone();
    int i;
    for (i = 0; i <= data.length - 64; i += 64) {
        this.hashBlock(h, data, i);
    }
    final byte[] tmp = new byte[64];
    final int remains = data.length - i;
    System.arraycopy(data, i, tmp, 0, remains);
    tmp[remains] = (byte) 0x80;
    if (remains > 64 - 8 - 1) {
        Arrays.fill(tmp, remains + 1, 64, (byte) 0);
        this.hashBlock(h, tmp, 0);
        Arrays.fill(tmp, 0, 64 - 8, (byte) 0);
    } else {
        Arrays.fill(tmp, remains + 1, 64 - 8, (byte) 0);
    }
    final long len = (long) data.length * 8;
    tmp[56] = (byte) (len >> 56);
    tmp[57] = (byte) (len >> 48);
    tmp[58] = (byte) (len >> 40);
    tmp[59] = (byte) (len >> 32);
    tmp[60] = (byte) (len >> 24);
    tmp[61] = (byte) (len >> 16);
    tmp[62] = (byte) (len >> 8);
    tmp[63] = (byte) len;
    this.hashBlock(h, tmp, 0);
    return h;
}
```

5.6　HMAC

ここでは，ハッシュを利用した MAC (Message Authentication Code，メッセージ認証子) として HMAC (Keyed-Hash MAC) を紹介します．HMAC は，1997 年，ベラーレ (Mihir Bellare)，カネッティ (Ran Canetti)，クラウチック (Hugo Krawczyk) によって提唱された MAC で，FIPS 198 (参考文献 [23]) に採用されているものです．

ハッシュ関数を元にした MAC を構成する際，望ましい性質として，

(1) ハッシュ関数を修正せずに利用できること
(2) ハッシュ関数の性能をできるだけ低下させないこと
(3) 認証の強度について十分な暗号学的分析がされていること
(4) 基本となるハッシュ関数を容易に置き換えることができること

を挙げることができます．3 番目は，AES の暗号利用モードのところで解説したように MAC に対する攻撃を想定して注意深く設計しなければならないということを意味します．つまり，暗号学者による十分な解析がなされている必要があるのです．HMAC は，現時点では，十分安全であると考えられています．

暗号鍵 K によるメッセージ M の HMAC ($= \mathrm{HMAC}_K(M)$) は以下のように定義されます．

$$\mathrm{HMAC}_K(M) = h((K_0 \oplus \mathrm{opad}) \| h((K_0 \oplus \mathrm{ipad}) \| M)) \tag{5.2}$$

ここで，h は SHA-256 などのハッシュ関数です．h のブロックサイズを B バイトであるとします．暗号の鍵を K とし，そのバイト長を L とします．HMAC の定義では，L と B の間に大小関係の制限はありません (参考文献 [23] 参照) が，ここでは，AES の鍵が最大でも 256 ビットで，SHA-1，SHA-256 のブロック単位が 512 ビットであるため，以下，$L \leq B$ を仮定しておきます．

(5.2) における opad, ipad は，それぞれ，以下のように定義される定数です．

opad = 0x5c を B 個並べたもの

ipad = 0x36 を B 個並べたもの

K_0 は，鍵 K に 0 を接合して B バイトにしたものです．つまり，

$$K_0 = K \| \underbrace{000000\cdots 0}_{B - L\, \text{バイト}}$$

とします．

HMAC の安全性は，ハッシュ関数 h の安全性に依存しているので，h として，SHA-1 を使うことは推奨できません．HMAC と SHA-256 の組み合わせ (HMAC-SHA-256) は，今のところよい選択であると考えられます[*2]．

HMAC を Java で実装したものを，リスト 5.7 に示します．メソッド HMAC は，MAC を計算する対象のメッセージである data と，鍵 key と，使用するハッシュ関数の名前 hash_name とブロックサイズ block_size を受け取ります．出力は，HMAC の計算結果で，これは byte 型の配列として戻されます．

ハッシュ関数の名前 hash_name は，たとえば "SHA-256" など，Java でサポートされている標準名を設定します．標準名としては，Java2 Platform Standard Edition 5 であれば，MD2, MD5, SHA-1, SHA-256, SHA-384, SHA-512 を指定することができます．ブロックサイズは，"SHA-256" であれば 512 ビットですから，64(バイト) を指定します．

[*2] 参考文献 [5] では，MAC について様々な観点から検討を行い，HMAC-SHA-256 が推奨できると結論付けています．

本関数では，outer と呼ばれる外側のハッシュ処理用のオブジェクト md_outer と inner と呼ばれる内側のハッシュ処理用のオブジェクト md_inner を使用しています．md_inner は，md_outer と同様に生成してもよいですが，リスト 5.7 では，md_outer をコピーしています．ipad(inner padding) や opad(outer padding) は，それぞれ Arrays クラスの fill メソッドを使用してハッシュ関数のブロックサイズ分の大きさの byte 型配列に設定しています．K_0 の 0 によるパディングは，最初に K_0 を 0 で初期化しておき，先頭から鍵 key をコピーするという方法で作成しています．MessageDigest クラスは，メソッド update の引数に byte 型配列を渡すことで順次メッセージダイジェストを更新し，メソッド digest の引数に渡した byte 型配列までで最終的なメッセージダイジェストを出力します．ダイジェストを出力した後は，内部がリセットされます．

リスト 5.7 では，update と digest の両方を使用していますが，先にすべてのメッセージを byte 型配列に収めて，一気にメソッド digest で処理する方法をとってもかまいません．

リスト 5.7　HMAC の Java による実装

```java
public static byte[] HMAC(byte[] data, byte[] key,
        String hash_name, int block_size) {
    byte[] result = new byte [0];
    try{
        MessageDigest md_outer = MessageDigest.getInstance(hash_name);
        MessageDigest md_inner = (MessageDigest) md_outer.clone();
        byte[] opad = new byte [block_size];
        byte[] ipad = new byte [block_size];
        Arrays.fill(ipad, (byte) 0x36);
        Arrays.fill(opad, (byte) 0x5c);
        byte[] k0   = new byte [block_size];
        Arrays.fill(k0,   (byte) 0);
        System.arraycopy(key, 0, k0, 0, key.length);
        System.out.println(byte2string(k0));
        for (int i = 0; i < block_size; i++) {
            opad[i] ^= k0[i];
            ipad[i] ^= k0[i];
        }
        md_inner.update(ipad);
        byte[] inner = md_inner.digest(data);
        md_outer.update(opad);
        result = md_outer.digest(inner);
    }catch(Exception e){
        System.out.println(e);
    }
    return result;
}
```

📖 5 章のまとめ

1. ハッシュ関数の役割と強度

- ハッシュ関数とは，勝手な長さのデータを一定の長さのデータにするものである
- ハッシュ関数は，一方向性と衝突困難性を持たなければならない
- ハッシュ関数の強度は，メッセージダイジェストのビット数の半分しかない

2. SHA-1，256 の構造

- SHA-1，SHA-256 のメッセージダイジェストのサイズは，それぞれ，160 ビット，256 ビットである
- SHA-1，SHA-256 では，メッセージを固定長のブロックに分割する
- SHA-1，SHA-256 では，メッセージブロックを順次圧縮関数にかけていくことでメッセージダイジェストが得られる
- SHA-1，SHA-256 の圧縮関数は，論理演算，ビットシフト (巡回ビットシフト) の組み合わせで構成されている
- SHA-1，SHA-256 の圧縮関数は，論理演算，ビットシフト (巡回ビットシフト) の組み合わせで構成されている

3. MAC (メッセージ認証子)

- MAC とはメッセージ認証子のことで，メッセージが改ざんされていないことを保証する関数のことである
- HMAC はハッシュ関数を基にした MAC である
- HAMC と SHA-256 の組み合わせ (HMAC-SHA-256) は現在 (2008 年) のところ信頼できる MAC と考えられている

ミニチュア SSL を
つくってみよう！

この章を読めば，

- SSLv3 のしくみ
- SSL の構造と中身

が理解でき，SSL のミニチュア版 mini SSL の実装ができるようになります．
　mini SSL というのは，本書で特別に用意した学習用のサンプルです．情報セキュリティの三種の神器すべてが mini SSL に応用されます．この章を通して，これまでの知識が総整理されるでしょう．なお，本章で SSL といえば，SSLv3 を意味することにします．現在，世界中で SSLv2，SSLv3 と TLSv1(SSLv3.1 とも呼ばれます) が使われています．優勢なのは SSLv3 です．

6.1　SSL とはなにか？

　SSL (Secure Socket Layer) は，インターネット上で安全にデータをやりとりするために開発された情報セキュリティ技術の一つです．SSL は，Netscape Communications 社が開発したプロトコルで，WWW や FTP などのデータを暗号化し，プライバシーに関わる情報やクレジットカード番号，企業秘密などを安全に送受信することができます．SSL が開発された当初は，Web ブラウザとサーバ間の暗号通信技術として利用されていましたが，現在では，電子メールを含む様々な用途に利用されています．

　プロトコルというのは，通信の約束事のことで，通信手順または通信規約と呼ばれることもあります．ウェブで使われている HTTP(HyperText Transfer Protocol) や，メールの送受信で使われている SMTP(Simple Mail Transfer Protocol)，POP(Post Office Protocol) などは，日常的に利用されているプロトコルです．

　OSI 参照モデルをご存知の方なら，SSL がセッション層 (第 5 層) とトランスポート層 (第 4 層) の境界で動作しているといえば，その位置づけがわかるでしょう (図 6.1)．

　OSI (Open Systems Interconnection) 参照モデルというのは，ネットワーク構造の表現手法の一つです．OSI 参照モデルでは，全体が 7 層に分割されます．各層は，最下層 (物理的なケーブルなど) である物理層から，より抽象的な (ソフトウェア的な) 方向に向かって，データリンク層，ネットワーク層，トランスポート層，セッショ

ン層，プレゼンテーション層，アプリケーション層と呼ばれます．図示する場合は，**図 6.1** のように，積み木のようにこれらを下から順番に積み上げたような絵を描きます．**図 6.1** には，これらのうち，アプリケーション層，トランスポート層，ネットワーク層という三つの名前が書かれています．各層を機能の面から見てみると，それぞれの層は独立しています．たとえば，ウェブブラウザなどがアプリケーション層に書いてある https を利用するときは，https を呼び出すプログラムを書けばよく，あとは呼び出された https プログラムが勝手に下層の SSL を呼び出してくれます．つまり，ウェブブラウザなどの (OSI 参照モデルで上層に位置している) 上位プロトコルを利用するアプリケーションのユーザは，SSL の存在を意識する必要はありません．

アプリケーション層
トランスポート層
ネットワーク層
S/MIME,
PGP,
etc.
Web Browser
http://...
https://...
smtp
etc.
http
smtps
etc.
https
SSL
TCP
UDP
IP/IPsec
Ethernet, etc

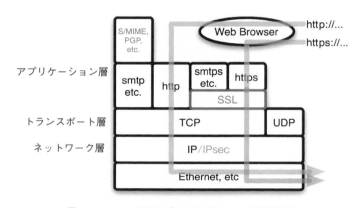

図 6.1　**OSI 参照モデルにおける SSL の位置づけ**

SSL は，これまでに学んだ，三種の神器すべてが応用されているので，知識の総整理には最適な素材です．ただし，本物の SSL と同等のものを作るのは難しいので，ここでは，そのコアとなる部分だけをつくってみることにします．

SSL のアーキテクチャ

SSL は二層のプロトコルから構成されています．**図 6.2** をご覧ください．

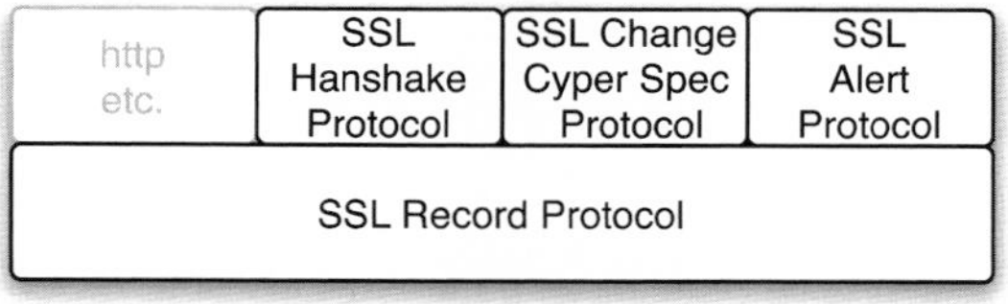

http
etc.
SSL
Hanshake
Protocol
SSL Change
Cyper Spec
Protocol
SSL
Alert
Protocol
SSL Record Protocol

図 6.2　**SSL のアーキテクチャ**

　下の層は，レコードプロトコル (SSL record protocol) と呼ばれています．レコードプロトコルは，上位のプロトコルにセキュアな通信サービスを提供するもので，**暗号化，メッセージダイジェストの計算**を行います．

　くわしくは，後ほど説明します．

　上の層には，**表6.1** にあるように，三つのプロトコルがあります．ハンドシェイクプロトコルとは，握手という表現からもわかるように，初めて会う (かもしれない) クライアントとサーバがお互いに暗号化通信を行うための準備を行うプロトコルです．チェンジ・サイファースペック・プロトコルは，通信に使用する暗号方式やハッシュ関数を切り替えるためのプロトコルです．アラートプロトコルは，これらのプロトコル実行中に発生したエラーなどのメッセージを通信するためのプロトコルです．

表 6.1　上位層のプロトコル

ハンドシェイクプロトコル (SSL handshake protocol)	サーバ・クライアント認証， 暗号・MAC アルゴリズムの選択，鍵のやりとり
チェンジ・サイファースペック・プロトコル (Change Chipher Spec Protocol)	通信に利用する暗号の切り替え
アラートプロトコル (SSL Alert Protocol)	警告メッセージのやり取り

♟ レコードプロトコル

　すべての SSL メッセージは，レコードプロトコルで処理されたパケットとして送受信されます．パケットというのは，データのひとまとまりの単位です．つまり，SSL形式の封筒に収められてやりとりされるということです．ひとつのパケットに含まれるデータのサイズは，最大で 2^{14} バイトです．それ以上のサイズのデータが送られてきたときは，複数のパケットに分割して送信することになります．

　ここで，どのようにパッケージされるかを見ておきましょう．**図6.3** をみてください．これは，ハンドシェイク時のように，まだ暗号化通信が始まっていない段階でのレコードプロトコルの動きを示しています．data を受け取ったレコードプロトコルは，まず data を最大 2^{14} バイトのブロックに分割します．つまり，2^{14} バイト未満のdata は一つのブロックとして，それ以上のサイズの data の場合は，2^{14} バイトごとに複数のブロックに分割するわけです．各ブロックは，先頭にヘッダを取り付けて，送信されます．ヘッダには，ブロックの内容をあらわす ContentType と SSL のバージョンをあらわす ProtocolVersion，16 ビット (2 バイト) であらわしたブロック長 (単位はバイト) から成ります．

　次に，**図6.4** をみてください．これは，ハンドシェイクを終了した後の，暗号化通信時のレコードプロトコルの動きを示しています．data を受け取ったレコードプロ

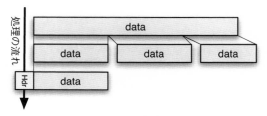

図 6.3　レコードプロトコルが提供するサービス (暗号化なし)

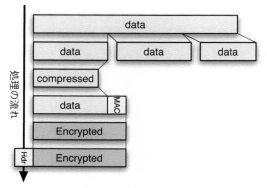

図 6.4　レコードプロトコルが提供するサービス (暗号化あり)

トコルは, まず data を最大 2^{14} バイトのブロックに分割します. ブロックは, 事前に (ハンドシェイクで) 指定された圧縮方式を用いて圧縮され, さらに指定されたハッシュ関数を用いて計算した MAC を後ろにつけた形になります. 次に, データブロックと MAC をあわせた全体を暗号化し, そのメッセージダイジェストを計算して一緒に送信します. 受け取った側は, この手順を逆にたどることで, data を取り出すことができます. また, その際に MAC を確認することで, data が改変されていないことを確認することができます.

　暗号化通信が始まっていない段階でのレコードプロトコルと, 暗号化通信時のレコードプロトコルでは構造が違うように見えます. しかし, 実は見方を変えると, すんなりと理解することができます. SSL では, 暗号化方法を CipherSpec という形で管理しています[*1]. たとえば, 図 6.2 に示したように, SSL では, 鍵交換に使用する非対称暗号と対称暗号とハッシュ関数とデータ圧縮関数をセットで内部に持つようになっています. つまり, 暗号化通信が始まっていない段階では, 圧縮関数の設定は NULL, すなわち不使用なのです. 同様に, CipherSuite が SSL_NULL_WITH_NULL_NULL

[*1] CipherSpec というのは, データを暗号化するために使用する共通鍵暗号方式や MAC を計算するための情報などをまとめた構造体の名前です.

と表現される状態，すなわち非対称暗号と対称暗号とハッシュ関数も不使用ということになっています．なお，CipherSuite というのは，各 CipherSpec のラベルのようなもので，**表 6.2**(p.166) に一部を記載しましたが，各 CipherSuite には，2 バイトのコードが割り当てられて管理されています．ハンドシェイクでは，CipherSpec 構造体をやり取りするのではなく，サイズの小さい CipherSuite というラベルをやり取りしながら，サーバとクライアントの間でどの暗号化方式を使用するかを決定します．

　これで再度，**図 6.3** と**図 6.4** を見比べてみてください．統一的に見えるようになったのではないかと思います．

♟ ハンドシェイクプロトコル ────

　図 6.5 を見てください．これは，SSLv3 通信を開始するために最初に行う，ハンドシェイクの一連の流れを示したものです．

　SSLv3 のセッション (通信開始から通信終了までの単位) は，お互いにあいさつをかわすことから始まります．最初にあいさつするのは，クライアントです．クライアントは，**ClientHello** メッセージをサーバに送信します．ClientHello とは，自

図 6.5　SSL ハンドシェイクプロトコル

身が利用可能な暗号方式やハッシュ関数 (ClientHello.Cipher_suites)，生成した乱数 (ClientHello.Random) などが格納されているメッセージです．なお，既存セッションの再開の場合には，セッション ID(ClientHello.Session_id) も含めて送信することになります．新規セッションを開始する場合は，セッション ID は空白にします．

　SSL 通信では，利用する暗号方式やハッシュ関数は固定されていません．そこで，クライアントは，利用できる暗号方式，ハッシュ関数のリストをサーバに通知しておく必要があるわけです．設定する暗号方式やハッシュ関数と値との対応関係は，SSL の仕様書を確認していただく必要があります．参考のため，**表 6.2** に設定値の一部を引用しておきます．

表 6.2　Cipher_suites の値の例

CipherSuite	SSL_NULL_WITH_NULL_NULL	= { 0x00,0x00 };
CipherSuite	SSL_RSA_WITH_NULL_MD5	= { 0x00,0x01 };
CipherSuite	SSL_RSA_WITH_NULL_SHA	= { 0x00,0x02 };
CipherSuite	SSL_RSA_EXPORT_WITH_RC4_40_MD5	= { 0x00,0x03 };
CipherSuite	SSL_RSA_WITH_RC4_128_MD5	= { 0x00,0x04 };
CipherSuite	SSL_RSA_WITH_RC4_128_SHA	= { 0x00,0x05 };
CipherSuite	SSL_RSA_EXPORT_WITH_RC2_CBC_40_MD5	= { 0x00,0x06 };
CipherSuite	SSL_RSA_WITH_IDEA_CBC_SHA	= { 0x00,0x07 };
CipherSuite	SSL_RSA_EXPORT_WITH_DES40_CBC_SHA	= { 0x00,0x08 };
CipherSuite	SSL_RSA_WITH_DES_CBC_SHA	= { 0x00,0x09 };
CipherSuite	SSL_RSA_WITH_3DES_EDE_CBC_SHA	= { 0x00,0x0A };

　ClientHello を受け取ったサーバは，受け取った暗号方式とハッシュ関数のリストの中から，最強の暗号方式，ハッシュ関数を指定します．これはもちろん，最も安全な通信を行うための措置です．

　サーバは，選択した暗号方式，ハッシュ関数 (ServerHello.Cipher_suite)，サーバ側で生成した乱数 (ServerHello.Random)，セッション ID(ServerHello.Session_id) を格納した **ServerHello** メッセージをクライアントに送信します．ServerHello の直後には，オプションとして，

- ServerCertificate：サーバの身元保証
- CertificateRequest：クライアントの証明書提出要求
- ServerKeyExchange：サーバからの鍵送信

が入ることがあります．

　ServerCertificate メッセージは，サーバの身元の確認のために送信されます．つまり，サーバが，自身の身元を照明する証明書をクライアントに送信することになります．証明書は ITU-T X.509.v3 形式で，サーバ自身の証明書からルート CA(認証局) までの一連の証明書を送ります．同時に，クライアントにサーバの公開鍵を併せて送り

ます. 証明書類を含むこれらメッセージ全体が, **ServerCertificate** と呼ばれるメッセージになります.

サーバが証明書を持っていない場合や証明書を署名だけに使用する場合などに, 合意過程で使用する仮の公開鍵情報を送信します. RSA暗号を用いる場合では, 公開鍵の指数と法の値が, **ServerKeyExchange** メッセージに含まれます.

CertificateRequest メッセージは, クライアントを認証するための証明書の提出を求めるメッセージです. 受け入れ可能な証明書のタイプや認証局の情報を併せて送信します. このメッセージを受け取ったクライアントは, ServerHelloDone メッセージの後に ClientCertificate メッセージを送信して認証を行わなければなりません.

ここまでで, クライアントはサーバから, セッション ID と乱数と証明書 (あれば) を受け取りました. また, 通信で使用する暗号方式とハッシュ関数についても合意することができました.

サーバから ServerHelloDone メッセージが発信されると, 次は, クライアントが, サーバに通信する番になります. 先ほど, サーバから CertificateRequest が送られていれば, クライアントはまず自身の証明書を送信します. 証明書が無い場合は, 証明書を持っていないことを意味する no_certificate アラートをサーバに送信します. 証明書が有効であっても無効であっても, その後の通信を継続するかどうかの判断はサーバ側が行いますから, クライアントが no_certificate アラートを送らずに自分で通信を終了するというようなことはしません.

次に, ClientKeyExchange メッセージを送ります. ServerKeyExchange メッセージはサーバからクライアントに鍵情報を送信しました (証明書の鍵情報を使う場合は, このメッセージを送らないこともあります) が, 今度は, クライアントから鍵情報を送信します. サーバからは公開鍵暗号の鍵を受け取っていますが, クライアントから送る鍵は共通鍵暗号に関するものです. サーバと RSA 暗号を使うことで合意している場合は, クライアントは 48 バイトのプレマスターシークレット (PreMasterSecret) と呼ばれる乱数を生成し, サーバの公開鍵で暗号化して送信します.

CertificateVerify メッセージは, クライアント証明書の検証のために用いられます. クライアント証明書には, たとえば RSA 暗号の公開鍵が含まれています. サーバはクライアントから, プレマスターシークレットを受け取っています. 本メッセージには, クライアントが秘密鍵で署名したプレマスターシークレットが含まれています. つまり, サーバは, 自分の公開鍵で暗号化されてきたプレマスターシークレットと, クライアントが署名したプレマスターシークレットを比較することで, プレマスターシークレットを送ってきた現在の通信相手と証明書に記載されている人が同一であることを確認することができるのです.

　以上で,クライアントとサーバの間では,暗号化通信を行うための情報共有ができました.また,必要な場合は,相手が正規の証明書を持っている (社会的に信頼できる) かどうかを確認することができました.

　一連のやり取りを終わらせて,暗号化通信を開始するために,Finished メッセージを送信しあいます.クライアントは,ChangeCipherSpec メッセージを送信し,続けて Finished メッセージを送信します.サーバは,Finished メッセージを受け取ると,同じように ChangeCipherSpec メッセージを送信し,続けて Finished メッセージを送信します.これで,ハンドシェイクプロトコルは終了です.

　ChangeCipherSpec メッセージというのは,これから合意したアルゴリズムで暗号通信を始めますという宣言にあたります.そのため,ChangeCipherSpec メッセージに続く Finished メッセージは,最初の暗号化データになります.Finished メッセージには,これまでの通信内容をハッシュ関数で処理した結果が含まれます.この内容を確認することで,お互いに,通信に用いるアルゴリズムや鍵の共有が成功しているかどうかを知ることができるわけです.

6.2　Java で SSL 通信をやってみる

　Java には,拡張クラス群として SSL 通信用の Java Secure Socket extension(JSSE) というパッケージが用意されています.SSL 通信は,SSLEngine というクラスで抽象化されていて,SSLEngine を通してデータのやりとりを行うことができます.ユーザは,データを分割したりエンコードしたりといったことを気にせずに,安全な通信を行うことができます.SSL 関連のクラスは,javax.net.ssl.*に収められていますので,import 文に含めるのを忘れないようにしてください.

6.2.1　鍵や証明書の準備

　SSL 通信で用いる鍵や証明書を,作成しなければなりません.ここでは,KeyStore 形式 (JavaKeyStore 形式とも呼ばれます) を用います.KeyStore は,各ユーザの鍵や証明書を格納するファイルの形式です.複数のデータが収められる,バインダーをイメージしていただくとよいと思います.java に付属の keytool というプログラムを使って作成することができます.

```
keytool -genkey -keystore serverKeystore -alias server -keyalg RSA
```

と入力すれば，いくつかの質問の後に，serverKeystore というファイルが生成されます．serverKeyStore というのは KeyStore のファイル名で，server というのはユーザの名前です．これらは自由に決めてもらってかまいません．でき上がったファイルにはすでに，自己署名がついていますが，新しく自己署名を行うには，keytool を用いて，

```
keytool -selfcert -alias server -keystore serverKeyStore
```

とします．

作成した serverKeystore から，個別の鍵を取り出してみるためには，

```
keytool -export -alias server -keystore serverKeystore > serverKey.cer
```

とします．出力は，DER 形式 (バイナリ形式) で行われるので，ここではリダイレクト[*2] してファイルに保存しています．ここで生成した serverKey.cer というファイルは，一般に "証明書" と呼ばれるものに相当します．サーバは，SSL 認証の際に，このファイルをクライアントに提示します．

なお，でき上がったファイルは DER 形式なので，普通にテキストエディタなどで開いて見ることができません．ここで openssl というプログラムを使用します[*3]．openssl を用いて，"openssl x509 -inform der -in serverKey" とすれば，テキスト形式に変換することができます[*4]．出力は，

```
-----BEGIN CERTIFICATE-----
MIICNDCCAZOCBEc+VoUwDQYJKoZIhvcNAQEEBQAwYTELMAkGA1UEBhMCanAxEjAQBgNVBAgTCWNoaXlv
ZGFrdTEOMAwGA1UEBxMFdG9reW8xDjAMBgNVBAoTBWNyeXB0MQowCwYDVQQLEwRib29rMQ8wDQYDVQQD
EwZzZXJ2ZXIxWHhcNMDcxMTE3MDI0ODM3WhcNMDgwMjE1MDI0ODM3WjBhMQswCQYDVQQGEwJqcCESMBAG
A1UECBMJY2hpeW9kYWt1MQ4wDAYDVQQHEwV0b2t5bzEOMAwGA1UEChMFY3J5cHQwDTALBgNVBAsTBGJv
b2sxDzANBgNVBAMTBnNlcnZlcjCBnzANBgkqhkiG9w0BAQEFAAOBjQAwgYkCgYEAiHS1NGVZdOKBVLg1
a13fVpBKA7D6lbsv1H7jAMay3otuD+gOITMMPWVugqTI8W141lzIva1q7LUey3DdvXT7P3zUyFYpHV2C
LmegzDDza+tSdVEL5ceGGXuXfyY2n4tnRD0gnOSQVhTCGbChGxQb/aiHTk7c+mpSJrkYSMsaxqMCAwEA
ATANBgkqhkiG9w0BAQQFAAOBgQBc/lCOhxhCp2uEHwEY2xFKYX9SMsdfuQJa39nIJkwr6fuIQzPlOB5Z
cyB9CIsfPi2zFwCu3dzgOKkSowFrsn3XwFTYIOSxV/wNoXo/9bjpZxzPzkC+5A3gdgbyHhLUCxun8Kxq
OIzI+TYGFojKFjUwwpYzaCiTrE/lOPoslFji4Q==
-----END CERTIFICATE-----
```

という形式 (Base64 形式と呼ばれます) になります．これでもまだ内容はよくわかりません．もっとわかりやすくするには，やはり openssl を用いて，

```
openssl x509 -inform der -in serverKey -text
```

[*2] "> serverKey" と記述している部分が，結果を serverKey という名前のファイルに書き出す (標準出力からファイルへのリダイレクト) ように指示している部分です．

[*3] OpenSSL というのは，オープンソースで行われている SSL 関連のプログラムの開発プロジェクト名称です．なお OpenSSL は，http://www.openssl.org/ からダウンロードできます．Windows ユーザの方は http://www.slproweb.com/products/Win32OpenSSL.html からダウンロードできます．

[*4] "keytool -list -rfc -alias server -keystore serverKeystore" としても良いです．

とします．すると，以下の出力を得ることができます．

```
Certificate:
    Data:
        Version: 1 (0x0)
        Serial Number: 1195267717 (0x473e5685)
        Signature Algorithm: md5WithRSAEncryption
        Issuer: C=jp, ST=chiyodaku, L=tokyo, O=crypt, OU=book, CN=server
        Validity
            Not Before: Nov 17 02:48:37 2007 GMT
            Not After : Feb 15 02:48:37 2008 GMT
        Subject: C=jp, ST=chiyodaku, L=tokyo, O=crypt, OU=book, CN=server
        Subject Public Key Info:
            Public Key Algorithm: rsaEncryption
            RSA Public Key: (1024 bit)
                Modulus (1024 bit):
                    00:88:74:a5:34:65:59:77:42:81:54:b8:35:6b:5d:
                    df:56:90:4a:03:b0:fa:95:bb:2f:d4:7e:e3:00:c6:
                    b2:de:8b:6e:0f:e8:0e:21:33:0c:3d:65:6e:82:a4:
                    c8:f1:62:38:d6:5c:c8:bd:ad:6a:ec:b5:1e:cb:70:
                    dd:8d:74:fb:3f:7c:d4:c8:56:29:1d:5d:82:2e:67:
                    a0:cc:30:f3:6b:eb:52:75:51:0b:e5:c7:86:19:7b:
                    97:7f:26:36:9f:8b:67:44:3d:20:9f:44:90:56:14:
                    c2:19:b0:a1:1b:14:1b:fd:a8:87:4e:4e:dc:fa:6a:
                    52:26:b9:18:48:cb:1a:c6:a3
                Exponent: 65537 (0x10001)
    Signature Algorithm: md5WithRSAEncryption
        5c:fe:50:8e:87:18:42:a7:6b:84:1f:01:18:db:11:4a:61:7f:
        52:32:c7:5f:b9:02:5a:df:d9:c8:26:4c:2b:e9:fb:88:43:33:
        e5:d0:1e:59:73:20:7d:08:8b:1f:3e:2d:b3:17:00:ae:dd:dc:
        e0:38:a9:12:a3:01:6b:b2:7d:d7:c0:54:d8:23:44:b1:57:fc:
        0d:a1:7a:3f:f5:b8:e9:67:1c:cf:ce:40:be:e4:0d:e0:76:06:
        f2:1e:12:d4:0b:1b:a7:f0:ac:6a:d0:8c:c8:f9:36:06:16:88:
        ca:16:35:30:c2:96:33:68:28:93:ac:4f:e5:38:fa:2c:94:58:
        e2:e1
```

この出力からは，ユーザの名前 (CN=server)，所属組織 (OU=book, O=crypt)，住所 (L=tokyo, ST=chiyodaku, C=jp) や，ユーザの公開鍵と証明書などの情報がわかります．公開鍵は 1024 ビットで，署名には MD5 と RSA 暗号が用いられています．

　上記には，公開鍵が出力されていますが，秘密鍵が出力されていません．実は，秘密鍵は，keytool を使っても，keysotore から取り出して表示することができません．しかし，Java の KeyStore クラスを使って簡単なプログラムを書けば，出力することができます．参考のため，取り出した結果を以下に引用しておきます．

```
-----BEGIN RSA PRIVATE KEY-----
MIICXAIBAAKBgQCIdKU0ZVl3QoFUuDVrXd9WkEoDsPqVuy/UfuMAxrLei24P6A4hMww9ZW6CpMjxYjjW
XMi9rWrstR7LcN29dPs/fNTIVikdXYIuZ6DMMPNr61J1UQvlx4YZe5d/Jjafi2dEPSCfRJBWFMIZsKEb
FBv9qIdOTtz6alImuRhIyxrGowIDAQABAoGAUTPY/AOz6FyTSi802ufJ+GF1KiOvcdsq43F+9P9JglXG
8YBOqEMQjZjG4sfdLIge+rHMY9PHRYWjBb3stsnemVIYMGmOh11FAMOW2SsN9cuWP3nMcHWSQ7lVF3z8
siQubjX6USd0OGF9tTqypZpSt1ax+MWL+SnldBbiJsy55gECQQDLcMDbfnAayUdcPqECaE6VaM8AEVq7
gVX66RxVl/1qypx7N3KKU6BwZsbkMOVm7FjZMABC6irwenfP6DERHuVDAkEAq7WeIIJXRa/UmUaBgBn/
E/uJVDVynYOFaK1vdPUTO/ek8gJVhLD5WJfhDZuH4QOgjBBCLpNnMxB2e9CxLSPTIQJBAJUjd35xVmWM
oM+y6f4FOXYee4GlNOq2Kf3i3m6xGYosNkLuBv35CGjeL3ghkEq/gPLXCZoEaK4aWbMEmNPgPlkCQDNk
```

```
XVp/iF1cHfZuKs5LeZPighzJDm/kcGZ/Gk/YFhSprx2b4zqeuVJxyrMG7OlE66VgLF7CUW3wLHYsZQsM
oOECQC1Eg/2BrbrEO2K+Qc4HnZYhKPnfRzGXybuST/Bc5SgoscbbP9dqlyWD7U+djDntrDPHSI6jh8BC
TL9w7ow6FNg=
-----END RSA PRIVATE KEY-----
```

これを，serverPrivateKey という名前のファイルに保存して，

openssl rsa -in serverPrivateKey -text

とします．すると，公開鍵と秘密鍵を見ることができます．

```
Private-Key: (1024 bit)
modulus:
    00:88:74:a5:34:65:59:77:42:81:54:b8:35:6b:5d:
    df:56:90:4a:03:b0:fa:95:bb:2f:d4:7e:e3:00:c6:
    b2:de:8b:6e:0f:e8:0e:21:33:0c:3d:65:6e:82:a4:
    c8:f1:62:38:d6:5c:c8:bd:ad:6a:ec:b5:1e:cb:70:
    dd:bd:74:fb:3f:7c:d4:c8:56:29:1d:5d:82:2e:67:
    a0:cc:30:f3:6b:eb:52:75:51:0b:e5:c7:86:19:7b:
    97:7f:26:36:9f:8b:67:44:3d:20:9f:44:90:56:14:
    c2:19:b0:a1:1b:14:1b:fd:a8:87:4e:4e:dc:fa:6a:
    52:26:b9:18:48:cb:1a:c6:a3
publicExponent: 65537 (0x10001)
privateExponent:
    51:33:d8:fc:0d:33:e8:5c:93:4a:2f:34:da:e7:c9:
    f8:61:75:2a:2d:2f:71:db:2a:e3:71:7e:f4:ff:49:
    82:55:c6:f1:80:4e:a8:43:10:8d:98:c6:e2:c7:dd:
    2c:88:1e:fa:b1:cc:63:d3:c7:45:85:a3:05:bd:ec:
    b6:c9:de:99:52:18:30:69:8e:87:5d:45:00:cd:16:
    d9:2b:0d:f5:cb:96:3f:79:cc:70:75:92:43:b9:55:
    17:7c:fc:b2:24:2e:6e:35:fa:51:27:74:38:61:7d:
    b5:3a:b2:a5:9a:52:b7:56:b1:f8:c5:8b:f9:29:e5:
    74:16:e2:26:cc:b9:e6:01
prime1:
    00:cb:70:c0:db:7e:70:1a:c9:47:5c:3e:a1:02:68:
    4e:95:68:cf:00:11:5a:bb:81:55:fa:e9:1c:55:97:
    fd:6a:ca:9c:7b:37:72:8a:53:a0:70:66:c6:e4:30:
    e5:66:ec:58:d9:30:00:42:ea:2a:f0:7a:77:cf:e8:
    31:11:1e:e5:43
prime2:
    00:ab:b5:9e:20:82:57:45:af:d4:99:46:81:80:19:
    ff:13:fb:89:54:35:72:9d:83:85:68:ad:6f:74:f5:
    13:3b:f7:a4:f2:02:55:84:b0:f9:58:97:e1:0d:9b:
    87:e1:03:a0:8c:10:42:2e:93:67:33:10:76:7b:d0:
    b1:2d:23:d3:21
exponent1:
    00:95:23:77:7e:71:56:65:8c:a0:cf:b2:e9:fe:05:
    d1:76:1e:7b:81:a5:37:4a:b6:29:fd:e2:de:6e:b1:
    19:8a:2c:36:42:ee:06:fd:f9:08:68:de:2f:78:21:
    90:4a:bf:80:f2:d7:09:9a:04:68:ae:1a:59:b3:04:
    98:d3:e0:3e:59
exponent2:
    33:64:5d:5a:7f:88:5d:5c:1d:f6:6e:2a:ce:4b:79:
    93:e2:82:1c:c9:0e:6f:e4:70:66:7f:1a:4f:d8:16:
    14:a9:af:1d:9b:e3:3a:9e:b9:52:71:ca:b3:06:ec:
    e9:44:eb:a5:60:2c:5e:c2:51:6d:f0:2c:76:2c:65:
```

```
    0b:0c:a0:e1
coefficient:
    2d:44:83:fd:81:ad:ba:c4:3b:62:be:41:ce:07:9d:
    96:21:28:f9:df:47:31:97:c9:bb:92:4f:f0:5c:e5:
    28:28:b1:c6:db:3f:d7:6a:97:25:83:ed:4f:9d:8c:
    39:ed:ac:33:c7:48:8e:a3:87:c0:42:4c:bf:70:ee:
    8c:3a:14:d8
```

それぞれの値は，RSA 暗号の章で紹介した値に対応していますので，再確認してみて
ください[5]．"：(コロン)" 記号で区切られたそれぞれの値は，16 進数で記述された値
です．たとえば，prime1 と prime2 を掛け合わせると，modulus に等しくなります．

```
00cb70c0db7e701ac9475c3ea102684e9568cf00115abb8155fae91c5597fd6aca9c7b37728a53a0
7066c6e430e566ec58d9300042ea2af07a77cfe831111ee543
×
00abb59e20825745afd49946818019ff13fb895435729d838568ad6f74f5133bf7a4f2025584b0f9
5897e10d9b87e103a08c10422e93673310767bd0b12d23d321
=
8874a534655977428154b8356b5ddf56904a03b0fa95bb2fd47ee300c6b2de8b6e0fe80e21330c3d
656e82a4c8f16238d65cc8bdad6aecb51ecb70ddbd74fb3f7cd4c856291d5d822e67a0cc30f36beb
5275510be5c786197b977f26369f8b67443d209f44905614c219b0a11b141bfda8874e4edcfa6a52
26b91848cb1ac6a3
```

6.2.2 ▶ 通信を開始する

用意した鍵と証明書を使って，通信をしてみましょう．SSL 通信は，ネットワークの
443 番ポートを使って行うのが標準的です．リスト 6.1 は，SSL のクライアント側の
プログラム例です．ここでは，javax.net.ssl のクラスを使って，SSL 通信を行っていま
す．ClientHello などの通信プロトコルが処理されているのは，s.startHandshake()
のたった 1 行です．このハンドシェイク以前の行では，接続先の SSL サーバアドレ
スとポート番号，受け入れるサーバ証明書の設定を行っています．ハンドシェイク以
降の行では，サーバとの実際の通信を行っています．以上のように，Java を使えば，
ClientHello などの細かい通信プロトコルを意識せずに SSL 通信を行うことができ
ます．

リスト 6.1　　SSL client

```
public class SSLClient {
    public static void main(String[] args) throws Exception{
        // 接続先サーバー名, ポート番号
        String serverHost = "localhost";
        int port = 443;
        SSLServerSocket server = null;
        // サーバー証明書の設定
```

[5] privateExponent は秘密指数 d, prime1,prime2 はそれぞれ秘密素数 p と q, exponent1, exponent2 はそれぞれ秘密指数 d を $\mod(p-1)$, $\mod(q-1)$ で短くしたもの．coefficient は $p^{-1} \mod q$ に対応しています．

```
String trustStore = "ssl.trustStore";
System.setProperty("javax.net.ssl.trustStore", trustStore );
System.setProperty("javax.net.ssl.trustStorePassword", "
    PASSWORD" ) );
SSLSocket       s    = null;
PrintWriter     out  = null;
BufferedReader  in   = null;
try{
    KeyStore ks = KeyStore.getInstance ( "JKS" );
    KeyManagerFactory kmf = KeyManagerFactory.getInstance( "
        SunX509" );
    kmf.init( null , null  );
    SSLContext ctx = SSLContext.getInstance ( "SSLv3" );
    ctx.init( kmf.getKeyManagers(), null, null );
    // SSLSocket生成
    SSLSocketFactory factory  = ctx.getSocketFactory();
    s = (SSLSocket)factory.createSocket( serverHost, port );
    // ハンドシェイク
    s.startHandshake();
    // メッセージ送信，サーバーからの入力を読み込み，標準出力に
        出力
    out = new PrintWriter( s.getOutputStream() );
    in  = new BufferedReader( new InputStreamReader(s.
        getInputStream() ) );
    out.write( "Hello Server\n" );
    out.flush();
    String msg = in.readLine();
    System.out.println("Serverからのメッセージ:" + msg );
}catch(Exception e){
    System.out.println(e);
}
    }
}
```

　次に，サーバ側のプログラムをリスト 6.2 に示します．こちらでも，やはりハンド
シェイクを行っているのは，Socket client = srvSocket.accept(); の 1 行です．
srvSocket には，それ以前の行で SSL 通信を行うためのポートを割り当てています．
srvSocket.accept() 以降の行では，無限ループで，クライアントからの接続を待つ
処理とクライアントとのデータのやり取りの結果を表示するプログラムを置いていま
す．ただし，このプログラムは，1 回のメッセージをやり取りするごとに，SSL の再
認証を行う構造になっています．

　サーバでは，クライアントに提示する証明書を設定しておかなければなりません．
ここで使用する証明書は，JSSE に付属の keytool というプログラムを使って，先ほど
紹介した方法で作成することができます．作成した証明書は，クライアント側に事前
に渡しておきます．本来であれば，USB メモリなどにコピーして渡すのがよいでしょ
う．ネットワークを介して (暗号化せずに) 送信するのは，セキュリティ上の懸念があ
ります．ここでは実験をするだけなので，サーバもクライアントも同じ PC 上で実行
します．そこで，クライアント側の受け入れ可能証明書のディレクトリに，上記の証

明書をコピーしておきます.

リスト 6.2　SSL server

```java
public class SSLServer {
    public static void main(String[] args) throws Exception{
        // ポート番号
        int port = 443;
        SSLServerSocket server = null;
        // サーバー・トラストストア
        String trustStore = "ssl.trustStore";
        System.setProperty("javax.net.ssl.trustStore" , trustStore );
        System.setProperty("javax.net.ssl.trustStorePassword", props.
            getProperty( "ssl.trustStore.password" ) );
        // サーバー・キーストア
        String keyStore = props.getProperty( "ssl.keyStore" );

        BufferedWriter out = null;
        BufferedReader in  = null;
        try {
            // KeyStoreのロード
            KeyStore ks = KeyStore.getInstance( "JKS" );
            char[] keystorePass = "PASSWORD".toCharArray();
            ks.load( new FileInputStream( keyStore ), keystorePass );

            KeyManagerFactory kmf = KeyManagerFactory.getInstance( "
                SunX509" );
            kmf.init( ks, keystorePass );

            SSLContext sslContext = SSLContext.getInstance( "SSLv3" );
            sslContext.init( kmf.getKeyManagers(), null, null );
            SSLServerSocketFactory ssf = sslContext.
                getServerSocketFactory();
            // サーバーソケット生成
            SSLServerSocket srvSocket = (SSLServerSocket)ssf.
                createServerSocket( port );

            // 無限ループで待機
            while( true ){
                System.out.println( "SSL接続を待機しています. " );
                Socket client = srvSocket.accept();
                System.out.println( "Clientから接続されました. " );
                in  = new BufferedReader( new InputStreamReader (
                    client.getInputStream() ) );
                out = new BufferedWriter( new OutputStreamWriter(
                    client.getOutputStream() ) );
                String msg = in.readLine();
                System.out.println("Clientからのメッセージ:" + msg );
                out.write( "Hello Client\n" );  // クライアントに文字列
                    送信
                out.flush();
                closeReader( in );
                closeWriter( out );
            }
        } catch (Exception e) {
            System.out.println(e);
        }
    }
}
```

　以上，紹介した二つのプログラムを実行して，証明書などのやりとりがうまくいけ
ば，ハンドシェイクが成功して，双方のメッセージを送りあうことができます．

　とはいえ，ハンドシェイクの内容が 1 行に集約されてしまっているので，実際に
行っていることが，わからなくなっています．次に，ネットワークを流れるデータを
覗き見て，SSL のハンドシェイクがどのように行われるのかを見てみましょう．

6.2.3 SSL ハンドシェイクの中身

　以下は，最初にクライアントからサーバに送られるメッセージの内容です．すべて
16 進数のデータなので，一見するとわけがわからないと思います．これを先頭から一
つずつ見ていきましょう．

16030000490100004503004646B7948B2975185AA85BD02A2042E13B35DCA84BC09400FEBBD0A431
FCD3FA00001E00040005002F00330032000A001600130009001500120003000800014000110100

　先頭の 16 は，ContentType をあらわすデータです．16 進数の 16 は，10 進数の 22
に対応しています（$1 \times 16 + 6 = 22$ です）．SSLv3 の仕様書を見ると，22 は Handshake
をあらわすデータであることがわかります．次の 0300 は，SSL のメジャーバージョ
ン 03 とマイナーバージョン 00 をあらわしています[*6]．次に続く 0049 は，中身の長
さです．16 進数の 0049 を 10 進数に直すと，$16 \times 4 + 9 = 73$ になります．0049 に続
く 01 以降のデータのバイト数を数えると，実際に 73 バイトになっていることがわか
ると思います[*7]．このように，先頭から 5 バイトの 1603000049 は，SSL のレコード
層のヘッダになっているわけです．

　さて，続く 01 以降が SSL の Handshake の中身です．先頭の 01 は，HandshakeType
をあらわすデータです．再度 SSLv3 の仕様書を見ると，01 は ClientHello であること
を意味しています．次の 3 バイトが 000045 なので，この ClientHello メッセージの長
さは，16 進数で 45，つまり 10 進数で 69 バイトです．実際に 000045 以降のデータの
長さを数えてみると，69 バイトであることが確認できます．

　この 69 バイトには，SSL のバージョン番号と，送信時刻，28 バイトの乱数，セッ
ション番号，対応可能な暗号方式といった情報が列挙されています．先頭から見てい
きましょう．先ほどの 000045 に続く 0300 は，SSL のバージョン番号をあらわして
います．次の 4646B794 は，UNIX 形式の時刻データです．UNIX 形式というのは，
UNIX と呼ばれる OS(Windows や MacOS と同格の位置づけのものです) が内部で時
刻を表現するための形式で，1970 年 1 月 1 日 0 時 0 分 0 秒からの経過秒数を表して

---

*6 ちなみに，TLSv1 であれば，0301 になります．TLSv1 は，SSLv3.1 という位置づけだということ
になりますね．
*7 2 桁で 1 バイトです．

います．16 進数での 4646B794 は，10 進数に直すと 1179039636 です．つまり，この
データは 1970 年 1 月 1 日 0 時 0 分 0 秒から 1179039636 秒経過した時刻に作成された
ということになります．

　時刻の次には，28 バイトの乱数が続きます．

```
8B2975185AA85BD02A2042E13B35DCA84BC09400FEBBD0A431FCD3FA
```

は，乱数です．

　乱数の次には，セッション番号が来ます．セッション番号は，過去のセッションを
再開するときに使用する番号です．渡したセッション番号が，サーバに保存されてい
るものと一致すれば，途中の状態から再開することができます．ここでは，新規の接
続なので，使われていません．乱数の後に 00 とあるのは，セッション番号の長さを
あらわすデータです．0 バイトということで，セッション番号のデータはこれで終わ
りです．

　次の 001E は，クライアントが対応可能な暗号方式の情報である CipherSuite の長
さが，30 バイトであることをあらわしています．CipherSuite は，2 バイトで一つの
暗号方式をあらわしています．具体的な，値と暗号方式の対応は，SSLv3 や TLSv1
の仕様書などに記載されています．一部は，表 6.2 に示しています．

```
[0004:] SSL_RSA_WITH_RC4_128_MD5
[0005:] SSL_RSA_WITH_RC4_128_SHA
[002F:] TLS_RSA_WITH_AES_128_CBC_SHA
[0033:] TLS_DHE_RSA_WITH_AES_128_CBC_SHA
[0032:] TLS_DHE_DSS_WITH_AES_128_CBC_SHA
[000A:] SSL_RSA_WITH_3DES_EDE_CBC_SHA
[0016:] SSL_DHE_RSA_WITH_3DES_EDE_CBC_SHA
[0013:] SSL_DHE_DSS_WITH_3DES_EDE_CBC_SHA
[0009:] SSL_RSA_WITH_DES_CBC_SHA
[0015:] SSL_DHE_RSA_WITH_DES_CBC_SHA
[0012:] SSL_DHE_DSS_WITH_DES_CBC_SHA
[0003:] SSL_RSA_EXPORT_WITH_RC4_40_MD5
[0008:] SSL_RSA_EXPORT_WITH_DES40_CBC_SHA
[0014:] SSL_DHE_RSA_EXPORT_WITH_DES40_CBC_SHA
[0011:] SSL_DHE_DSS_EXPORT_WITH_DES40_CBC_SHA
```

　次の 01 は，圧縮方式をあらわす CompressionMethod の長さを表します．ここで
は，圧縮方式が 00 となっています．SSLv3 の仕様書によれば，0 は圧縮を行わない
null という意味です．

　以上で ClientHello メッセージは終了です．次は，サーバからの ServerHello メッ
セージの番です．

1603000290020000460300464 6B78F042A4A1F2C8B1DB7CEF752CA69CBA5A416D9FDC4D84414E657
FB08DC204646B78F8AC0AD378AD709261275F6191E9C286AEED387786094246A1DE7E8260004000B
00023E00023B00023830820234308201 9D02044646B004300D06092A864886F70D01010405003061
310B30090603550406130 26A7031123010060355040813096368 69796F64616B75310E300C060355
04071305746F6B796F310E300C06035504 0A13056372797074310D300B060355040B1304626F6F6B
310F300D0603550 40313067365727665723001E170D303730 35313333036323832305A170D30373038
3131303 63238322305A306131 0B3009060355040613026A703112301 0060355040813096368 69796F
64616B75310E300C060 35504071305746F6B796F310E300C06035 5040A13056372797074310D300B
060355040B13 04626F6F6B310F300D060355040313067 36572766572300819F300D06092A864886F7
0D0101 01050003818D0030818902818100F197E 1A3EF878AD594D57914AD0D5FF1B30432846FA02D
5941B9B3 3CEF3B0E57EDF46F5C4FB2EC3AB607C751 68365D011B580AA3F06183404F99E4C6542B79A
4342EB852655ECEA66751F54B45D43F475C61DA 7C801CD326BA7089DD4B4D32F81E16B1A84AF6709
65D2C996F4CAA1F1E14E085D979F6E46BE 1873C8AAEEA9D5A70203010001300D06092A864886F70D
01010 40500038181000CCC53ADC4E2E7E1017161D3414D08907F20B6E1D5D4FC3AD33D013ADC8DC8
4722635BEB55A16402710D3C77D1D02C3A 45163337A1AB84611289E9FEAE64C949E2DEF7AC91A961
FB197A5489D689120D83E4FB5D80E4EF174B7B006719D30E0C6EA0F437533067E207D0CC097F8839
C5A3494EFB83380CB316CD7BA642AE643C0E000000

このメッセージは，ClientHello メッセージに比べて，ずいぶん長いように感じます．これは，Certificate という証明書の情報が含まれていることと，図 6.5 にあったように，ServerHello と Certificate と ServerDone という三つのメッセージが含まれているからです．三つのメッセージにはそれぞれ，以下のようになります．最初の 5 バイトは，SSL のパケット情報になっています．

1603000290

先頭の 16 は，先ほど ClientHello の説明で見たように，SSL のハンドシェイク用のデータであることを示しています．0300 は，SSLv3 であることを，0290 は，このデータの長さが 656 バイト（$2 \times 16^2 + 9 \times 16 + 0 = 656$ です）であることを意味しています．

0200004603004646B78F042A4A1F2C8B1DB7CEF752CA69CBA5A416D9FDC4D84414E657FB08DC2046
46B78F8AC0AD378AD709261275F6191E9C286AEED387786094246A1DE7E826000400

このブロックは，先頭が 02 であることから，ServerHello メッセージであることがわかります．02 が ServerHello を意味していることは，仕様書に記載されていますので，そちらを参照してみてください．次の 000046 は，メッセージの長さが 70 バイトであることを示しています．0300 は，SSLv3 であることを，4646B78F は，時刻を表しています．

042A4A1F2C8B1DB7CEF752CA69CBA5A416D9FDC4D84414E657FB08DC

これは，28 バイトの乱数です．続いて，20 とあるので，SessionID の長さが 32 バイトであることがわかります．SessionID とは，これからはじめる SSL 通信を後で再開できるように割り当てられる番号です．この数字を覚えておけば，セッションを終

了した後でも，再度認証することなく，暗号通信を再開することができます．ただし，SessionID には有効期限が決められているので，期限が切れた場合は，再度認証からやり直す必要があります．ここでは，SessionID として，

```
4646B78F8AC0AD378AD709261275F6191E9C286AEED387786094246A1DE7E826
```

が割り当てられています．次の 0004 は，この SSL セッションで使用する暗号方式を示します．これは，先ほど ClientHello メッセージでクライアントが使用可能だとして送信してきた CipherSuite 群の中から，サーバが最適と考えるものをひとつ選んだものです．仕様書によれば，0004 は，SSL_RSA_WITH_RC4_128_MD5 を意味しています．つまり，サーバは，この SSL 通信には，非対称暗号である RSA 暗号と共通鍵暗号である RC4 と，ハッシュ関数である MD5 を使用すると決めましたということをクライアントに伝えているわけです．最後の 00 は，データの圧縮方式をあらわしています．00 ということは，この SSL 通信では，データの圧縮は行わないということになります．

　基本的な構造は，ClientHello メッセージとほとんど同じでしたので，理解は難しくないと思います．これで，SSL 通信で用いる暗号方式などが決まったので，あとは通信を開始するだけ，といきたいところです．しかし，SSL 通信では，サーバが信頼できるかどうかを確認する手順が必須となっています (場合によっては，クライアントが信頼できるかどうかを確認する手順も入ってきます)．そこで，サーバは，クライアントに対して，証明書を送って確認してもらいます．

```
0B00023E00023B000238308202343082019D02044646B004300D06092A864886F70D010104050030
61310B3009060355040613026A703112301006035504081309636869796F64616B75310E300C0603
5504071305746F6B796F310E300C060355040A13056372797074310D300B060355040B1304626F6F
6B310F300D06035504031306736572766573230819F300D06092A864886
F70D010101050003818D0030818902818100F197E1A3EF878AD594D57914AD0D5FF1B30432846FA0
2D5941B9B33CEF3B0E57EDF46F5C478DC3AB607C75168365D011B580AA3F06183404F99E4C6542B7
9A4342EB852655ECEA66751F54B45D43F475C61DA7C801CD326BA7089DD4B4D32F81E16B1A84AF67
0965D2C996F4CAA1F1E14E085D979F6E46BE1873C8AAEEA9D5A70203010001300D06092A864886F7
0D010104050003818100CCC53ADC4E2E7E1017161D3414D08907F20B6E1D5D4FC3AD33D013ADC8D
C84722635BEB55A16402710D3C77D1D02C3A45163337A1AB84611289E9FEAE64C949E2DEF7AC91A9
61FB197A5489D689120D83E4FB5D80E4EF174B7B006719D30E0C6EA0F437533067E207D0CC097F88
39C5A3494EFB83380CB316CD7BA642AE643C
```

　この長いメッセージは証明書です．先頭の 0B は，このメッセージが Certificate であることをあらわし，次の 00023E は，メッセージの長さが 574 バイトであることをあらわしています．それに続いている 00023B は，証明書メッセージが 571 バイトであることを，さらに続く 000238 は，証明書の本体が 568 バイトであることを示して

います．3082 … 643C の証明書本体が，実際に 568 バイトであることを確認してみてください．

```
0E000000
```

　0E は，このメッセージが ServerHelloDone であることをあらわしています．それに続いているデータが 000000 なので，このメッセージの長さは 0 です．以上で，サーバからのデータ転送をいったん終了します．

　ここで，クライアントは，サーバから受け取った証明書が信頼できるかどうかを確認します．確認は，サーバから受け取った証明書が，クライアントが信頼している CA の鍵で署名されているかどうかを見るという方法で行います．クライアントは，事前にいくつかの有名な CA の証明書を持っています．Windows のインターネットエクスプローラーであれば，「ツール→インターネットオプション→証明書」と辿ると，一覧を見ることができます．Firefox であれば，「オプション→詳細→暗号化→証明書を表示」と辿ると，一覧を見ることができます．こういった世界的に認知されている CA であれば，ブラウザの開発元が事前に組み込んでくれます．独自に作成した証明書などの，事前に組み込まれていない証明書が送られてきたときは，その証明書を受け入れるかどうかをユーザが判断することになります．とはいえ，そのような証明書は，誰も信頼性を保証していないので，基本的には受け入れるべきではありません[*8]．

　クライアントは，サーバが送ってきた証明書が信頼できると判断したら，暗号通信を行う際に使用する暗号鍵の元となる乱数をサーバの証明書に書かれている公開鍵を使って暗号化し，サーバに送信します．これが，ClientKeyExchange メッセージです．内容は，以下のとおりです．

```
16030000841000008040E04F3E0B7F775A3850C763DCBBE4A7AB4DB77C939BD4
98986CB93C8749D64B90ACD5EEAECBDEB62CBE9F3EA5FD8FAA6A191666A9021C
16816D51C99565F98E2C3D1C40B3E61581913A3DBA6FDA2AB7B0B2C13AC44640
2E91260D56F727BB109B8DE5EE4AAA3E2604F0970CEC9A0CD2C88170A496095D
081EB046E762368393
```

　先頭の 1603000084 は，繰り返しでてきていますから，もうおわかりだと思います．16 はハンドシェイクであることを，0300 は SSL のバージョン番号を，0084 はメッセージ長が 132 バイトであることをあらわしています．ハンドシェイクメッセージの中身は，先頭が 10 ですから (仕様書を見ると) これは ClientKeyExchange であり，000080 からメッセージ長は 128 バイトということになります．つまり，040E … 8393 が，サーバの公開鍵で暗号化された暗号鍵の種だということになります．サーバ

[*8] ここで紹介している Java プログラムは，証明書が信頼できない場合は，即座に通信を終了します．

側が, この値が正しく受け取れたかどうかを確認できるように, 暗号化されたデータ
には, SSL のバージョン番号が含まれています. このバージョン番号がおかしくなけ
れば, おそらくデータは正しく受け取れただろうと考えるわけです.

```
140300000101
```

14 はこのメッセージが ChangeCipherSpec だということを, 0300 はバージョン番
号を, 000001 はメッセージ長が 1 バイトであることをあらわしています. 最後の 01
は, ChangeCipherSpec を実施することを明言しています. このメッセージを受け取
ると, 受信側は, 先ほど合意した方式での暗号化通信を開始する準備を整えます. こ
れで, ほぼ準備は完了です.
　最後に, クライアントは, finished メッセージを送信します. その内容は, 以下の
とおりです.

```
160300003892F6D2DA7C8509C0219BDC7F7FC3A522A690AA54A37957D8376719
293D107F390C1B68505657876E6D031A3E5B3FE57C9FBDEF907FCD5272
```

　1603000038 は, このメッセージが SSLv3 で 56 バイトのハンドシェイクデータで
あることを意味しています. それに続く 56 バイトは, finished メッセージであるこ
とを示す 1 バイトのデータと, メッセージの長さを示す 3 バイトのデータ, MD5 と
SHA-1 でそれぞれ計算されたメッセージダイジェストと, その後に続く MAC の全
体を暗号化したものです. MD5 のダイジェストサイズは 128 ビット (16 バイト) で,
SHA-1 のダイジェストサイズは 160 ビット (20 バイト) です. また, これらの先頭に
はメッセージタイプとして finished メッセージであることを示す 14 という 1 バイト
の数字とメッセージの長さを示す 3 バイトの数字の合計 4 バイトが置かれます. つま
り, 92F6 … 876E の 40 バイト分がメッセージ本体の暗号化部分で, 6D03 … 5272
が MAC の暗号化部分というわけです. MAC を計算する際のアルゴリズムとしては,
先ほど MD5 を使うことで合意しましたので, MAC の長さは 16 バイトになっていま
す. 下のデータ列のうち 92F6 … 5272 は, すでに先に決めた方法で (RC4 でした) 暗
号化されていますので, 暗号鍵がわからなければ, 中身がいったいどんな内容になっ
ているのかはわかりません.
　以上で, クライアント側から送るべきものはすべて終了しました. あとは, サーバ
側から同様に ChangeCipherSpec メッセージと finished メッセージを受け取ります.
お互いに, メッセージダイジェストを確認してこれまでのやりとりと整合していれば
(独自に計算したメッセージダイジェストと受け取ったメッセージダイジェストが一
致していれば), 無事に SSL 通信を開始する準備が整ったということになります. 上

記の繰り返しの内容になりますので，サーバからクライアントに送られるメッセージ
は省略します．

　念のため，SSL 通信ではどのようなデータのやり取りが行われるかを，少しだけ見
ておきましょう．紹介したプログラムでは，クライアントからサーバに，小さなメッ
セージを送っています．その際の通信データは，以下のようになっています．

```
170300001D8E6E9E76D5E9561F6A48AF9BB1D073A95B5992F0FAF863260D19315FE0
```

　先頭の 17 は，このメッセージが application_data であることを意味しています．
0300 は SSL のバージョン番号で，001D はデータ長が 29 バイトであることを表して
います．その中身である 8E6E … 1931 は，暗号化されていますので，このまま見て
も中身を知ることはできません．受信者であるクライアントだけが，受け取ったデー
タを復号化して中身を読むことができるのです．

6.3　mini SSL の実装

　mini SSL では，SSLv3 の一部のメッセージだけを実装します．エラー処理などは
実装しませんので，概略を確認することを目的にしてください．とはいえ，ここでの
機能の実装を経験しておけば，仕様書を読むことができるようになり，自分ですべて
の機能を実装することができるようになります．

　SSLv3 では，利用する暗号方式，ハッシュ関数などが指定されていないために，ネ
ゴシエーションが必要になっています．mini SSL では，これらを固定しておきます．
つまり，本書で学習した，**表 6.3** の方式を利用します．

表 6.3　mini SSL で使用する暗号方式

共通鍵暗号方式	ハッシュ関数	公開鍵暗号方式
AES-128	SHA-1	RSA-1024

　mini SSL としては，クライアント側となる mini SSLc とサーバ側となる mini SSLs
の二種類のクラスで構成されます．それぞれ実装する機能は，**表 6.4** の通りです．こ
れらの機能を実装する上で必要な情報を整理します．

　まず最初に，レコードレイヤを実装しなければなりません．SSL のハンドシェイ
クでは，主として平文を使用します．仕様書を見ると，平文を扱う場合のレコードレ
イヤは，

表 6.4　mini SSL 実装機能

mini SSLc	mini SSLs
ClientHello	ServerHello
ClientKeyExchange	ServerCertificate
ChangeCipherSpec	ServerHelloDone
Finished	ChangeCipherSpec
	Finished

```
struct {
    ContentType type;
    ProtocolVersion version;
    uint16 length;
    opaque fragment[SSLPlaintext.length];
} SSLPlaintext;
```

となっています. この中で type,version,length が, 図 6.3 に示したヘッダ (Hdr) に
あたります. fragment 部分にはメッセージの本体が入ります.
　type というのは, メッセージのタイプのことで,

```
enum {
    change_cipher_spec(20), alert(21), handshake(22),
    application_data(23), (255)
} ContentType;
```

という定義になっています. SSL ハンドシェイクでは, change_cipher_spec と
handshake を使用します. 括弧の中の数字は, 10 進数の数字とメッセージの対応
を表しています. つまり, change_cipher_spec を意味するのは 10 進数の 20 で,
handshake を意味するのは 10 進数で 22 だということになります. この数字をレコー
ドレイヤの type の位置に代入すればよいのです.
　プログラムで一般的に目にするのは 16 進数です. 後ほど登場しますので, それぞ
れ対応する 16 進数の値は, 14, 16 であることを覚えて置いてください. version に
ついては, 何度も出てきているように, SSLv3 では, 2 バイトで 0300 が代入されま
す. length というのはそれに続くメッセージの長さで, ここでは uint16 とあるよう
に unsigned int (符号なし整数) の 16 ビットの値が代入されます. レコードレイヤの
構成は以上の 5 バイトで終了です. 思いのほか簡単だと感じられたのではないでしょ
うか.

6.3.1　miniSSL クライアントの実装

　以下で示す Java コードでは, 取り扱いやすさを優先したため, メッセージを String
形式の変数に保持しています. しかし, 出力ストリーム (ネットワークの出力ポート

など) は，出力データを String 形式ではなく byte 配列の形式で受け取ります．そこ
で，これらを相互に変換するための，byte2string 関数と string2byte 関数を作成
します．これをリスト 6.3 に示します．

リスト 6.3　mini SSL を実装する際のサポート関数

```java
private static String byte2string(byte [] from){
    int i, tmp;
    String to = new String();
    for (i=0; i<from.length; i++){
        tmp = (int) from[i] & 0xFF;
        if (tmp < 16)
            to = to + "0" + Integer.toHexString(tmp);
        else
            to = to + Integer.toHexString(tmp);
    }
    return to;
}
private static byte [] string2byte(String from){
    int i;
    byte [] to = new byte [from.length()/2];
    for (i=0; i<from.length()/2; i++){
      to[i]=(byte)(Integer.parseInt(
                from.substring(2*i,2*(i+1)),16)&0xFF);
    }
    return to;
}
```

🔒 ClientHello

リスト 6.4 に，ClientHello メッセージを処理する関数 ClientHello を示します．

リスト 6.4　ClientHello メッセージ処理部の Java 実装

```java
private static String ClientHello(BufferedOutputStream outstream,
        byte [] client_random){
    String hs_header = new String("16"+"0300"+"002D");
    String body = new String("01"+"000029"+"0300");
    Date date = new Date();
    SecureRandom r = new SecureRandom();
    r.nextBytes(client_random);
    String gmt_unix_time = Long.toHexString(date.getTime()/1000);
    while (gmt_unix_time.length()<8)
        gmt_unix_time = "0" + gmt_unix_time;
    System.arraycopy(string2byte(gmt_unix_time),0,client_random,0,4);
    body += byte2string(client_random);
    body += ("00"+"0002"+"002F"+"0100");
    try{
        outstream.write(string2byte(hs_header + body));
        outstream.flush();
    }catch(Exception e){
        System.out.println(e);
    }
    return body;
}
```

本関数は，引数として，メッセージ送信先となる出力ストリームを受け取ります．
通常，このストリームは，SSL サーバのネットワークポートに対応づけられます．た

とえば,

```
String HOST = "192.168.0.1";
int PORT = 443;
Socket socket = new Socket (HOST, PORT);
BufferedOutputStream bufwriter =
        new BufferedOutputStream(socket.getOutputStream());
```

などとしてサーバアドレス "192.168.0.1", ポート番号 443 への出力ストリーム bufwriter を作成します. 関数 ClientHello は, ClientHello(bufwriter) という形で呼び出します. また, クライアント乱数を格納するための 32 バイトの byte 配列変数を受け取ります. ここでは, これを

```
byte [] client_random = new byte [32];
```

として作成することにしましょう. 関数 ClientHello は, String 型でメッセージ本体を返します. 一連のメッセージ本体は, Finished メッセージでメッセージダイジェストを計算する際に必要となりますので, それまで保存しておくようにします. メッセージ保存のための変数を msg_hist としましょう. この場合,

```
msg_hist += ClientHello(bufwriter, client_random);
```

とすると, 変数 msg_hist にメッセージが追記されます.

　次に, 関数 ClientHello の中身について見てみましょう. mini SSL では, 固定的なメッセージをあらかじめ数値で直接記述しています. リスト 6.4 で, 変数 hs_header は, レコードレイヤのヘッダ記述です. 本メッセージは, ハンドシェイクメッセージなので, 先ほど紹介したように, 16 進数で 16 (10 進数で 22) が type として指定されます. それに続いている 0300 は, SSL のバージョン番号で SSLv3 であることを意味しています. 002D は, メッセージ本体の長さが $(2 \times 16 + 13 =)45$ バイトであることをあらわしています. mini SSL では, セッション ID を指定せず, CipherSuites はひとつだけを指定しています. クライアント乱数は, 値は変化しても長さは 32 バイトで固定ですから, メッセージの長さは 45 バイトで一定になるというわけです.

　変数 body の初期化時に指定されている数値について説明します. 01 は, このメッセージが ClientHello であることを意味しています. 仕様書には以下のように記載されています.

```
enum {
    hello_request(0), client_hello(1), server_hello(2),
    certificate(11), server_key_exchange (12),
    certificate_request(13), server_done(14),
```

```
    certificate_verify(15), client_key_exchange(16),
    finished(20), (255)
} HandshakeType;
```

mini SSL で使用するのは，この中の一部です．ClientKeyExchange メッセージでは，16 進数で 10 (10 進数で 16) を指定し，Finished メッセージでは，16 進数で 14 (10 進数で 20) を指定します．次の 000029 というのは，メッセージの内容の長さを表しています．先ほど 002D という数字が出てきました．その直後から 01000029 という 4 バイトのデータがすでに出てきましたから，残りは 000029 すなわち 41 バイトということになります．その後の 0300 は，SSL のバージョン番号です．続いて，32 バイトのクライアント乱数が続きます．クライアント乱数の先頭 4 バイトには時刻情報が置かれますから，真にランダムなのは 28 バイトだけです．リスト 6.4 では，Java の SecureRandom クラスを使用していますので，本プログラムを実行する際には，java.util.* をインポート宣言しておく必要があります．

乱数に続いて，変数 body に定数を追記しています．00 は，セッション ID の長さを表しています．長さが 0 ということで，本メッセージにはセッション ID が含まれません．次の 0002 は CipherSuites リストのバイト数を表します．CipherSuites には，使用する暗号方式の組み合わせに応じて，各 2 バイトの値が割り当てられています．0002 ということは，ここではひとつだけ指定するということになります．mini SSL では，CipherSuites として，ただひとつリスト 6.4 に示したものだけをサポートします．仕様書によると，この組み合わせには 002F という番号が割り当てられていますので，リスト 6.4 には，そのように記述しています．最後の 0100 は，メッセージの圧縮方式についての記述が 1 バイトあり，その値は 0 であるということを意味しています．現在のところ，SSL で圧縮が用いられることは，ほとんどなく 0 すなわち圧縮なしが指定されます．

最後に，レコードレイヤとメッセージ本体を連結して，outstream に書き出します．返り値は，レコードレイヤを除いたメッセージ本体です．この返り値は，後ほど Finished メッセージにおいてメッセージダイジェストを計算する際に使用します．

👤 サーバからのメッセージ受信

ClientHello メッセージを送信すると，サーバから ServerHello, Certificate, ServerHelloDone という三つのメッセージが返信されてきます．これら三つのメッセージは，長さが SSL メッセージの上限である 2^{14} を超えなければ，一つにまとめられて返信されることが多く，その様子は，先ほど，データ例と一緒に説明したとおりです．

サーバからの返信を受け取る関数 get_response をリスト 6.5 に示します．この関

数は,入力ストリームを引数として受け取ると,受信したメッセージを 2 文字で 1 バイトを表すように記述した String 形式で返します.

リスト 6.5 サーバメッセージの受信を行う Java 実装

```
private static String read_message(BufferedInputStream bufreader){
    String msg = new String();
    try{
        int data;
        byte [] buf = new byte [5];
        bufreader.read(buf, 0, 5);
        msg = byte2string(buf);
        int remaining = (buf[3]&0xFF)*256+(buf[4]&0xFF);
        while( remaining > 0 ){
            data= bufreader.read() & 0xFF;
            if (data < 16)
                msg += "0" + Integer.toHexString(data);
            else
                msg += Integer.toHexString(data);
            remaining -= 1;
        }
    }catch(Exception e){
        System.out.println(e);
    }
    return msg;
}
```

入力ストリームは,さきほど ClientHello のところで説明した出力ストリームと同様に,

```
BufferedInputStream bufreader =
        new BufferedInputStream(socket.getInputStream());
```

というように作成します.ここで,クラスインスタンス socket というのは,先ほど出力ストリーム作成の際に作成したものをそのまま流用しています.
変数 line を String 型の変数として,

```
line = read_message(bufreader);
```

のようにすれば,サーバからの返信を変数 line に取り込むことができます.
それでは,受け取った ServerHello と Certificate から,サーバ乱数とサーバ証明書をそれぞれ切り出して保存してみましょう.まず,サーバ乱数は 32 バイトの byte 配列なので,

```
byte [] server_random = new byte [32];
```

として,メモリを確保しておきます.リスト 6.6 を見てください.変数 line にサーバからの返信を格納した後で,レコードレイヤの 5 バイトを除いたものを変数

msg_history に追記します. msg_history は, 後ほど Finished メッセージで使います. 次に, ServerHello に含まれるサーバ乱数を取り出して, 変数 server_random に格納します. レコードレイヤが5バイトあり, ServerHello メッセージの中でもサーバ乱数以前にメッセージタイプ1バイトと SSL バージョン番号2バイト, メッセージの内容の長さ2バイトが置かれているので, 変数 line の先頭から数えて11バイト目からの32バイトがサーバ乱数であるということになります. これを arraycopy メソッドを利用してコピーします.

リスト 6.6　サーバメッセージからサーバ乱数と証明書を取り出す Java 実装

```
String line = read_message(bufreader);
msg_history += line.substring(5*2);
System.arraycopy(string2byte(line.substring(11*2,(11+32)*2)), 0,
    server_random,0,32);
int cert_len = Integer.parseInt(line.substring(86*2,89*2),16);
byte [] certData = string2byte(line.substring(89*2,(89+cert_len)*2));

InputStream cd = new ByteArrayInputStream(certData);
CertificateFactory cf = CertificateFactory.getInstance("X.509");
X509Certificate x509cert = (X509Certificate)cf.generateCertificate(cd);
RSAPublicKey pubkey = (RSAPublicKey) x509cert.getPublicKey();

BigInteger pubexp = pubkey.getPublicExponent();
BigInteger pubmod = pubkey.getModulus();
```

次に, 証明書のデータです. ここでは, メッセージ ID の長さが32バイトであると固定して考えます. ServerHello のメッセージ長は74バイトとなります. Certificate メッセージの構造は, 先頭に16進数の 0B が, 続いて3バイトのメッセージ長が, さらに3バイトの証明書の長さが置かれ, 次に3バイトの証明書本体の長さが置かれ, 証明書本体がそれに続きます. つまり, ServerHello メッセージの次に来る Certificate メッセージの中にある, 証明書本体のデータは, 結局, 変数 line の先頭から数えて, (5+74+10=)89バイト目から設置されることになります. 証明書本体の長さは, 先頭から数えて86バイト目からの3バイトに記載されています. 証明書本体のデータを変数 certData に格納します.

ここで, X509Certificate と RSAPublicKey というものが現れます. 名前のとおり, X509 形式の証明書を扱うためのクラスと RSA 暗号の公開鍵を取り扱うためのものです. これらを用いて, 証明書の中に記載されているサーバの公開鍵を取り出しています. それぞれ, java.security.cert.X509Certificate と, java.security.interfaces.RSAPublicKey にありますので, 本リストを実行する場合には, インポートするのを忘れないようにしてください.

取り出した公開鍵は, BigInteger 型の変数 pubexp, pubmod に格納します. これらは, ClientKeyExchange メッセージで使用します.

　ここで，クライアントはサーバが送ってきた証明書が手元に持っている CA の鍵で署名されているかどうかを確認します．リスト 6.7 には，クライアントが手元に持っている clientTrustStore というファイルから CA の公開鍵を取り出して，受け取った証明書を検証するための Java 実装を示します．リスト 6.7 では，KeyStore オブジェクトを使ってファイル clientTrustStore を読み出しています．

リスト 6.7　サーバ証明書を検査する Java 実装

```java
KeyStore ks = KeyStore.getInstance ( "JKS" );
String cert_file = "clientTrustStore";
char [] password  = "asdfghjkl".toCharArray();
String dest_name = "server";
FileInputStream fis = new FileInputStream(cert_file);
ks.load(fis, password);
RSAPublicKey tpubkey = (RSAPublicKey)ks.getCertificate(dest_name).
    getPublicKey();
BigInteger ca_pubexp = tpubkey.getPublicExponent();
BigInteger ca_pubmod = tpubkey.getModulus();
byte [] certdata = x509cert.getTBSCertificate();
byte [] signature = x509cert.getSignature();
BigInteger bsig = new BigInteger(signature);
String srv_sig = bsig.modPow(ca_pubexp,ca_pubmod).toString(16);
MessageDigest md5 = MessageDigest.getInstance("MD5");
String calc_sig = byte2string(md5.digest(certdata));
if (srv_sig.indexOf(calc_sig)<0){
    System.out.println("Invalid Certificate");
    System.exit(1);
}
```

　このファイルは，JKS (Java Key Store) 形式です．また，ファイルにはパスワードとして"asdfghjkl"が設定されています．パスワードは，クライアントが clientTrustStore ファイルを作成したときに設定したものですから，適宜変更してください．server という名前は，認証局の名前です．JKS 形式のファイルでは，公開鍵が名前で管理されています．この名前も，clientTrustStore を作成するときに指定したものですから，独自のファイルを使用する場合は適切なものに変える必要があります．取り出した CA の公開鍵を，ca_pubexp と ca_pubmod に格納しています．

　本例では，証明書は MD5 と RSA 暗号で署名されている場合を扱います．ほかに，SHA-1 を用いる方法や DSA を用いる方法などがあります．どの方法が用いられているかは，X509Certificate オブジェクトの getSigAlgName メソッドを用いて知ることができます．MD5 と RSA 暗号を用いている場合は，String 型で "MD5withRSA" という文字列が返されます．

　署名はメッセージダイジェストを RSA 暗号で暗号化したものですから，まずは CA の公開鍵を使って復号化します．この処理は，bsig.modPow(ca_pubexp,ca_putmod) という部分で行っています．計算結果として，MD5 を使って計算した証明書のメッ

セージダイジェストが入った値が得られます*9. これとは別に，受け取った証明書の MD5 メッセージダイジェストを，独自に計算しています. md5.digest(certdata) という部分がそれです. certdata には，getTBSCertificate メソッドを使用して，署名を計算する対象部分の証明書データが格納されています. 両者が一致していれば，証明書が正しく CA で認証されていることになります. あとは，証明書が有効期限内であるかどうか，CRL (Certification Revocation List) に含まれていないかどうかなどの確認をして，受け入れる場合は，続けて処理を行います.

♟ ClientKeyExchange

リスト 6.8 に，ClientKeyExchange メッセージを処理する関数 ClientKeyExchange を示します. 本関数は，引数として，

(1) RSA 暗号の公開指数と公開モジュラス
(2) メッセージ送信先となる出力ストリーム
(3) プレマスターシークレット (PreMasterSecret) 格納用配列変数

を受け取ります. (1) は，関数 ClientKeyExchange で作成したプレマスターシークレットをサーバの公開鍵で暗号化して送信する際に使用します. (2) は，関数 ClientHello の際と同様です. 作成したプレマスターシークレットは (3) にも格納し，後ほど共有鍵を作成する際に使用します. (1) は，ClientHello メッセージの後にサーバから返信される Certificate メッセージに含まれています. 前節で公開指数と公開モジュラスを pubexp, pubmod にそれぞれ格納しましたので，それを使用します. プレマスターシークレットは，48 バイトの byte 配列ですから，

```
byte [] premaster_secret = new byte [48];
```

と宣言しておきます.

リスト 6.8 は，プレマスターシークレットを作成する部分と，それをサーバの公開鍵で暗号化する部分からなっています. 本実装では，RSA-1024 を想定していますから，暗号化する平文の長さは 128 バイト (10 進数の 128 は，16 進数の場合 80) です. レコードレイヤでは，0084 とメッセージ長を記述していますが，これは，暗号化されたプレマスターシークレット 128 バイトとメッセージのヘッダ 4 バイトの合計値です. メッセージのタイプを示す数字は，ClientKeyExchange を意味する 10 になります. メッセージ本体の長さは，128 バイトですから，000080 になっています.

---

*9 メッセージダイジェストより RSA 暗号のビット数が大きいので，パディング処理が行われます. そのため計算結果を，メッセージダイジェストそのものと単純にイコールかどうか検査してもうまくいきません.

　プレマスターシークレット 48 バイトのうち，先頭の 2 バイトには SSL のバージョ
ン番号を記載します．ここでは，SSLv3 である，0300 を設定しています．

　変数 padded_premas というのは，長さを 128 バイトまで拡張したプレマスターシー
クレットを格納する String 型変数です．長さの拡張は PKCS1 という規格に従いま
す．方法は簡単で，長さの不足分を 0002 と 00 でサンドイッチした乱数[10] で補う（パ
ディングする）というものです．長さを補ったプレマスターシークレットを，サーバの
公開鍵で暗号化し，結果を変数 y に代入します．y を byte 列に変換して，メッセージ
ヘッダと連結すれば，ClientKeyExchange で送信するメッセージができ上がります．

　Java では，BigInteger 型を用いて，簡単に RSA 暗号の暗号化計算を行うことが
できます．リスト 6.8 の，y=y.modPow(pubexp,pubmod) という 1 行がそれです．

リスト 6.8　ClientKeyExchange メッセージ処理部の Java 実装

```
private static void ClientKeyExchange(BigInteger pubexp,
        BigInteger pubmod, BufferedOutputStream outstream,
        byte [] premaster_secret){
    String msg = new String();
    String hs_header = new String("16"+"0300"+"0084");
    String body = new String("10"+"000080");
    SecureRandom r = new SecureRandom();
    r.nextBytes(premaster_secret);
    premaster_secret[0] = 0x03; premaster_secret[1] = 0x00;
    String padded_premas = new String("0002");
    int tmp;
    for (int i=0; i<128-3-premaster_secret.length; i++){
        tmp = r.nextInt(255)+1;
        if (tmp <16)
            padded_premas += "0" + Integer.toHexString(tmp);
        else
            padded_premas += Integer.toHexString(tmp);
    }
    padded_premas += "00"+byte2string(premaster_secret);
    BigInteger y = new BigInteger(padded_premas,16);
    y = y.modPow(pubexp, pubmod);
    int i;
    for (i=0; i<pubmod.toString(16).length()-y.toString(16).length();i
        ++)
        body += "0";
    if (pubmod.toString(16).length()%2==1) body += "0";
    body += y.toString(16);
    try{
        outstream.write(string2byte(hs_header+body));
        outstream.flush();
    }catch(Exception e){
        System.out.println(e);
    }
    return body;
}
```

---

[10] 乱数は，0 以外の値になるように注意します．

♟ マスターシークレットと共通鍵類の計算

　SSLでは，クライアントとサーバがそれぞれ生成した乱数を用いて，共通鍵暗号で
使用する暗号鍵や，MACの計算で用いるMAC鍵を生成します．これまでに見たよう
に，クライアント乱数とサーバ乱数は，暗号化されずに転送されるので，これだけから
共通鍵を計算したのでは，安全性は確保できません．そのため，ClientKeyExchange
でクライアントが生成したプレマスターシークレットを，サーバの公開鍵で暗号化し
て送信したわけです．クライアント乱数やサーバ乱数は，再生攻撃を防止するために
使われています．

　まず，共通鍵類を生成する前に，マスターシークレットと呼ばれる値を計算します．
マスターシークレットは，クライアント鍵，サーバ鍵，プレマスターシークレットを
用いて生成します．マスターシークレットは，48バイトのbyte型の値です．

　計算方法は，以下のとおりです．'A' や 'BB' や 'CCC' というのは，これらのアルファ
ベットに対応する数値列を意味しています．

```
master_secret =
  MD5(pre_master_secret + SHA('A' + pre_master_secret +
      ClientHello.random + ServerHello.random)) +
  MD5(pre_master_secret + SHA('BB' + pre_master_secret +
      ClientHello.random + ServerHello.random)) +
  MD5(pre_master_secret + SHA('CCC' + pre_master_secret +
      ClientHello.random + ServerHello.random));
```

　実際に計算を行うJavaコードをリスト6.9に示します．本実装では，ハッシュ関
数MD5とSHA-1の実装を，Javaの java.security.MessageDigest から持ってき
ています．マスターシークレットの計算方法自体は単純で，仕様書に記載されてい
るとおりに順番にハッシュ関数で処理していくだけです．出力結果48バイトは，三
つの16バイトブロックに分かれており，ハッシュ処理における先頭の文字をそれぞ
れ'A'，'BB'，'CCC' に変えて処理したものを割り当てています．なお，リスト6.9にお
いて，65という数字が出てきていますが，これは'A'(大文字アルファベットのA) を
表す数字です．アスキーコード表と呼ばれる文字と数値の対応表を見れば，確認する
ことができます．同様にして，66は'B' に，67は'C' に対応しています．

リスト 6.9　マスターシークレットの計算を行うJava実装

```
private static byte [] calc_master_secret(byte [] premaster_secret,
                byte [] client_random, byte [] server_random){
    String m_secret = new String();
    try{
        int i,j;
        MessageDigest md_md5 = MessageDigest.getInstance("MD5");
        MessageDigest md_sha = MessageDigest.getInstance("SHA");
```

```
        String cst = new String();
        for (i=0; i<3; i++){
            cst = "";
            for (j=0; j<=i; j++)
                cst += Integer.toHexString(65+i);

            byte [] hash_target = string2byte(cst
                    + byte2string(premaster_secret) + byte2string(
                        client_random)
                    + byte2string(server_random));
            byte [] SHA = md_sha.digest(hash_target);
            hash_target = string2byte(byte2string(premaster_secret)
                    + byte2string(SHA));
            byte [] MD5 = md_md5.digest(hash_target);
            m_secret += byte2string(MD5);
        }
    }catch(Exception e){
        System.out.println(e);
    }
    return string2byte(m_secret);
}
```

　マスターシークレットを作成した次は，keyblock と呼ばれる，鍵束を計算します．
この鍵束というのは，マスターシークレット とクライアント乱数，サーバ乱数を用い
て計算される乱数の集合です．
　keyblock の計算方法は，以下のとおりです．

```
    key_block =
      MD5(master_secret + SHA('A' + master_secret +
                            ServerHello.random +
                            ClientHello.random)) +
      MD5(master_secret + SHA('BB' + master_secret +
                            ServerHello.random +
                            ClientHello.random)) +
      MD5(master_secret + SHA('CCC' + master_secret +
                            ServerHello.random +
                            ClientHello.random)) + [...];
```

keyblock の長さは，使用する暗号アルゴリズムによって違います．もっと長い keyblock
を生成するには，'A' や 'BB' や 'CCC' の部分を 'DDDD' や 'EEEEE' というようなルールにし
たがって，MD5 ハッシュの処理結果をつなぎ合わせていきます．
　keyblock は先頭から順番に，

```
    client_write_MAC_secret[CipherSpec.hash_size]
    server_write_MAC_secret[CipherSpec.hash_size]
    client_write_key[CipherSpec.key_material]
    server_write_key[CipherSpec.key_material]
    client_write_IV[CipherSpec.IV_size] /* non-export ciphers */
    server_write_IV[CipherSpec.IV_size] /* non-export ciphers */
```

というように割り当てられます．client_write_MAC_secret というのは，クライア

ントからサーバに送信するメッセージにおいて MAC を計算する際に使用する乱
数です. 最初にこの値が必要になるのは, Finished メッセージを計算する際です.
client_write_key というのは, クライアントからサーバに送信するメッセージを共
通鍵暗号で暗号化する際に使用する暗号鍵です. client_write_IV というのは, 輸
出不可能な暗号アルゴリズムを使用する際に用いられる初期化値です. server と
書かれている値は, サーバからクライアントに送信する際に用いられる値を意味し
ています. mini SSL では, ハッシュアルゴリズムとして SHA-1 を使用しますから,
CipherSpec.hash_size は 160 ビット (20 バイト) になります. また, 共通鍵暗号は
AES-128 を使用しますから, CipherSpec.key_material は 128 ビット (16 バイト) に
なります. mini SSL では, 輸出不可能な暗号を使用しませんから, client_write_IV
や server_write_IV については気にする必要はありません.

　keyblock の計算方法は, マスターシークレットの計算方法に似ています. Java での
実装をリスト 6.10 に示します. 関数 calc_key_block は, 引数として, マスターシー
クレットとサーバ乱数とクライアント乱数を受け取ります. 返り値である keyblock は
byte 型の配列で, 長さは $(8 \times 16 =)128$ バイトです. 長さは, リスト中の i の最大値
を変えることで調整できます.

リスト 6.10　keyblock の計算を行う Java 実装

```java
private static byte [] calc_key_block(byte [] master_secret,
                byte [] server_random, byte [] client_random){
    String key_block = new String();
    try{
        int i,j;
        MessageDigest md_md5 = MessageDigest.getInstance("MD5");
        MessageDigest md_sha = MessageDigest.getInstance("SHA");
        String cst = new String();
        for (i=0; i<8; i++){
            cst = "";
            for (j=0; j<=i; j++)
                cst += Integer.toHexString('A'+i);
            byte[] hash_target = string2byte(cst
                    + byte2string(master_secret)
                    + byte2string(server_random)
                    + byte2string(client_random));
            byte[] SHA = md_sha.digest(hash_target);
            hash_target = string2byte(byte2string(master_secret)
                    + byte2string(SHA));
            byte[] MD5 = md_md5.digest(hash_target);
            key_block += byte2string(MD5);
        }
    }catch(Exception e){
        System.out.println(e);
    }
    return string2byte(key_block);
}
```

♟ ChangeCipherSpec

ChangeCipherSpec メッセージは，SSL ハンドシェイクとは独立した体系となっています．そのため，Finished メッセージでメッセージダイジェストを計算する際に使用するメッセージ履歴には，本メッセージは含まれません．リスト 6.11 は，ChangeCipherSpec メッセージの送信を行う Java 実装です．上記の理由から，返り値はありません．

メッセージの内容自体もシンプルです．先頭の 14 は，ChangeCipherSpec メッセージであることを，0300 は SSL バージョン番号を，0001 はメッセージ本体の長さが 1 バイトであることを，最後の 01 は ChangeCipherSpec を指示する数字です．以上をサーバに対して送信すればよいのです．

リスト 6.11　ChangeCipherSpec の送信を行う Java 実装

```
private static void ChangeCipherSpec(BufferedOutputStream outstream){
    String msg = new String("14"+"0300"+"0001"+"01");
    try{
        outstream.write(string2byte(msg));
        outstream.flush();
    }catch(Exception e){
        System.out.println(e);
    }
    return;
}
```

♟ クライアント Finished

Finished メッセージは，この SSL ハンドシェイクでクライアントがサーバに送る最後のメッセージです．Finished メッセージの次には，すぐに暗号化されたデータをやりとりし始めることができます．

Finished メッセージの内容は，以下のようなものです．

```
struct {
    opaque md5_hash[16];
    opaque sha_hash[20];
} Finished;
```

MD5 のメッセージダイジェストと SHA-1 のメッセージダイジェストを並べただけですね．これは，MD5 か SHA-1 のいずれかの弱点が発見されたとしても，安全性が即座に失われないようにするための処置です．

MD5 や SHA-1 のメッセージダイジェストの計算で使用するデータは，これまでにクライアントとサーバでやりとりしてきたメッセージ全体とマスターシークレットなどです．具体的には，

```
md5_hash = MD5(master_secret + pad2 +
               MD5(handshake_messages + Sender +
                   master_secret + pad1));
sha_hash = SHA(master_secret + pad2 +
               SHA(handshake_messages + Sender +
                   master_secret + pad1));
```

というように計算します. pad1, pad2 というのは, それぞれ 16 進数の 36 や 5C をた
くさん並べたものです. 並べる個数は, MD5 では 48 個, SHA-1 では 40 個です. ま
た, Sender というのは,

```
enum { client(0x434C4E54), server(0x53525652) } Sender;
```

というように定義されています. クライアントからサーバに送信する Finished メッ
セージでは, 16 進数で 434C4E54 となります. リスト 6.12 から 6.15 に, Java での実
装例を示します.

　Finished メッセージは, これまでで共有した共通鍵暗号の鍵を用いて, はじめて暗
号化して送信されるメッセージです. また, MAC の計算も必要になります. mini SSL
では, 暗号アルゴリズムとして AES-128 を, MAC 計算アルゴリズムとして SHA-1
を使用しますから, これらを実装しなければなりません. リスト 6.15 に AES 暗号化
部を, リスト 6.16 に SHA-1 を用いた MAC 計算部を示します.

　Finished メッセージのレコードレイヤは, このメッセージがハンドシェイクである
ことをあらわす 16 で始まり, SSL バージョン番号 0300 が続きます. 暗号化するべ
きメッセージの長さは, ヘッダ (14000024 という部分です) が 4 バイト, MD5 が 16
バイト, SHA-1 が 20 バイト, MAC 部が 20 バイトです. 合計で 60 バイトですから,
0040 すなわち 64 バイトと一致していないことに気づきます. その理由は以下のとお
りです.

　メッセージ本体は AES で暗号化されます. AES のブロックサイズは 16 バイトです
から, 入力文は 16 の倍数バイトなければなりません. そこで, メッセージの長さが
16 の倍数バイトになるように, パディング (詰め物) するのです. 16 の倍数であれば,
どのように調整してもいいのですが, ここでは, 60 より大きい最小の 16 の倍数であ
る 64 になるように, 調整します. つまり, 4 バイト分だけ余計なメッセージをつける
のです. この 4 バイト部分の作成の仕方には, SSL 独自のクセがあります. このうち
1 バイトには, パディングの長さが入るのです. 残りの 3 バイトには, 030303 という
数字を詰めます. パディングの長さから 1 を引いた数字を繰り返し詰めるというわけ
です. もしくは, 乱数でも結構です. 必ず 1 バイトのパディング長をあらわす数字が

入るというのは，SSL の特徴です．このため，メッセージ本体が 16 の倍数バイトである場合には注意が必要です．1 バイトだけはみ出してしまうからです．この場合には，さらに 15 バイトのパディングをして 16 の倍数になるようにしなければなりません．これで，0040 という記述の意味がわかっていただけたと思います．

　MD5 や SHA-1 のメッセージダイジェストの計算は，上記の定義をそのまま実装すればいいので特に難しくはありません．マスターシークレットや keyblock の計算の際にも同様の処理を行ってきましたので，適宜再確認してみてください (リスト 6.13).

　MAC の計算では，メッセージヘッダが Finished であることを意味する 14 で始まり，メッセージの長さ 000024 が記載されています．000024 というのはメッセージ本体が 36 バイトであることをあらわしています．実際に MD5 メッセージダイジェストが 16 バイトで，SHA-1 メッセージダイジェストが 20 バイトですから，確かにあっています．

　MAC の計算が終了したら，メッセージ本体とあわせて AES-128 で暗号化します．暗号化は CBC モードで行いますから，暗号鍵のほかに初期化ベクタ IV と呼ばれる値が必要になります．これらは先ほど計算した鍵束である，keyblock から取り出します．

　最後にレコードレイヤのヘッダと暗号化データを連結して，サーバあてに送信すれば終了です．

リスト 6.12　Finished メッセージの送信を行う Java 実装

```java
private static String ClientFinished(BufferedOutputStream outstream,
        String msg_history, byte [] key_block){
    String msg = new String();
    String fs_header = new String();
    String body_plain = new String();
    String body_encrypted = new String();
    try{
        int i;
        fs_header = ("16"+"0300"+"0040");
        body_plain = calcHashMac(msg_history, key_block, "client");
        byte [] enc_key = new byte [16];
        byte [] enc_iv = new byte [16];
        System.arraycopy(key_block, 40, enc_key, 0, 16);
        System.arraycopy(key_block, 72, enc_iv , 0, 16);
        body_encrypted =
            byte2string(aes_encode(string2byte(body_plain), enc_key,
                enc_iv));
        msg = fs_header + body_encrypted;
        outstream.write(string2byte(msg));
        outstream.flush();
    }catch(Exception e){
        System.out.println(e);
    }
    int mac_len = 20*2;
    return body_plain.substring(0, body_plain.length()-mac_len);
}
```

リスト 6.13 ハッシュと MAC の計算を行う Java 実装

```java
private static String calcHashMac(String message, byte [] key_block,
    String sender){
    String body_plain = new String();
    try{
        int i;
        byte [] mac_secret = new byte [20];
        if (sender == "client"){
            sender = "434C4E54";
            System.arraycopy(key_block, 0, mac_secret, 0, 20);
        }else if (sender == "server"){
            sender = "53525652";
            System.arraycopy(key_block, 20, mac_secret, 0, 20);
        }else{
            System.exit(1);
        }

        String pad1 = new String();
        String pad2 = new String();
        for (i=0; i<48; i++){
            pad1 += "36";
            pad2 += "5C";
        }
        MessageDigest md5 = MessageDigest.getInstance("MD5");
        byte [] hash_target = string2byte(message + sender
                + byte2string(master_secret) + pad1);
        hash_target = string2byte(byte2string(master_secret) + pad2
                + byte2string(md5.digest(hash_target)));
        String md5hash = byte2string(md5.digest(hash_target));
        pad1 = pad1.substring(0,40*2);
        pad2 = pad2.substring(0,40*2);
        MessageDigest sha = MessageDigest.getInstance("SHA");
        hash_target = string2byte(message + sender
                + byte2string(master_secret) + pad1);
        hash_target = string2byte(byte2string(master_secret) + pad2
                + byte2string(sha.digest(hash_target)));
        String shahash = byte2string(sha.digest(hash_target));

        String MAC_target = "14"+"000024" + md5hash + shahash;
        byte [] seq_num = {0,0,0,0,0,0,0,0};
        String MAC = calc_MAC(MAC_target, mac_secret, seq_num, "SHA");

        body_plain = MAC_target + MAC;
    }catch(Exception e){
        System.out.println(e);
    }
    return body_plain;
}
```

MAC の計算方法は，これまでに見てきたプレマスターシークレットや keyblock の計算方法に似ています．具体的には，以下のとおりです．

```
hash(MAC_write_secret + pad_2 +
    hash(MAC_write_secret + pad_1 + seq_num +
        SSLCompressed.type + SSLCompressed.length +
        SSLCompressed.fragment));
```

hash というのは，MD5 や SHA-1 など，指定したハッシュアルゴリズムを意味してい
ます．MAC_write_secret は，MAC を計算する際の秘密情報で，クライアントとサー
バで，使用する値が違います．この秘密情報というのは，要するに鍵束 keyblock から
取り出してきた乱数です．pad_1 や pad_2 というのは，これまでにも出てきたように，
36 や 5C をハッシュアルゴリズムに応じていくつか並べたものです．seq_num という
のは，MAC を計算する対象のメッセージの番号です．Finished メッセージは，MAC
を計算する最初のメッセージなので，ここでは 0 になります．ただし，seq_num は 8
バイトの数字なので，0 とはいえ，0000000000000000 と，0 を 8 バイトつなげたもの
にしなければなりません．SSLCompressed.type は，メッセージのタイプを意味して
います．たとえば，リスト 6.14 では，ハンドシェイクメッセージを意味する "16" を
指定しています．SSLCompressed.length は，MAC 対象のメッセージの 2 バイトで
表した長さです．SSLCompressed.fragment は，MAC 対象のメッセージ本体です．
　リスト 6.14 では，ハッシュアルゴリズムとして SHA-1 を想定した実装になっ
ています．一般には，その他のハッシュアルゴリズムが用いられる場合もありま
すから，対応が必要な場合は実装を工夫してみてください．変更が必要な箇所は，
MessageDigest.getInstance() の引数や，pad1，pad2 の長さになると思います．

リスト 6.14　SHA-1 で MAC の計算を行う Java 実装

```
private static String calc_MAC(String fragment ,
        byte [] MAC_write_secret , byte [] seq_num){
    String digest = new String();
    try{
        MessageDigest md = MessageDigest.getInstance("SHA");
        String pad1 = new String();
        String pad2 = new String();
        for (int i=0; i<40; i++){
            pad1 += "36";
            pad2 += "5C";
        }
        String compressed_type = "16";
        String compressed_len  = Integer.toHexString(fragment.length
            ()/2);
        while (compressed_len.length()<4) compressed_len = "0" +
            compressed_len;
        String inner = byte2string(md.digest(
                string2byte(byte2string(MAC_write_secret) + pad1
                    + byte2string(seq_num) + compressed_type
                    + compressed_len + fragment)
                ));
        digest = byte2string(md.digest(
                string2byte(byte2string(MAC_write_secret) + pad2 +
                    inner)
                ));
    }catch(Exception e){
        System.out.println(e);
    }
    return digest;
}
```

　リスト 6.15 は，AES で暗号化を行う関数 aes_encode の実装例です．本関数では，Java のライブラリから javax.crypto.Cipher，javax.crypto.spec.SecretKeySpec，javax.crypto.spec.IvParameterSpec を利用しています．AES の暗号化において，CBC モードを利用しています．CBC モードでは，一番最初のブロックを暗号化する際に，初期化ベクタ IV という (多くの場合) 乱数を使用します．この IV は，入力文や鍵と一緒に引数として受け取っています．メソッド Cipher.getInstance を使って，CBC モードの AES の実体を変数 cipher に格納しています．ここで，パディング処理を自前で行うので，NoPadding と指定しています．SSL では，独特のパディング方法を用いるので，このようにしているのです．パディングの具体的な方法は，先ほど紹介したとおりです．リスト 6.15 と見比べてみてください．暗号化を実行している部分は，メソッド cipher.doFinal を呼び出している部分です．復号化を行う場合の実装もリスト 6.16 に示します．

リスト 6.15　AES-128 で暗号化を行う Java 実装

```java
private static byte [] aes_encode(byte [] plain, byte []  key, byte []
    iv) {
    try {
        Cipher cipher = Cipher.getInstance("AES/CBC/NoPadding");
        IvParameterSpec ivspec = new IvParameterSpec(iv);
        cipher.init(Cipher.ENCRYPT_MODE, new SecretKeySpec(key, "AES"),
            ivspec);
        String padding = new String();
        String pad = new String();
        int padding_len;
        if (plain.length%16!=15){
            padding_len = 15 - (plain.length%16);
            pad = Integer.toHexString(padding_len);
            if (pad.length()%2==1) pad = "0" + pad;
            for (int i=0; i<padding_len; i++)
                padding += pad;
        }
        padding += pad;
        byte [] in = string2byte(byte2string(plain)+padding);
        byte[] enc = cipher.doFinal(in);

        return enc;
    } catch (Exception e) {
        throw new RuntimeException(e);
    }
}
```

リスト 6.16　AES-128 で復号化を行う Java 実装

```java
private static byte[] aes_decode(byte [] ctext, byte []  key, byte []
    iv) {
    try {
        Cipher cipher = Cipher.getInstance("AES/CBC/NoPadding");
        IvParameterSpec ivspec = new IvParameterSpec(iv);

        cipher.init(Cipher.DECRYPT_MODE, new SecretKeySpec(key, "AES"),
            ivspec);
```

```
        byte[] dec = cipher.doFinal(ctext);
        return dec;
    } catch (Exception e) {
        throw new RuntimeException(e);
    }
}
```

🔒 サーバから ChangeCipherSpec，Finished を受信

　Finished メッセージの計算が正しくできていれば，つまりメッセージの履歴が両者
で一致し，暗号鍵などの共有がうまくいっていれば，サーバから，ChangeCipherSpec
メッセージと Finished メッセージが返信されてきます．

　ChangeCipherSpec メッセージは，これから暗号化通信を始めますよという宣言で
すから，特に処理は必要ありません．Finished メッセージは，サーバ側がサーバの暗
号鍵などで暗号化したデータを送ってきていますので，検証しておきましょう．

　リスト 6.17 に Java の実装を示します．関数 analyse_sfinished は，サーバから受
け取った Finished メッセージと，これまでのメッセージ履歴と，鍵束である key_block
を受け取ります．独自に計算したメッセージダイジェストおよび MAC と受け取った
ものが違っていれば，強制的に終了します．一致していれば，クライアントとサーバ
で暗号化のための鍵などの情報がうまく共有され，安全な接続が確立されたことにな
ります．

リスト 6.17　サーバ Finished の復号化を行う Java 実装

```
private static void analyse_sfinished(String msg,
        String msg_history, byte [] key_block){
    String msg_decrypted = new String();
    String calculated = new String();
    try{
        byte [] ctext = string2byte(msg.substring(5*2,msg.length()));
        byte [] enc_key = new byte [16];
        byte [] enc_iv = new byte [16];
        System.arraycopy(key_block, 56, enc_key, 0, 16);
        System.arraycopy(key_block, 88, enc_iv , 0, 16);
        msg_decrypted = byte2string(aes_decode(ctext,enc_key,enc_iv));
        calculated = calcHashMac(msg_history, key_block, "server");
        if (msg_decrypted.indexOf(calculated)<0){
            System.exit(1);
        }
    }catch(Exception e){
        System.out.println(e);
    }
    return;
}
```

6.3.2　miniSSL サーバの実装

本実装で使用している関数 string2byte, byte2string は，SSL クライアントの実装で紹介したサポート関数です (リスト 6.3).

♟ ClientHello メッセージの受信

クライアントが自由なタイミングで通信を開始すればよいのに対して，サーバはいつでもクライアントからの接続を待っていなければなりません．サーバとして動作するためには，待ちうけポートを指定して，ソケットを作成します．

```
int PORT = 443;
ServerSocket srvsocket = new ServerSocket(PORT);
Socket socket = srvsocket.accept();
```

このようにすれば，Java は 443 番ポートへの接続を監視していてくれます．クライアントからの接続があったら，

```
BufferedOutputStream bufwriter =
    new BufferedOutputStream(socket.getOutputStream());
BufferedInputStream bufreader =
    new BufferedInputStream(socket.getInputStream());
```

として，書き出し用と読み出し用のストリームを作成します．この部分は，クライアントの作成の場合と同じです．

サーバ側から見ると，クライアントが接続と同時に ClientHello メッセージを送ってきているように見えます．メッセージの受信には，関数 read_message (リスト 6.5) を使用します．

String 型の変数 line を用いて，

```
line = read_message(bufreader);
```

とすれば，ClientHello メッセージを受け取ることができます．また，

```
System.arraycopy(string2byte(line), 11, client_random, 0, 32);
msg_history += line.substring(5*2);
```

とすることで，クライアント乱数を内部変数 client_random に，受信したメッセージの中身を msg_history に格納することができます．ここで，11 という数字は，ClientHello メッセージの先頭から数えて 11 バイト目から，クライアント乱数が記載されていることを示しています．また，クライアント乱数が 32 バイトであるので，32

という数字が見えます. substring(5*2) というのは, メッセージの先頭から 5 バイトが SSL のレコードヘッダになっているので, その部分の後から残りを取り出している処理です. String 型で管理しているので, 1 バイトは 2 文字で表現されていることに注意してください.

♟ ServerHello, Certificate, ServerHelloDone

リスト 6.18 に, ServerHello メッセージを処理する関数 ServerHello を示します. 本関数は, 生成したサーバ乱数を格納する場所にあたる, server_random を受け取ります. 返り値は, クライアントに送信するメッセージです.

同様に, リスト 6.19 にサーバ証明書の処理を行う関数 Certificate を示します. 関数 Certificate は, ファイル serverKeyStore からエイリアス名 server, パスワード password で格納されている鍵を取り出します. 本実装では RSA 暗号を用いています. RSA 暗号には, 公開鍵と秘密鍵があります. 公開鍵の情報を格納している証明書は, クライアントに送信し, 秘密鍵は, 後ほど ClientKeyExchange メッセージで送られてくるプレマスターシークレットを復号化するために, 内部変数である sec_exp, pub_exp に保存しておきます.

ServerHelloDone メッセージは, シンプルなバイト列なので, 特別な処理は行わずにクライアントに送信するメッセージである, body に追記します.

これら三つのメッセージを一つの SSL パッケージとして送るための Java 実装をリスト 6.20 に示します.

リスト 6.18　ServerHello メッセージ処理部の Java 実装

```java
private static String ServerHello(byte [] server_random){
    String msg = new String("02"+"000046"+"0300");
    Date date = new Date();
    SecureRandom r = new SecureRandom();
    r.nextBytes(server_random);
    String gmt_unix_time = Long.toHexString(date.getTime()/1000);
    while (gmt_unix_time.length()<8)
        gmt_unix_time = "0" + gmt_unix_time;
    System.arraycopy(string2byte(gmt_unix_time),0,server_random,0,4);
    msg += byte2string(server_random);
    msg += "20";
    byte [] sessID = new byte [32];
    r.nextBytes(sessID);
    msg += byte2string(sessID);
    msg += "002F"+"00";
    return msg;
}
```

リスト 6.19　Certificate メッセージ処理部の Java 実装

```java
private static String Certificate(){
    String msg = new String();
    msg += "0B"+"00023E"+"00023B"+"000238";
```

```
try{
    String keyStore = new String("serverKeystore");
    KeyStore ks = KeyStore.getInstance("JKS");
    char [] keyStorePass = "password".toCharArray();
    ks.load( new FileInputStream( keyStore ), keyStorePass);
    X509Certificate cert = (X509Certificate) ks.getCertificate("
        server");
    msg += byte2string(cert.getEncoded());
    RSAPrivateKey pk = (RSAPrivateKey) ks.getKey("server","password
        ".toCharArray());
    sec_exp = pk.getPrivateExponent();
    pub_mod = pk.getModulus();
}catch(Exception e){
    System.out.println(e);
}
return msg;
}
```

リスト 6.20   ServerHello,Certificate,ServerHelloDone メッセージ処理部の
               Java 実装

```
private static String ServerHelloCertDone(BufferedOutputStream
    outstream,
        byte [] server_random){
    String hs_header = new String("16"+"0300"+"0290");
    String body = new String();
    // ServerHello
    body += ServerHello(server_random);
    // Certificate
    body += Certificate();
    // ServerHelloDone
    body += "0E000000";
    try{
        outstream.write(string2byte(hs_header+body));
        outstream.flush();
    }catch(Exception e){
        System.out.println(e);
    }
    return body;
}
```

🔑 ClientKeyExchange の受信

　次に，クライアントからは ClientKeyExchange メッセージが送られてきます．このメッセージには，プレマスターシークレットが格納されています．また，プレマスターシークレットは，先ほど渡した証明書に記載されている，サーバの RSA 公開鍵を用いて，暗号化されています．

　つまり，サーバは，受け取ったメッセージを，自分の秘密鍵を使って復号化する必要があります．

　とはいえ，すでに，内部変数 sec_exp, pub_mod に RSA 暗号で復号化するための値は取り出し済みですし，Java では，RSA 暗号の計算を簡単に実装することができるので，コード自体は複雑ではありません．

```
line = read_message(bufreader);
msg_history += line.substring(5*2);
BigInteger ctext = new BigInteger(line.substring(9*2, (9+128)*2),
    16);
byte [] ptext = ctext.modPow(sec_exp, pub_mod).toByteArray();
System.arraycopy(ptext, ptext.length-48, premaster_secret, 0, 48);
```

クライアントからメッセージを受け取る部分と，履歴に残す部分は先ほどと同様です．暗号化された部分を切り出すために，`substring(9*2, (9+128)*2)` という処理をしています．これは，ClientKeyExchange メッセージにおいて，9 バイト目から 128 バイト分に暗号化されたプレマスターシークレットが格納されているためです．128 バイト (=1024 ビット) というのは，本実装で 1024 ビットの RSA 暗号を用いているところから決まっている値です．RSA 暗号の計算をしているのは，`ctext.modPow(sec_exp,pub_mod)` という部分です．結果の値は 128 バイトですが，プレマスターシークレットは，その下位 48 バイトですから，その部分だけを内部変数 `premaster_secret` にコピーします．

　以上で，クライアント乱数，サーバ乱数，プレマスターシークレットがそろったので，マスターシークレットと共通鍵類を計算することができます．計算方法は，すでにクライアントのところで紹介したので，ここでは繰り返しません．クライアントの章を参照してください．

　また，ClientKeyExchange メッセージの直後に，ChangeCipherSpec メッセージが送られてきます．これも，

```
line = read_message(bufreader)
```

として受信しておきます．しかし，ChangeCipherSpec メッセージは，ハンドシェイクメッセージではないという扱いなので，メッセージ履歴には含めません．

♟ クライアント Finished メッセージの受信

　ChangeCipherSpec メッセージの後に続いて，クライアントからは Finished メッセージが送られてきます．Finished メッセージには，これまでのやり取りが正常に行われたかどうかを判断するデータが含まれています．

　リスト 6.21 に，Finished メッセージを検証する関数 `analyse_cfinished` を示します．検証には，メッセージ履歴と鍵束が必要になるので，それを引数としてあわせて渡します．返り値は，復号化したメッセージ本体です．返り値の計算で，`20*2` という数字は，メッセージの後ろについている 20 バイトの MAC を取り除くために計算したものです．

関数 analyse_cfinished では，独自に計算したクライアント Finished メッセージ
と受け取ったメッセージとを比較して，間違っていれば強制終了するようになってい
ます．ここでは，関数 aes_decode と calcHashMac を用いています．それぞれ，リス
ト 6.16 とリスト 6.13 に示しました．

リスト 6.21　クライアント Finished メッセージの検証を行う Java 実装

```java
private static String analyse_cfinished(String text, String msg_history
    , byte [] key_block){
    String msg_decrypted = new String();
    String calculated = new String();
    try{
        byte [] ctext = string2byte(text.substring(5*2,text.length()));
        byte [] enc_key = new byte [16];
        byte [] enc_iv = new byte [16];
        System.arraycopy(key_block, 40, enc_key, 0, 16);
        System.arraycopy(key_block, 72, enc_iv , 0, 16);
        msg_decrypted = byte2string(aes_decode(ctext, enc_key, enc_iv
            ));
        msg_decrypted = msg_decrypted.substring(0, msg_decrypted.length
            ()-8);
        calculated = calcHashMac(msg_history, key_block, "client");
        if (msg_decrypted.indexOf(calculated) < 0){
            System.out.println("Client Finished NG");
            System.exit(1);
        }else{
            System.out.println("Client Finished OK");
        }
    }catch(Exception e){
        System.out.println(e);
    }
    int mac_len = 20*2;
    return msg_decrypted.substring(0, msg_decrypted.length()-mac_len);
}
```

♟ サーバ Finished

クライアントから Finished メッセージを受け取った後，サーバは ChangeCipherSpec
メッセージを送信します．Java 実装は，リスト 6.11 と同じです．

最後にサーバは Finished メッセージを送信します．コードは，リスト 6.22 のよう
になります．関数 calcHashMac は，リスト 6.13 に示しました．

リスト 6.22　サーバ Finished メッセージ処理部の Java 実装

```java
private static void ServerFinished(BufferedOutputStream outstream,
        String msg_history, byte [] key_block){
    String msg = new String();
    try{
        int i;
        String fs_header = ("16"+"0300"+"0040");
        String body_plain = calcHashMac(msg_history, key_block, "server
            ");
        byte [] enc_key = new byte [16];
        byte [] enc_iv = new byte [16];
        System.arraycopy(key_block, 56, enc_key, 0, 16);
```

```
        System.arraycopy(key_block, 88, enc_iv, 0, 16);
        String body_encrypted =
            byte2string(aes_encode(string2byte(body_plain), enc_key,
                enc_iv));
        msg = fs_header + body_encrypted;
        outstream.write(string2byte(msg));
        outstream.flush();
    }catch(Exception e){
        System.out.println(e);
    }
    return;
}
```

以上で，SSL 接続が確立されました.

📖 6 章のまとめ

1. **SSL の機能**
   - SSL は，機密性の保持 (共通鍵暗号によるデータの暗号化)，完全性の検証 (MAC によるデータ改ざんの検出)，相手認証 (サーバ認証とクライアント認証を行う) という 3 つの機能を提供するプロトコルである

2. **SSL の位置づけと構成**
   - SSL は，OSI 参照モデルにおいて，セッション層とトランスポート層の境界で動作するプロトコルである
   - SSL は，三種の神器で構成することができる
   - SSL は，レコードプロトコル，ハンドシェイクプロトコル，チェンジ・サイファースペック・プロトコル，アラートプロトコルから構成されている
   - レコードプロトコルは，暗号化とメッセージダイジェストの計算を行う
   - ハンドシェイクプロトコルは，サーバ・クライアント認証，暗号・MAC アルゴリズムの選択，鍵のやりとりを行う
   - チェンジ・サイファースペック・プロトコルは，通信に利用する暗号を切り替える
   - アラートプロトコルは警告メッセージのやり取りを行う

参 考 文 献

[1] M.Agrawal, N.Kayal, N.Saxena, "PRIMES is in P.", Annals of Mathematics 160(2): 781-793, 2004.

[2] W.R.Alford, A.Granville, C.Pomerance, "There are Infinitely Many Carmichael Numbers.", Ann. Math. 139, 703-722, 1994.

[3] D.Boneh, Twenty Years of Attacks on the RSA Cryptosysytems, Notices of the American Mathematical Society, Vol.46, No.2, 203-213, 1999.

[4] D. Boneh, G. Durfee, Cryptanalysis of RSA with private key d less than $N^{0.292}$, IEEE Transactions on Information Theory, Vol.46, No.4, 1339-1349, 2000.

[5] N. Fergason, B.Schneier, Practical Cryptography, Wiley, 2003.

[6] 電子情報通信学会編「情報セキュリティハンドブック」オーム社, 2004.

[7] 伏見正則「乱数」, UP 応用数学選書 12, 東京大学出版会, 1989.

[8] Håstad, J., Solving simultaneous modular equations of low degree, SIAM Journal of Computing **17**, pp.336-341, 1988.

[9] A. K. Lenstra, I. E. Shaparlinski, Selective forgery of RSA signatures with fixed-padding, In PKC2002, LNCS 2274, pp.228-236, Springer-Verlag, 2002.

[10] Vincent Rijmen and Elisabeth Oswald, Update on SHA-1, CT-RSA 2005, LNCS 3376, pp.58-71, 2005.

[11] R.L.Rivest, R.D.Silverman, Are Strong Primes Needed for RSA? Dec 1, 1998. available at the URL: http://eprint.iacr.org/2001/007

[12] R.L.Rivest, A.Shamir, L.Adleman, A method for obtaining digital signatures and public-key cryptosystems, Communications of the ACM, 21(2), 120-126, 1978.

[13] RSA Laboratories, PKCS Version 2.1, RSA Cryptography Standard, June 2002, http://www.rsa.com/rsalabs/pubs/PKCS/.

[14] 神永正博・渡邊高志「情報セキュリティの理論と技術 -暗号理論から IC カードの耐タンパー技術まで- 」森北出版, 2005.

[15] D.E.Knuth 著, 渋谷政昭訳, 準数値算法・乱数 (The Art of Computer Programming 3), サイエンス社, 1981 年.

[16] Alfred J. Menezes, Paul C. van Oorschot and Scott A. Vanstone, Handbook of Applied Cryptography, CRC Press, 1996.

[17] NIST. DES MODES OF OPERATION, Federal Information Processing Standards

Publication (FIPS) 81.

[18] NIST, Security Requirements for Cryptographic Modules, FIPS PUB 140-1, 1994.

[19] NIST, Security Requirements for Cryptographic Modules, FIPS PUB 140-2, 2001.

[20] NIST, Secure Hash Standard, FIPS PUB 180-1, 1995.

[21] NIST, Digital Signature Standard(DSS), FIPS PUB 186-2, 2000.

[22] NIST, Advanced Encryption Standard (AES), FIPS PUB 197, 2001.

[23] NIST, The Keyed-Hash Message Authentication Code(HMAC), FIPS PUB 198, 2002.

[24] NIST, A Statistical Test Suite for Random and Pseudorandom Number Generators for Cryptographic Applications, NIST Special Publication 800-22, 2001.

[25] NIST. Reccomendation for Block Cipher Modes of Operation. NIST Special Publication 800-38A.

[26] X.Wang, Y.L.Yin and H.Yu, Finding Collisions in the Full SHA-1, Advances in Cryptology - CRYPTO 2005, LNCS 3621, 2005.

[27] M. Wiener, Cryptanalysis of short RSA secret exponents, IEEE Transactions on Information Theory 36, 553-558, 1990.

[28] Andrew S.Tanenbaum 著, 水野忠則訳「モダン オペレーティング システム」(第 2 版), ピアソン・エデュケーション・ジャパン, 2004.

索　　引

著 者 略 歴

神永 正博（かみなが・まさひろ）

1991 年　東京理科大学理学部数学科卒業
1993 年　京都大学大学院理学研究科修士課程修了（数学専攻）
1994 年　京都大学大学院理学研究科博士課程中退（数学専攻）
1994 年　東京電機大学理工学部情報科学科助手
1998 年　(株)日立製作所勤務（中央研究所）
2003 年　博士（理学）（大阪大学）
2004 年　東北学院大学専任講師（電気情報工学科）
2005 年　東北学院大学助教授（電気情報工学科）
2007 年　東北学院大学准教授（電気情報工学科）
2011 年　東北学院大学教授（電気情報工学科）
　　　　　現在に至る

山田 聖（やまだ・きよし）

1996 年　東京電機大学理工学部情報科学科卒業
1998 年　東京電機大学理工学研究科修士課程修了（情報科学専攻）
2000 年　北陸先端科学技術大学院大学情報科学研究科博士前期課程修了
　　　　　（情報システム学専攻）
2005 年　北陸先端科学技術大学院大学情報科学研究科博士後期課程修了
　　　　　（情報システム学専攻）博士(情報科学)
2005 年　独立行政法人産業技術総合研究所 情報セキュリティ研究センター
　　　　　研究員　現在に至る

渡邊 高志（わたなべ・たかし）

1997 年　九州大学理学部物理学科卒業
1999 年　九州大学大学院システム情報科学研究科情報理学専攻修士課程修了
1999 年　(株)日立製作所入社　中央研究所勤務
　　　　　現在に至る

Javaで作って学ぶ暗号技術　　　　　　　© 神永・山田・渡邊　*2008*

2008 年 5 月 12 日　第 1 版第 1 刷発行　　【本書の無断転載を禁ず】
2014 年 11 月 10 日　第 1 版第 3 刷発行

著　　者　神永正博・山田 聖・渡邊高志
発 行 者　森北博巳
発 行 所　**森北出版株式会社**

　　　　　東京都千代田区富士見 1-4-11（〒 102-0071）
　　　　　電話 03-3265-8341／FAX 03-3264-8709
　　　　　http://www.morikita.co.jp/
　　　　　日本書籍出版協会・自然科学書協会　会員
　　　　　JCOPY ＜(社)出版者著作権管理機構 委託出版物＞

落丁・乱丁本はお取替えいたします　　　印刷／モリモト印刷・製本／ブックアート

Printed in Japan ／ ISBN978-4-627-84761-3

Java で作って学ぶ暗号技術 POD 版
©神永正博・山田聖・渡邊高志　*2008*

2021 年 7 月 7 日　発行　　　　【本書の無断転載を禁ず】

著　　　者　神永正博・山田聖・渡邊高志
発 行 者　森北博巳
発 行 所　森北出版株式会社
　　　　　　東京都千代田区富士見 1-4-11（〒102-0071）
　　　　　　電話 03-3265-8341／FAX 03-3264-8709
　　　　　　https://www.morikita.co.jp/

印刷・製本　大日本印刷株式会社

　　　　　　ISBN978-4-627-84769-9／Printed in Japan

JCOPY ＜(一社) 出版者著作権管理機構 委託出版物＞